河南人口发展研究报告
（2021）

REPORT ON POPULATION DEVELOPMENT IN HENAN （2021）

主 编／马 健 王承哲 谷建全

副主编／郭 玮 张车伟 杜本峰 陈东辉

REPORT ON POPULATION
DEVELOPMENT IN HENAN
（2021）

经济管理出版社
ECONOMY & MANAGEMENT PUBLISHING HOUSE

图书在版编目（CIP）数据

河南人口发展研究报告.2021/马健，王承哲，谷建全主编.—北京：经济管理出版社，2022.8

ISBN 978-7-5096-8678-2

Ⅰ.①河…　Ⅱ.①马…②王…③谷…　Ⅲ.①人口—研究报告—河南—2021　Ⅳ.①C924.24

中国版本图书馆 CIP 数据核字（2022）第 153030 号

组稿编辑：申桂萍
责任编辑：申桂萍　王虹茜
责任印制：黄章平
责任校对：王淑卿

出版发行：经济管理出版社
　　　　　（北京市海淀区北蜂窝 8 号中雅大厦 A 座 11 层　100038）
网　　址：www.E-mp.com.cn
电　　话：（010）51915602
印　　刷：唐山昊达印刷有限公司
经　　销：新华书店
开　　本：720mm×1000mm/16
印　　张：17.25
字　　数：329 千字
版　　次：2022 年 8 月第 1 版　　2022 年 8 月第 1 次印刷
书　　号：ISBN 978-7-5096-8678-2
定　　价：88.00 元

编委会

摘　要

本报告由河南省发展和改革委员会委托河南省人口发展研究课题组主持编撰，全书共分为三个部分：总报告、分报告和专题报告。本报告利用河南省政府等相关部门发布的数据和资料，结合深入调查和研究，系统梳理了近年来尤其是2020年以来河南人口发展的现状、趋势和问题，对人口老龄化、少子化挑战下的河南人口发展面临的热点、难点及焦点问题进行了深入研究，并给出了对策建议。

总报告由河南省人口发展研究课题组撰写，代表本书对河南人口发展评估与政策建议的基本观点。总报告指出，人口对经济社会发展具有内生性、基础性、全局性影响。当前，河南人口发展进入关键转折期，人口数量在保持总量持续稳步增加的同时，也伴随着老龄化的逐步加剧和少子化的日益凸显而呈现出了多样化的发展趋向。总报告拟从四个方面对2020年河南省人口发展评估相关问题进行系统分析：第一，2020年河南人口发展现状。2020年人口总量持续增加，老龄化趋势日益凸显，人口集聚趋势明显，人口流动规模不断增大，人口健康水平持续提升，受教育程度不断提升，就业形势总体稳定。第二，河南人口发展的特点和规律。人口增长惯性逐步减弱，家庭户规模持续小型化，劳动适龄人口总量逐步减少，农村老龄化程度高于城镇，城镇化水平与全国差距逐步缩小，省内流动人口超过流入外省人口等。第三，河南人口发展面临的新情况、新问题。主要包括人口出生率持续走低、少子化现象加重，劳动年龄人口比重呈下降趋势，人口受教育结构中高学历人口比例低，人口流动与区域集聚更加突出等。第四，促进河南人口长期均衡发展的政策建议。重点是加强人口规模调控，优化调整人口结构；完善生育支持配套政策，构建生育友好型社会；构建多层次养老保障体系，积极应对人口老龄化问题；加大人力资源开发力度，全面提高人口素质；积极推进新型城镇化建设，推动区域人口均衡发展。

分报告和专题报告两大板块，邀请省内专家学者分别从不同视角对人口老龄化、卫生健康、养老服务、人口质量、人口城镇化发展、妇女生育、农村青壮年就业、人口预测等河南人口发展中的重大事项进行了深入剖析，客观反映了近年来河南人口发展的基本状况、趋势，面临的挑战和难题，提出了促进人口均衡化发展、积极应对人口老龄化的"河南方案"，展望了河南人口发展的未来趋势。

关键词：河南；人口发展；老龄化

目 录

BⅠ 总报告

B.1 2020~2021年河南人口发展形势与政策建议

河南省人口发展研究课题组*

摘　要：人口对经济社会发展具有内生性、基础性、全局性影响。当前，河南人口发展进入关键转折期，人口状况在保持总量持续稳步增加的同时，也伴随着老龄化的逐步加剧和少子化的日益凸显而呈现出了多样化的发展趋向。总报告拟从四个方面对2020年度河南省人口发展评估相关问题进行系统分析。第一，2020年河南人口发展现状。2020年人口总量持续增加，老龄化趋势日益凸显，人口集聚趋势明显，人口流动规模不断增大，人口健康水平持续增长，受教育程度不断提升，就业形势总体稳定。第二，河南人口发展的特点和规律分析。人口增长惯性逐步减弱，家庭户规模持续小型化，劳动适龄人口总量逐步减少，农村老龄化程度高于城镇，城镇化水平与全国差距缩小，省内流动人口超过流入外省人口等。第三，河南人口发展面临的新情况、新问题。主要包括人口出生率持续走低、少子化加重，劳动年龄人口比重呈下降趋势，人口受教育结构中高学历人口比例低，人口流动与区域集聚更加突出等。第四，促进河南人口长期均衡发展的政策建议。重点是加强人口规模调控，优化调整人口结构；完善生育支持配套政策，构建生育友好型社会；构建多层次养老保障体系，积极应对人口老龄化问题；加大人力资源开发力度，全面提高人口素质；积极推进新型城镇化建设，推动区域人口均衡发展。

关键词：河南省；人口发展；人口形势；均衡发展

人口对经济社会发展具有内生性、基础性、全局性影响。2021年是"十四

---

* 课题组负责人：谷建全，博士，二级研究员，河南省社会科学院原院长。课题组成员：陈东辉，河南省社会科学院社会发展研究所负责人，研究员；张侃，河南省社会科学院社会发展研究所副研究员；冯庆林，河南省社会科学院社会发展研究所助理研究员；李三辉，河南省社会科学院社会发展研究所助理研究员；潘艳艳，河南省社会科学院社会发展研究所助理研究员。

五"的开局之年，是伟大的中国共产党迎来百年华诞的纪念之年，是我国全面建成小康社会、实现第一个百年奋斗目标之后，乘势而上开启全面建设社会主义现代化国家新征程、向第二个百年奋斗目标进军的第一年，也是河南开启全面建设社会主义现代化河南新征程、谱写新时代中原更加出彩绚丽篇章的关键一年。在此背景之下，研究河南人口发展现状，把握河南人口发展的特点和规律，厘清河南人口发展面临的新情况、新问题，在对河南人口发展趋势进行科学预测的基础上提出河南人口良性发展的政策建议，具有更加重要的政策和实践意义。人口长期均衡发展是推进区域经济社会良性可持续发展的基础性保障，而人口老龄化和少子化问题则是作为人口大省的河南当下面临的亟待解决的重大现实问题。《河南省国民经济和社会发展第十四个五年规划和二〇三五年远景目标纲要》中明确提出要"完善人口服务体系，塑造支撑高质量发展的人口总量势能、结构红利和素质资本叠加优势"。课题组以第七次全国人口普查为契机，在深入调查研究的基础上，对2020年河南人口发展进行专题研究，全面分析河南人口发展的基本状况、整体趋势、最新问题，以期对河南未来人口发展作出科学研判，并提出具有前瞻性、针对性、可操作性的政策建议。

一、2020 年河南人口发展现状

河南是人口大省，户籍人口常年位居全国第一，常住人口规模常年排在全国前三。河南的人口状况在保持总量持续稳步增加的同时，也伴随着老龄化的逐步加剧和少子化的日益凸显而呈现出了多样化的发展趋向。本部分将立足于第七次全国人口普查数据和历年统计年鉴的相关数据，对河南人口的发展状况进行一个全面的梳理分析。

（一）人口规模：人口总量持续增加，人口出生率下滑加剧

2020 年，河南全省常住人口为 99365519 人，与 2010 年"六普"数据相比，十年增长了 5.68%，年平均增长率为 0.55%。河南省常住人口占全国的比重也比十年前上升了 0.2%，是中部六省中唯一占全国人口比重上升的省份，其他省份均有不同程度的下降，而中部地区整体的人口占比则下降了 0.79%，由此也可以看出河南省作为人口大省，在人口数量上还是具有较为雄厚的优势的。[1]

---

① 河南省第七次全国人口普查公报（第一号）［EB/OL］. 河南省统计局官网，http：//www. ha. stats. gov. cn/tjfw/tjsj/，2021-05-14.

伴随着人口总量的持续增加，人口出生数量的逐步减少，这也是河南人口发展越来越明显的趋向，少子化问题逐步凸显。这在全国范围内也都已经成为了一个普遍性的现象。《中国统计年鉴 2021》显示，2020 年全国人口出生率为 8.52‰，首次跌破 10‰，创下了 1978 年以来的新低。[①] 2019 年，河南省出生人口 120 万人，出生率为 11.02‰。2020 年，河南出生人口 92 万人，下降了 23.3%，出生率为 9.24‰，也是首次跌破 10‰，但比全国水平高了 0.72‰（见图 1）。

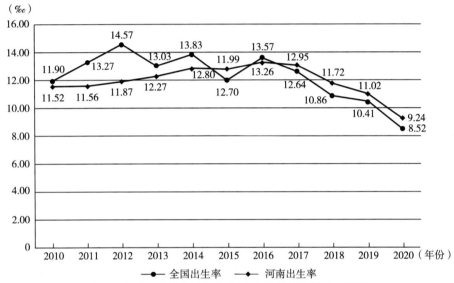

图 1　2010~2020 年全国和河南人口出生率演进示意图
资料来源：历年《河南统计年鉴》。

由图 1 可以看出，河南的人口出生率还是比较稳健的，2016 年以后虽说整体下降趋势明显，但基于人口总量多、人口基数大的优势，人口出生率的下降趋势明显要比全国水平更平缓一些，并且在全面放开"二孩"政策之后，随着政策边际效应的减弱，河南的人口出生率开始持续性地高于全国水平。但就河南人口发展自身来看，出生率快速下降、少子化日益凸显的问题仍是在持续加剧的，这是一个需要高度重视的重大人口发展趋向。

（二）人口结构：人口城镇化快速推进，老龄化趋势日益凸显

人口的城乡结构方面，河南的城镇化人口增加呈现持续加速状态，城镇化快

---

① 王帆. 2020 年人口出生率跌破 10‰，多地出台鼓励生育措施［N］. 21 世纪经济报道, 2021-11-25.

速推进。2020 年，河南常住人口城镇化率达到 55.43%，同比上升了 4.17%。河南的城镇化发展近年来都保持了较高的发展速度，与 2010 年第六次全国人口普查数据相比，城镇人口增加了 18858787 人，乡村人口减少了 13523207 人，城镇化率提高了 16.91%，① 增速快于同期全国水平。由图 2 可以看出，河南的城镇化发展进入 21 世纪后开始大幅度提速，两个十年实现了两大步的飞跃式发展。2010 年的城镇化率比 2000 年提升了 15.35%，2020 年的城镇化率比 2010 年提升了 16.91%。和全国水平相比，进入 21 世纪后河南的城镇化率也在不断向全国水平靠近，2000 年的时候，河南与全国水平有 13.05 个百分点的差距，2010 年差距缩小到 11.16 个百分点，到 2020 年已经缩小到 8.46 个百分点。

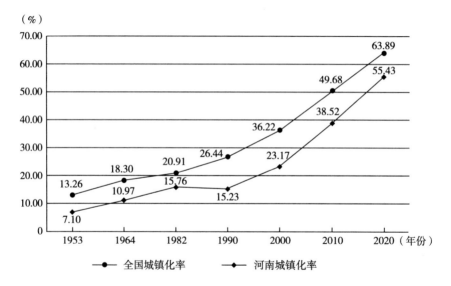

图 2　全国城镇化率和河南城镇化率演进示意图
资料来源：历年《河南统计年鉴》。

在人口的年龄结构方面，河南的老龄化趋势进一步加剧，但同时青少年人口数量也占比较大，河南的人口优势仍在，人口红利仍潜力巨大。全省常住人口中，0～14 岁人口占 23.14%；15～59 岁人口占 58.78%；60 岁及以上人口占 18.08%，其中 65 岁及以上人口占 13.49%。与"六普"数据相比，十年间河南省 0～14 岁人口比重上升了 2.14%，15～59 岁人口比重下降了 7.49%，60 岁及以上人口比重上升 5.35%，65 岁及以上人口比重上升 5.13%。与全国相比，0～14

---

① 河南省第七次全国人口普查公报（第六号）[EB/OL]. 河南省统计局官网，http：//tjj.henan. gov.cn/2021/05-14/2145062.html，2021-05-14.

岁人口比重河南比全国水平多了 5.19%，15~59 岁人口比重比全国水平少了 4.57%，60 岁及以上人口比重与全国水平基本持平，少了 0.62%。可以看出，河南处于劳动年龄的人口出现了较大幅度的减少，而未成年人和老年人的比例均有较大幅度增加，这使得全社会的抚养负担迅速增加。但同时也可以发现，河南 0~14 岁的人口数量巨大，人口比重在 31 个省级行政区内排名第四，年轻化人口数量仍有较大优势。

性别结构方面，2020 年河南常住人口中男性人口占比 50.15%，女性人口占比 49.85%，人口性别比（以女性为 100，男性对女性的比例）为 100.60，与 2010 年第六次全国人口普查 102.06 的性别比相比，基本稳定，稍有降低。

（三）人口分布：人口集聚趋势明显，中心城市发展迅速

2020 年，河南常住人口超过 1000 万的城市有 1 个，即省会郑州；500 万到 1000 万的城市有 8 个，分别是洛阳、安阳、新乡、南阳、商丘、信阳、周口、驻马店；其余 9 个城市的人口规模都在 500 万以下（见表 1）。通过将 2020 年河南省 18 个省辖市的常住人口与 2010 年的常住人口进行比较，可以发现：十年间，常住人口实现正增长的有 12 个城市，实现负增长的有 5 个城市，1 个城市零增长。常住人口增长幅度最大的是省会郑州，2020 年比 2010 年增加了 396 万人，增幅达到 45.73%，人口增幅是排名第二的新乡市的 4.7 倍，真正实现了一枝独秀，体现出作为国家中心城市和省会城市的巨大吸引力和人口虹吸效应。除了郑州之外，常住人口增加比较多的还有洛阳、新乡和商丘。人口负增长幅度最大的是南阳，十年减少了 55 万人，也从曾经的全省唯一常住人口超千万的城市减少为 972 万人。

表 1   2010 年和 2020 年河南省辖市常住人口数量及变动情况

地区	2010 年常住人口（万人）	2020 年常住人口（万人）	常住人口增长（万人）	2020 年城镇化率（%）
郑州	866	1262	396	78.40
开封	468	483	15	51.83
洛阳	655	706	51	64.98
平顶山	491	499	8	53.42
安阳	517	548	31	53.04
鹤壁	157	157	0	60.98
新乡	571	626	55	57.58
焦作	354	352	-2	63.03
濮阳	360	377	17	49.97

续表

地区	2010年常住人口（万人）	2020年常住人口（万人）	常住人口增长（万人）	2020年城镇化率（%）
许昌	431	438	7	53.55
漯河	255	237	-18	54.84
三门峡	223	204	-19	57.26
南阳	1027	972	-55	50.59
商丘	735	782	47	46.19
信阳	610	624	14	50.12
周口	894	902	8	42.58
驻马店	723	701	-22	44.14
济源	68	73	5	67.47

资料来源：历年《河南统计年鉴》。

从常住人口的宏观分布来看，郑州具有绝对的优势和吸引力，无论是常住人口数量还是城镇化率都以绝对优势排名省内第一。其他城市各有优势，洛阳的城镇化率仅次于郑州，排名第二；新乡的常住人口增长数量仅次于郑州。整体而言，河南省的人口区域分布特点是：东部和南部区域的人口密度较大，常住人口规模大，西部和北部相对人口规模较小；但是从城乡人口结构来看正相反，东部和南部由于是传统的农业地区，农村人口较多，城镇化率相对较低，而西部和北部的城镇化率相对更高一些。

（四）人口流动：人口流动规模不断增大，转移就业农村劳动力是人口流动主力军

2020年，河南省户籍人口11526万人，常住人口9941万人，人口净流出1585万人，同比增加20.81%。[①] 2020年，河南新增农村劳动力转移就业45.81万人，新增返乡下乡创业16.40万人，带动就业74.68万人；年末农村劳动力转移就业总量3086.70万人，其中省内转移1850.26万人，省外输出1236.44万人。[②] 可以看出，河南依然是人口流出大省，而农民外出务工仍是河南人口流动的主要原因。

在地市层面，只有郑州是人口净流入的，净流入363万人，济源的户籍人口和常住人口保持了基本持平，其余的16个省辖市都处于人口净流出的状态（见

---

① 河南省统计局．河南统计年鉴2021［M］．北京：中国统计出版社，2021.
② 2020年河南省国民经济和社会发展统计公报［EB/OL］．河南省统计局官网，http：//www.henan.gov.cn/2021/03-08/2104927.html，2021-03-08.

表2）。其中，人口净流出规模最大的是南阳、商丘、信阳、周口、驻马店五个城市，流出人口都在200万人以上，流出人口最多的是周口，达到了357万人。这五个城市也都是户籍人口最多的城市，而且城镇化率都是偏低的（见表1），特别是人口流出最多的周口市，也是省内城镇化率最低的城市，城镇化率只有42.58%。这些城市都是农业大市，农业人口庞大，外出务工的人员也最多。这五个城市的人口净流出达到1406万人，占全省人口净流出总额的88.71%。

表2 2020年河南省人口流动状况 单位：万人

地区	户籍人口	常住人口	人口净流出
全省	11526	9941	1585
郑州	899	1262	-363
开封	564	483	81
洛阳	749	706	43
平顶山	571	499	72
安阳	631	548	83
鹤壁	171	157	14
新乡	667	626	41
焦作	373	352	21
濮阳	435	377	58
许昌	512	438	74
漯河	268	237	31
三门峡	226	204	22
南阳	1238	972	266
商丘	1010	782	228
信阳	913	624	289
周口	1259	902	357
驻马店	967	701	266
济源	73	73	0

资料来源：《河南统计年鉴2021》。

综上可知，河南作为人口大省特别是农业人口大省，人口流动的规模呈现出不断扩大的趋势。据"七普"数据显示，2020年河南常住人口中的人户分离人口比2010年"六普"时增长了162.59%，市辖区内人户分离人口增长了157.11%；流动人口增长了163.77%，其中省内流动人口比"六普"时增长了

167.64%，外省流入人口增长了 115.09%。①

（五）人口质量：人口健康水平持续增长，受教育程度不断提升

2020 年，河南省人口预期寿命达到 77.6 岁，其中男性达到 74.6 岁，女性达到 80.8 岁，与 2010 年相比，人口预期寿命提升了 3 岁，男性寿命提升 2.8 岁，女性寿命提升 3.2 岁。2020 年，河南城乡居民健康素养水平大幅度提升到 26.76%，高出全国平均水平 3.61 个百分点。②

根据"七普"数据，2020 年河南常住人口的受教育程度得到了大幅提升，每 10 万人中拥有大学文化程度的人数为 11744 人，拥有高中文化程度的有 15239 人，拥有初中文化程度的有 37518 人，拥有小学文化程度的为 24557 人，与 2010 年的"六普"数据相比，大学文化程度人数增加了 83.56%，高中文化程度人数增加了 15.34%，初中文化程度人数减少了 11.64%，小学文化程度人数增加了 1.86%，其中尤以受过高层次的高等教育的人数增长速度最为迅猛。2020 年河南每 10 万人中具有大专以上教育程度的人数达到了 11744 人，是 1949 年的 143 倍（见图 3）。人口受教育程度的大幅提升体现出了河南人口整体素质的大幅提高。

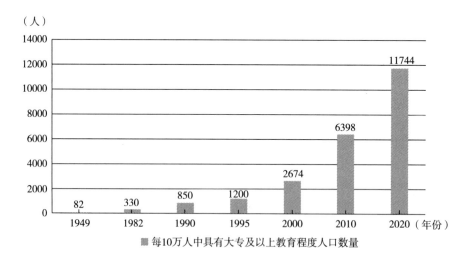

图 3 河南省具有高等教育文化程度人口数量趋势

资料来源：根据第五次、第六次、第七次河南人口普查数据和《河南 60 年》相关数据整理。

---

① 河南省第七次全国人口普查公报（第六号）［EB/OL］. 河南省统计局官网，http://tjj. henan. gov. cn/2021/05-14/2145062. html，2021-05-14.

② 2020 年河南居民健康素养水平达 26.76%［EB/OL］. 新华网，https://baijiahao. baidu. com/s? id=1702680466640237534&wfr=spider&for=pc，2021-06-16.

同时，河南的人口平均受教育年限也得到持续提升。2020 年河南全省常住人口中，15 岁及以上人口的平均受教育年限达到 9.79 年，相比于"六普"数据增长了 9.39%，比全国 9.14%的增长速度快了 0.25 个百分点，显示出了河南人口整体受教育水平的快速提高。

（六）人民生活：就业形势总体稳定，居民收入稳中有升

2020 年，面对突如其来的新冠肺炎疫情冲击，河南大力推进"六稳""六保"工作，成效显著，切实保障和改善了人民生活。2020 年，河南城镇新增就业人员 122.59 万人，失业人员实现再就业 36.85 万人，就业困难人员实现就业 12.22 万人，年末城镇登记失业率 3.24%；新增农村劳动力转移就业 45.81 万人，新增返乡下乡创业 16.40 万人，带动就业 74.68 万人；年末农村劳动力转移就业总量 3086.70 万人，其中省内转移 1850.26 万人，省外输出 1236.44 万人。①

全年河南全省居民人均可支配收入 24810.10 元，比上年增长 3.8%；居民人均消费支出 16142.63 元，比上年下降 1.2%。按常住地分，城镇居民人均可支配收入 34750.34 元，增长 1.6%，城镇居民人均消费支出 20644.91 元，下降 6.0%；农村居民人均可支配收入 16107.93 元，增长 6.2%，农村居民人均消费支出 12201.10 元，增长 5.7%。

脱贫攻坚工作取得划时代成果，消灭绝对贫困之战获得终局胜利。截至 2020 年底，河南 718.6 万建档立卡贫困人口全部脱贫，53 个贫困县全部摘帽，9536 个贫困村全部出列，"两不愁三保障"全面实现，与全国同步实现全面小康。②

二、河南人口发展的特点和规律分析

从河南省人口发展的现状中我们可以看出当前河南人口发展具有以下八个特点和规律：

---

① 2020 年河南省国民经济和社会发展统计公报［EB/OL］. 河南省统计局官网，http://www. henan. gov. cn/2021/03-08/2104927. html，2021-03-08.

② 河南省脱贫攻坚总结表彰大会隆重举行［EB/OL］. 河南省人民政府官网，http://www. henan. gov. cn/2021/05-27/2153368. html，2021-05-27.

（一）人口总量持续增长，但增长惯性逐步减弱

从表3可以看出，中华人民共和国成立以来，河南省的人口总量呈稳步增加态势，年平均增长率在1982年前呈上升趋势，随后逐渐下降，从2020年开始又略有回升，但全国人口的年平均增长率却在逐步下降。截至2020年第七次全国人口普查，全省常住人口为99365519人，与2010年相比增加了5341952人，10年间人口增量位居全国第五，增长5.68%，年均增长0.55%，分别高于全国0.3个和0.02个百分点。此外，从河南省历年的人口自然增长率来看，增长的惯性正在逐步减弱（见图4），尤其是2020年的出生人口数首次跌破100万人，出生率下降到10‰以下，人口自然增长率也只有2.1‰。

表3　河南省历次人口普查的人口总量及变化情况

年份	河南		全国	
	总人口（人）	年平均增长率（%）	总人口（人）	年平均增长率（%）
1953	44214594	—	582603417	—
1964	50325511	1.25	694581759	1.61
1982	74422739	2.66	1008175288	2.09
1990	85509535	1.75	1133682501	1.48
2000	92560000	0.79	1265825048	1.07
2010	94023567	0.16	1339724852	0.57
2020	99365519	0.55	1411778724	0.53

资料来源：根据历次全国人口普查公报整理。

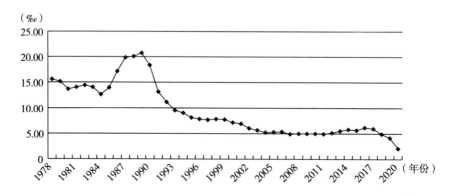

图4　河南省历年人口自然增长率

资料来源：根据历次全国人口普查公报整理。

（二）家庭户数量不断增加，家庭户规模持续小型化

随着生育水平的持续下降，以及人们居住条件和生活水平的日益提高，加之家庭观念和生活方式的改变，家庭户的数量和规模结构不断发生变化。一方面河南省的家庭户数量不断增加（见图 5），另一方面全省平均每个家庭户人口不断减少，从 1982 年的 4.7 人减少到 2020 年的 2.86 人（见图 6），与全国相比，河南省的家庭户规模一直高于全国平均水平，2020 年平均每个家庭户人口依然高于全国 0.24 人。一升一降导致全省家庭户规模日益小型化。

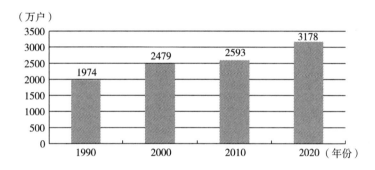

图 5 河南省历次人口普查家庭户数量变化

资料来源：根据历次全国人口普查公报整理。

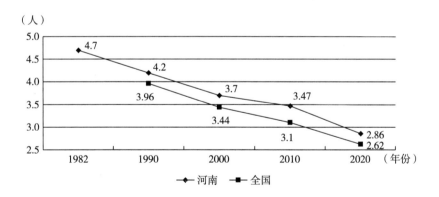

图 6 河南平均每个家庭户人口与全国比较

资料来源：根据历次全国人口普查公报整理。

（三）劳动适龄人口比重下降，总量逐步减少

从表 4 可以看出，2020 年 15～64 岁年龄人口为 62974661 人，与 2010 年的劳

动年龄人口相比，10 年间减少了 3444181 人，平均每年减少约 34 万人。2020 年全省 15~64 岁人口占常住人口比重为 63.37%，与 2010 年相比下降了 7.27 个百分点。与全国 15~64 岁人口所占比重相比，历次人口普查河南都低于全国，2020 年达到 5.18 个百分点的差距，这与河南外出务工人员多为青壮年有关（见表 5）。

表 4　河南省人口年龄结构构成情况

年份	0~14 岁		15~64 岁		65 岁及以上	
	总量（人）	占比（%）	总量（人）	占比（%）	总量（人）	占比（%）
2000	24010000	25.94	62110000	67.10	6440000	6.96
2010	19745926	21.00	66418842	70.64	7858799	8.36
2020	22988954	23.14	62974661	63.37	13401904	13.49

资料来源：根据历次全国人口普查公报整理。

表 5　河南人口年龄结构与全国比较　　　　　　　单位：%

年份	0~14 岁		15~64 岁		65 岁及以上	
	河南	全国	河南	全国	河南	全国
2000	25.94	22.89	67.10	70.15	6.96	6.96
2010	21.00	16.60	70.64	74.53	8.36	8.87
2020	23.14	17.95	63.37	68.55	13.49	13.50

资料来源：根据历次全国人口普查公报整理。

（四）老龄化进程不断加快，农村老龄化程度高于城镇

从比重来看，2020 年河南省 60 岁及以上人口比重为 18.08%，其中 65 岁及以上人口比重为 13.49%，比 2010 年人口普查分别上升 5.35 个和 5.13 个百分点。从数量上看，2020 年全省 65 岁及以上人口数为 13401904 人，比 2010 年增加了约 554 万人，明显比 2000 年到 2010 年增加的 141 余万人高出很多（见表 4），这表明河南省的老龄化进程越来越快。此外，根据第七次全国人口普查数据推算，河南省农村常住人口为 4429 万人，其中 60 岁及以上老年人口约 1005 万人，老龄化程度为 22.70%；河南省城镇常住人口为 5508 万人，其中 60 岁及以上老年人口约 791 万人，老龄化程度为 14.36%。河南省农村的老龄化程度比城镇高出 8.34 个百分点，充分印证了近年来随着农村劳动力外出务工，农村人口老龄化程度高于城镇的现状。

（五）城镇化水平快速提高，与全国平均水平的差距逐步缩小

第七次全国人口普查数据显示，河南省城镇常住人口 5508 万人，比 2010 年城镇常住人口增加 1886 万人，常住人口城镇化率为 55.43%，常住人口城镇化率提高 16.91 个百分点，十年年均提高 1.69 个百分点，与上一个十年年均提高 1.53 个百分点相比，城镇化进程加速明显。但同全国相比，河南省城镇化率仍比全国 63.89% 的平均水平低 8.46 个百分点，与 2000 年和 2010 年分别差 13.05 个和 11.16 个百分点相比，差距在不断缩小，但差距依然很大（见图 7），全省城镇化发展仍有较大空间。

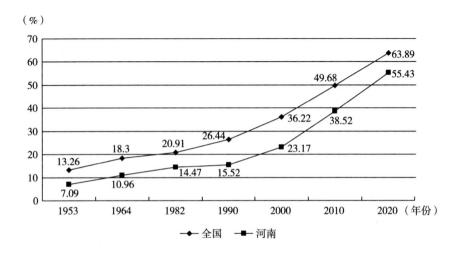

图 7 河南省城镇化率与全国比较

资料来源：根据历次全国人口普查公报整理。

（六）人口受教育程度持续提升，拥有大学学历人口依然偏少

第七次人口普查数据显示，河南全省 15 岁及以上人口的平均受教育年限达到 9.79 年，略低于全国的 9.91 年，16~59 岁劳动年龄人口的平均受教育年限达到 10.65 年，分别比 2010 年增加 0.84 年和 1.05 年。文盲率从 2010 年的 4.25% 下降为 2.24%，比全国的 2.67% 低 0.43 个百分点。同时我们也注意到，河南省每 10 万人中拥有大学学历人口为 11744 人，比 2010 年增加 5346 人，但与全国平均水平相比仍然少 3723 人，在 31 个省份（不含港澳台地区）中排第 27 位。此外，2020 年河南每 10 万人中拥有高中文化程度的人数为 15239 人，比 2010 年增加 2027 人，首次超过了全国 15088 人的平均水平，这表明十年来河南大力发展中等职业教育取得明显成效（见表6）。

表6 2020年河南省每10万人中受教育程度与全国比较　　　单位：人

年份	小学文化程度		初中文化程度		高中文化程度		大专及以上文化程度	
	河南	全国	河南	全国	河南	全国	河南	全国
1982	31200	35237	19170	17892	6320	6779	330	615
1990	34730	37057	26540	23344	7070	8039	850	1422
2000	33196	35701	39392	33961	10031	11146	2674	3611
2010	24108	26779	42460	38788	13212	14032	6398	8930
2020	24557	24767	37518	34507	15239	15088	11744	15467

资料来源：根据历次全国人口普查公报整理。

（七）人口流动更加活跃，省内流动人口超过流入外省人口

从省内流动来看，全省常住人口中，2020年人户分离人口为2564万人，与2010年的976万人相比增长了162.70%，其中市辖区内人户分离人口为444万人；省内流动人口1993万人，比2010年的745万人增长了167.52%，外省流入人口127万人，增长115.09%。从跨省流动来看，2020年河南省外出到其他省份半年以上的人口有1610万人，[①] 与2010年的1015万流入外省人口相比增长58.62%，省内流动人口已经超过流入外省人口。总的来看，随着城镇化进程加快，人口流动活跃度持续增强。

（八）各地区人口分布变化显著，持续向中心城市集中

从2000年到2020年，河南省各地区的人口分布变化显著（见表7）。第五次人口普查排在前六位的是周口、南阳、商丘、驻马店、郑州和信阳，第六次人口普查排在前六位的是南阳、周口、郑州、商丘、驻马店和洛阳，第七次人口普查排在前六位的是郑州、南阳、周口、商丘、洛阳、驻马店，郑州市常住人口已经从2000年的第五位上升到全省第一，所占比重也从2000年的7.30%提高到12.68%，人口增加了594余万人，几乎翻了一番。洛阳市作为副中心城市，20年来人口增加约83万，全省人口排名也从第七位上升到了第五位。新乡市常住人口占全省比重逐步提高，从2000年的5.93%上升到了6.29%，人口增加了约84万。周口、驻马店、信阳三市占全省人口比重逐步下降，二十年来周口下

---

① 河南省第七次全国人口普查主要数据结果新闻发布会答记者问［EB/OL］．搜狐网，https：//www.sohu.com/a/466502361_ 121106991，2021-05-14.

降1.6个百分点，驻马店下降1.12个百分点，信阳下降0.86个百分点。从2010年到2020年，人口增加排前五位的分别是郑州、新乡、洛阳、商丘、安阳，人口减少最多的是南阳市，减少约54万人，已经不再是人口过千万的城市。此外，驻马店、三门峡、漯河、焦作、鹤壁等市常住人口都出现了不同程度的减少。

表7 河南省各地区人口分布变化

地区	常住人口（人）			所占比重（%）			2020年与2010年相比的人口增减量（人）
	2000年	2010年	2020年	2000年	2010年	2020年	
郑州	6659000	8626505	12600574	7.30	9.17	12.68	3974069
开封	4580000	4676159	4824016	5.02	4.97	4.85	147857
洛阳	6227665	6549486	7056699	6.83	6.97	7.10	507213
平顶山	4798000	4904367	4987137	5.26	5.22	5.02	82770
安阳	5161106	5172834	5477614	5.66	5.50	5.51	304780
鹤壁	1401900	1569100	1565973	1.53	1.67	1.58	-3127
新乡	5408000	5707801	6251929	5.93	6.07	6.29	544128
焦作	3288816	3539860	3521078	3.61	3.76	3.54	-18782
濮阳	3458700	3598494	3772088	3.79	3.83	3.80	173594
许昌	4118000	4307199	4379998	4.52	4.58	4.41	72799
漯河	2260000	2544103	2367490	2.48	2.71	2.38	-176613
三门峡	2176123	2233872	2034872	2.39	2.38	2.05	-199000
南阳	9720000	10263006	9713112	10.5	10.92	9.78	-549894
商丘	7753000	7362472	7816831	8.50	7.83	7.87	454359
信阳	6526000	6108683	6234401	7.16	6.50	6.27	125718
周口	9741000	8953172	9026015	10.68	9.52	9.08	72843
驻马店	7454000	7230744	7008427	8.17	7.69	7.05	-222317
济源	626500	675710	727265	0.69	0.72	0.73	51555

资料来源：根据历次全国人口普查公报整理。

三、河南人口发展面临的新情况新问题

人口发展问题一直是国计民生的核心议题，是关乎全局的战略性问题。作为人口大省，河南在很长一段时间以来都存在着突出的人口数量与质量、人口结构非均衡等矛盾张力，深刻影响着河南经济社会的健康发展。通过对 2020 年河南人口发展现状及其特征的分析，可以发现当前河南人口发展态势呈现出了一些新变化、新特征，一些结构性矛盾有加剧走向，给经济社会发展增添了新挑战。

（一）人口出生率持续走低、少子化现象加重，保持人口适度增长面临较大压力

保持适度的人口规模和人口增长率是经济社会可持续发展的基本前提。分析第七次全国人口普查和历次人口普查数据，可以发现河南人口规模仍处于增加态势，但其增长明显是低速放缓态势。据《河南省第七次全国人口普查公报》显示，河南常住人口为 99365519 人，与 2010 年第六次全国人口普查的 94023567 人相比，十年共增加了 5341952 人，增长 5.68%，年平均增长率为 0.55%。① 在人口增速方面，河南人口增长延续低速增长态势，这与持续走低的生育意愿和出生率、家庭户规模持续小型化、少子化问题加重密切相关。据历年《河南统计年鉴》的"人口自然变动情况"数据显示，河南人口出生率、自然增长率都持续下降，出生率从 2016 的 13.26‰下降至 2019 年的 11.02‰，2020 年更是降至了 9.24‰，近 5 年降低了 4.02‰。河南人口自然增长率从 2016 年的 6.15‰下降至 2019 年的 4.18‰，2020 年又降至 2.09‰，② 近 5 年的自然增加人口数减少了 45 万，其中 2020 年减少 25 万，占比达 55.56%。人口增速放缓的背后是低生育水平，其中一个直接原因是育龄妇女数量的持续减少。据《河南统计年鉴 2021》的"第七次人口普查主要指标"结果显示，育龄妇女（15~49 岁）人数从 2010 年的 2623 万下降至 2020 年的 2172 万，减少了 17.19%。③ 同时，河南省第七次全国人口普查数据还显示，河南的家庭户规模在持续走向小型化，平均每个家庭户的人口由 2010 年的 3.47 人减少 0.61 人为 2.86 人。④而家庭户规模持续减少也直接带来了家庭子女数量减少，新出生人口大幅下降，加深了少子化现象。2020 年河南出生人口 92 万，较 2016 年下降 51 万，降幅 35.6%，较 2019 年下降 28 万，降幅 23.3%。⑤ 应当看到，家庭户规模持续减小趋势在延续，深刻影响着全省城乡家庭结构、社会生活关系、社会政策实施等，对经济社会发展影响巨大。虽然三孩生育政策及其配套的生育支持措施的出台优化一定程度上会有助于释放生育潜能，但受人民群众持续走低的生育意愿、育龄妇女人口规模持续下滑、年

①④　河南省统计局. 河南省第七次全国人口普查公报（第一号）［EB/OL］. 河南省统计局官网，http：//tjj. henan. gov. cn/2021/05-14/2145057. html，2021-05-14.

②③⑤　河南省统计局. 河南统计年鉴 2021［EB/OL］. 河南省统计局官网，http：//oss. henan. gov. cn/sbgt-wztipt/attachment/hntjj/hntj/lib/tjnj/2021nj/zk/indexch. htm，2021.

轻人生育观念显著变化、生育养育教育成本上升等因素的影响，未来一段时间仍是出生人口的下滑期，保持人口规模适度增长面临较大压力。

（二）劳动年龄人口比重呈下降趋势，应对人口老龄化的挑战日益严峻

河南是人口大省，老年人口基数大且近年来在持续增加，深刻影响着全省人口年龄结构和经济社会发展格局，随着人口老龄化进程的任务挑战和难度不断加深，如何切实做好人口老龄化应对工作是无可回避的重大课题。据 2019 年河南省"敬老月"活动新闻发布会透露，在 2018 年年底时，全省 60 岁及以上老年人口 1606 万，占常住人口的 16.7%；其中 65 岁及以上老年人口 1019 万，占常住人口的 10.61%。河南人口老龄化呈现"规模大、发展速度快、高龄化趋势明显"等特征，老龄人口总量居全国第三，已跑步进入"老龄社会"。① 河南人口老龄化程度逐渐加深的一个重要表现或后果是劳动年龄人口的比重呈持续降低趋势。从河南省第七次全国人口普查结果来看，全省常住人口中，15～59 岁人口为 58412517 人，占比 58.78%，与 2010 年第六次全国人口普查相比下降了 7.49%；60 岁及以上人口占比 18.08%，其中 65 岁及以上人口占 13.49%，分别比 2010 年第六次全国人口普查上升了 5.35%、5.13%。② 据《河南统计年鉴 2021》显示，2020 年河南劳动年龄人口（男 16～59 岁，女 16～54 岁）为 5356 万，比 2010 年减少 463 万，降幅 7.95%；而男 60 岁、女 55 岁以上人口为 2140 万，比 2010 年增加了 657 万，涨幅达 44.3%。③ 不难发现，无论是河南劳动年龄人口的比重下跌，还是老年人口的比重增长，都客观反映了河南人口年龄结构的动态变动，以及人口老龄化进程的加速运行。可以预见的是，在人口老龄化程度持续加深的社会背景下，生育水平低、少子化挑战、老龄化严峻、适龄劳动人口下降、社会抚养负担重等人口问题将持续存在，必须给予高度重视。因此，需要做好河南人口发展态势的实时监测工作，动态研判人口发展特征和问题，并通过及时调整各项人口政策，不断优化人口年龄结构，从而实现人口长期均衡发展。

（三）人口受教育结构中高学历人口比例低，人口大省转向人力资源强省还有一段路程

人口是经济社会发展的重要资源，人力资源优势的形成在于人口数量的基础

---

① 河南跑步进入"老龄化"社会 预计 2050 年每 3 人中就有 1 个老年人［EB/OL］. 大河网，https：//baijiahao. baidu. com/s? id = 1646020987524772771&wfr = spider&for = pc，2019-09-29.

② 河南省统计局. 河南省第七次全国人口普查公报（第四号）［EB/OL］. 河南省统计局官网，http：//tjj. henan. gov. cn/2021/05-14/2145060. html，2021-05-14.

③ 河南省统计局. 河南统计年鉴 2021［EB/OL］. 河南省统计局官网，http：//oss. henan. gov. cn/sb-gt-wztipt/attachment/hntjj/hntj/lib/tjnj/2021nj/zk/indexch. htm，2021.

指标，更在于人口质量层次的关键性支撑。单从人口规模的维度看，河南一直都具有数量上的人口优势，常住人口历来位居全国前列，但当前经济社会高质量发展的推动力越来越依靠科技和人才实力。这背后指向的是人口质量问题，而人口质量又直观反映在人口受教育结构中，尤其是高学历人口占比程度。据河南省第七次全国人口普查结果显示，全省常住人口中，拥有大学（指大专及以上）文化程度的人口为11669874人，与2010年第六次全国人口普查相比，每10万人中拥有大学文化程度的由6398人上升为11744人。同时，从常住人口受教育的整体情况看，无论是文盲率由2010年的4.24%下降为2020年的2.24%，还是15岁及以上人口的平均受教育年限由2010年的8.95年上升至2020年的9.79年，[①]都昭示着近年来河南人口教育水平的不断跃升。然而，服务于经济社会高质量发展大局的人口质量问题，必须要置身于国内以及更大范围内来对比，才能分辨出位次区别差异，看清从人口总量优势转向人口素质优势的路程挑战。从高学历人口比重的国内分布来看，对比历次全国人口普查数据，可以发现河南每10万人中拥有大学文化程度的人口数一直处在全国平均水平之下，此拥有量在2020年31个省、自治区、直辖市中排第27位，[②]且与全国每10万人中拥有大学文化程度的人数差距由2010年的2532人上升为2020年的3723人，[③]差距有逐渐加大的趋势。总体来看，一方面是高学历人口比例不高，另一方面是劳动年龄人口规模的减少，这就需要河南更加重视高等教育发展提质问题，不断提升人口教育质量和水平，从而以人口整体素质的提升来助推人力资源强省进程，促进人口结构优化和经济社会高质量发展。

（四）人口流动与区域集聚更加突出，经济社会和人口流动协调发展挑战不断

人口的流出与流入不仅直接影响人口规模和人口结构，也深刻影响着地区经济社会发展转型，影响区域人口长期均衡发展格局。近年来，无论是省内流动还是跨省流动，河南人口的迁移与流动都处于活跃态势，区域人口规模的变动和结构分布调整都在加速，给河南经济社会和人口流动协调发展提出了新要求与新挑战。据《河南省第七次全国人口普查公报》显示，全省常住人口中，人户分离人口为25639605人，与2010年第六次全国人口普查相比增长162.59%。流动人

① 河南省统计局．河南省第七次全国人口普查公报（第五号）［EB/OL］．河南省统计局官网，http://tjj.henan.gov.cn/2021/05-14/2145061.html，2021-05-14.

② 河南"七人普"数据公布 省统计局权威解读数据背后的人口"密码"［EB/OL］．大河网，https://baijiahao.baidu.com/s? id=1699703906312578728&wfr=spider&for=pc，2021-05-14.

③ 国家统计局：每10万人中拥有大学文化程度的由8930人升为15467人［EB/OL］．人民资讯，https://baijiahao.baidu.com/s? id=1699426100883735949&wfr=spider&for=pc，2021-05-11.

口中，省内流动人口为 19928072 人，增长 167.64%；外省流入人口为 1273650
人，增长 115.09%。①就跨省流动情况而言，2020 年河南省外出到其他省份半年
以上的人口有 1610 万人，与 2010 年相比增加了 595 万人，增长 58.62%。②全省
人户分离人口在十年间保持着持续增长，流动人口增速呈加快趋势，这与近年来
人口在城乡间、城城间的顺畅流动以及人口城镇化率的加快提升进程相一致。河
南省第七次全国人口普查数据显示，河南省城镇常住人口 55078554 人，比 2010
年城镇常住人口增加 18858787 人，常住人口城镇化率 55.43%，常住人口城镇化
率提高 16.91 个百分点。③城镇化提速与人口流动加速是相互促进、相互作用的
关系，城镇化建设中的经济和产业结构调整吸引着人口流动，而人口迁移走向规
模也给流入与流出地的经济发展、产业格局、社会政策调整、治理革新和区域协
调发展提出了新要求。应当看到，受人口流动尤其是人口外流影响，人口流出地
的人口性别比问题、人口老龄化问题、劳动年龄人口锐减问题、人才短缺问题等
都较人口流入地显得严峻。事实上，省内人口流动越来越呈现区域聚集特征，集
中在郑州、洛阳等大城市，比如郑州市人口聚集能力持续增强，2020 年常住人
口 1262 万，城镇常住人口 989 万，城镇化率达 78.4%。这一方面反映出流入地
在经济发展动能、人口吸纳能力方面拥有优势，另一方面人口的集中聚集也助推
了当地经济社会发展提速增效。不过，对于人口流入地，人口较为集中也不可避
免地带来了"大城市病"等问题。此外，人口流动活跃背景下的过度区域集聚，
在客观上也带来了省内不同区域的人口分布不平衡，不仅体现在常住人口总量及
其增减走向上，也体现在人口性别、年龄等内部结构上，还关联着区域间的经济
社会发展势头和产业转型问题。如何在新发展格局下加快区域协调发展、人口合
理有序流动，是实现全省经济社会高质量发展的重要内容。

四、推进河南人口长期均衡发展的政策建议

　　人口问题是事关社会主义现代化建设全局，事关国家长治久安、民族复兴的
重大战略问题。党的十九届五中全会提出"促进人口长期均衡发展"的远景目
标，意味着人口均衡发展将是"十四五"时期及 2035 年前国家的主要政策取向。

---

①③ 河南省统计局. 河南省第七次全国人口普查公报（第六号）［EB/OL］. 河南省统计局官网，
http://tjj.henan.gov.cn/2021/05-14/2145061.html，2021-05-14.

② 河南省第七次全国人口普查主要数据结果新闻发布会答记者问［EB/OL］. 搜狐网，https://
www.sohu.com/a/466502361_121106991，2021-05-14.

作为中部人口大省，河南省正处于深度转型的关键期，也面临着人口老龄化加深、生育率下降、人口结构失衡等人口问题，如何实现人口均衡发展是当前及今后很长一段时间全省面临的艰巨历史任务。我们要坚持贯彻新发展理念，准确把握人口发展态势，加强人口均衡发展的统筹规划，不断健全和完善促进人口均衡发展的政策体系、工作机制，推动人口与经济、社会、资源、环境协调发展，努力构建河南人口发展新格局。

（一）加强人口规模调控，优化调整人口结构

近年来，河南省人口总量平稳增长，常住人口连续多年位居全国前三，但人口总量增速明显放缓，少子老龄化问题加剧，劳动力人口所占比重逐年下降，人口红利不断减弱。尽管河南省的人口发展呈现出一些新形势、新特点，但人口基数大的基本省情没有改变，人口对经济社会发展的压力仍然存在。要站在全省的战略高度，科学把握人口发展规律，进一步加强人口的规划管理，正确处理好人口规模与人口结构的关系，推动人口工作重心从总量控制为主向结构优化为主转变。

1. 科学编制人口均衡发展战略规划

要基于对当前国情、省情客观深刻的认识，加强人口战略研究，科学编制全省人口发展中长期规划，制定完善人口均衡发展指标和公共政策。一是要围绕人口的规模、结构、质量、分布各要素之间的关系，制定促进人口内部均衡发展的指标体系和政策体系。二是要将人口发展融入全省经济社会重大决策，做好人口规划与其他规划、政策的有效衔接，确保人口发展与经济社会发展水平相适应，与资源环境发展相协调。三是要兼顾全局统一性和区域差异性，在统筹全省人口规划的基础上，指导各地根据社会经济发展水平、资源环境承载力、人口结构与质量等制定区域性人口政策规划，以促进人口与经济社会协调发展。

2. 建立人口均衡发展动态监测机制

一是要建立和完善省级人口信息数据库，整合历次人口普查数据以及公安、卫健、人社、教育、扶贫等行政部门数据资源，建立健全基础数据库的建设管理、共享使用机制，推动实现"全省一库、共同维护、资源共享"。二是要加强对人口数据信息的动态跟踪、评估分析，科学预测和评估人口变动情况及趋势影响，及时发布全省及地方人口发展报告，为各级政府制定社会发展规划、政策提供准确可靠的人口均衡发展依据。

3. 维持适度生育水平

要积极贯彻最新修订的计划生育基本国策，依法实施"全面三孩"生育政策，保持人口总量适度稳定增长。进一步健全生育服务支持体系，加强优生优育、妇幼保健、普惠托育等公共服务体系建设，重点解决影响生育意愿的关键性问题。要加大家庭支持力度，通过经济补助、税收减免、服务配套、带薪假期等方式减轻家庭养老育儿负担，增强家庭发展能力，推动生育潜能进一步释放。

4. 持续改善人口结构

一是要改善人口年龄结构，贯彻落实积极应对人口老龄化发展战略，完善养老保障制度和养老服务体系，推动养老事业和养老产业协同发展，大力构建老年友好型社会。二是要改善人口性别结构，坚决打击拐卖人口犯罪行为，保障妇女儿童合法权益。开展出生人口性别比综合治理工作，努力将新生儿性别比控制在合理范围。加强婚姻家庭辅导、性别平等教育和亲子教育培训，推动实现社会性别平等。三是要改善人口分布结构，各地应按照人口功能区规划，优化人口空间布局，有序引导人口流动，确保人口迁移的方向、空间分布与区域经济、社会、生态的可持续发展要求相吻合。

（二）完善生育支持配套政策，构建生育友好型社会

2021年5月，我国人口政策发生了重大改革调整，中央政治局审议通过了《关于优化生育政策促进人口长期均衡发展的决定》，做出了"一对夫妻可以生育三个子女"的科学决策。随后，《国家人口与计划生育法》的修订，《中国妇女发展纲要（2021—2030年）》《中国儿童发展纲要（2021—2030年）》的陆续出台，都是全面推动三孩政策落实的政策响应。近年来，从"全面二孩"再到"全面三孩"，计划生育政策的动态调整反映了我国对人口问题的认识更加理性客观。进一步完善"全面三孩"生育配套政策体系，构建"生育友好型"社会不仅是减轻家庭生育、养育、教育负担的迫切需求，也是改善人口结构，扩大新增劳动力供给，激发社会整体活力的必由之路。

1. 构建多层次普惠托育服务体系

一是加快推动普惠托育服务供给侧改革，充分利用卫生健康、教育、民政、妇联等部门的资源优势，依托部门服务平台和基层阵地增加托育服务的有效供给。二是着力发展就近普惠托育服务，整合利用婴幼儿照护设施与社区综合服务设施建设社区托育服务网点，支持有条件的用人单位为职工开展福利性托育服务，引导社会工作服务机构、社会组织通过承接政府购买项目的方式提供专业育儿指导。三是鼓励民间资本投资托育领域，支持建设一批方便可及、价格合理、服务专业的高质量托育服务机构，满足家庭多样化的照护需求。

2. 加强妇幼健康服务体系建设

全省各级政府部门要强化主体责任，推动妇女儿童发展纲要各项指标落到实处。一是加强各级妇幼保健机构建设，推动人才、技术、设备等优质医疗卫生资

源向基层妇幼保健机构转移，重点补齐农村落后地区生育服务短板，增强妇幼医疗服务能力。有计划地调配、培训医务人员，加大对妇幼健康人才的引进、培养力度，改善妇科、妇产科、儿科等人才的薪酬待遇，促进妇幼健康人才的稳定。二是做好优生优育服务，探索全生命周期的健康管理，加强高龄孕产妇的围产期保健，落实好新生儿出生缺陷综合整治工作，持续加强儿童重点疾病防治，全面提升妇女儿童健康水平。

3. 完善相关基本公共服务体系

要持续推进基本公共服务均等化，着力提高生育支持相关公共服务水平，推动"三孩"生育政策与住房、教育、税收等惠民措施有效衔接。一是要加强保障性住房建设，对有购房困难的群体落实住房优惠政策，支持有条件的地区根据家庭养育未成年子女的情况，给予减免税费、购房补贴等购房支持。二是要深化教育制度改革，增加义务教育优质资源供给，促进教育资源均衡发展和教育公平，严格落实"双减"政策，进一步减轻家庭教育成本。三是要落实税收优惠政策，逐步实现个税专项附加扣除在生育、养育、教育各阶段的全覆盖。

4. 保障女性就业合法权益

一是完善生育休假、生育保险制度。强化生育保险制度在生育保障体系方面的基础地位，探索将灵活就业人员纳入生育保险参保范围，逐步实现生育保险的全面覆盖。加快落实延长产假、哺乳假、陪护假、育儿假等生育休假制度，减轻职场女性的育儿压力，鼓励父母共同担负婴幼儿照料责任。二是为育龄女性提供就业支持。对长期稳定雇佣育龄妇女、有效保障孕产妇合法权益的用人单位通过荣誉表彰、税收减免或财政补贴等方式给予正向激励，倡导用人单位为在岗怀孕、产后返岗的女性职工提供弹性工作制，推进女性生育与就业平衡发展。为就业有困难或因生育中断就业的育龄女性提供就业指导、就业培训等公共服务，为女性回归职场，增强职业发展能力给予有力保障。

（三）构建多层次养老保障体系，积极应对人口老龄化问题

人口老龄化是促进人口长期均衡发展要解决的核心问题。河南省正在快速向深度老龄化社会迈进。要积极应对人口老龄化挑战，以维护老年人权益为中心、以满足老年人需求为导向，着力构建完善政府兜底有力、城乡统筹发展，居家社区机构相协调、医养康养相结合的多层次、可持续、高质量的养老服务体系，大力支持养老产业发展，不断提升老年人晚年生活的幸福感、安全感、获得感。

1. 加快完善养老政策制度体系

当前，河南省养老政策制度体系处于改革和完善的关键阶段，要继续加强顶层设计，尽快补齐养老领域的"制度短板"，为推进养老事业高质量发展提供强

有力的制度保障和政策支持。一是以养老保险为基础进一步完善养老保障制度，加快推动职业年金、个人储蓄型商业养老保险发展，构建完善多层次、可持续的"三支柱"养老保险体系。二是完善养老服务支付保障政策、养老服务供给政策、养老服务评估政策、养老服务监管政策、养老产业扶持政策等，推动养老政策框架基本形成。三是深入推进长期护理险建设试点工作，引导鼓励老年人通过购买长期商业护理保险保障自身的长期护理服务需求，推动长期护理险与社会保险、社会福利和慈善救助制度的有效衔接。

2. 提高基本养老服务供给水平

深入推进养老服务供给侧改革，加快形成以居家为基础、社区为依托、机构为补充的基本养老服务供给体系，提高养老服务的普惠性、社会性、专业性。一是强化家庭养老的基础功能。健全家庭养老支持政策，鼓励引导家庭成员与老年人共同生活或就近居住，为家庭成员照顾老人提供帮助，为老年人随子女或赡养人异地迁徙提供便利条件。二是提高社区养老服务水平。加强城乡社区养老设施建设的统筹规划，支持城乡社区通过新建、改造、租赁、置换等方式增强养老服务功能。鼓励社会服务机构、社会组织通过政府购买服务、项目委托等途径参与居家社区养老服务，在满足多层次社区养老服务需求方面发挥专业优势。三是大力扶持养老机构发展，加强护理型床位建设，提高养老机构长期照护服务能力。探索公办民营、政企合作的模式，加快促进微小型、连锁型、社区嵌入型养老机构发展，实现居家、社区、机构养老融合发展。

3. 引导扶持养老产业快速发展

准确把握当前养老服务产业发展新机遇，大力发展养老服务多元产业，推动养老服务产业健康、可持续发展。一是加大养老服务产业支持力度，积极出台招商引资、项目审批、土地供给、税费减免、信贷优先、财政支持等配套扶持政策，鼓励民营、个体、外资等社会资本进入"银发产业"市场，激发养老服务市场活力。二是以老年生活用品业、老年人医疗保健用品业为优先领域，大力发展养老服务关联产业，积极培育养老服务新产业、新业态。促进养老服务业向服务专业化、产业规模化、运营连锁化、发展集团化方向迈进，努力打造一批具有影响力和竞争力的本土养老服务品牌。三是重点发展社区养老服务业，以社区为平台，针对高龄、失能、慢性病老年人等刚需群体，提供与居家、机构养老服务整合衔接的专业护理和医养结合服务，带动家政服务、社区助餐、康复治疗等配套产业发展。

（四）加大人力资源开发力度，全面提高人口素质

当前，我国已经进入全面建设社会主义现代化国家的新时期，全面提升人口素质既是推动人口长期均衡发展的重要内容，也能够为社会经济可持续发展提供基础性支撑。要充分利用好河南省的人口红利期，加大人力资源开发力度，全面提升人口素质和质量，将人口数量优势转化为人才质量优势，推动河南省从人口大省向人力资源强省迈进。

1. 全面提高人口健康素质

一是深化医疗卫生体制改革，围绕全生命周期加强儿童、妇女、老年人、残疾人等重点人群的健康监测与干预，建立完善预防、诊疗、康复、护理相互衔接的医疗服务体系，提高人民健康保障水平。完善公共卫生体系建设，持续做好新冠肺炎疫情常态化防控工作，增强各级医疗卫生机构疾病防控能力，巩固强化公共卫生防护屏障。二是深入推进健康中原建设，继续实施健康中原行动，加强城乡社区活动中心、体育场、游泳馆、综合健身场馆等公共设施建设，打造"一刻钟"健身圈，丰富全民健身活动形式和活动内容。加强城乡环境卫生综合治理，宣传倡导健康、文明、环保的生活方式，提高全民健康意识和健康管理水平。

2. 提升全民科学文化素质

一是深化教育领域综合改革，全面实施素质教育，着力提高人口综合素养。持续增强基本公共教育服务供给，统筹城乡教育资源布局，促进义务教育优质均衡发展，进一步提高学前教育、高中教育的普及水平，健全职业教育、高等教育、继续教育协调发展机制，着力提高各级各类教育质量和水平。二是深入实施提升全民科学文化素质行动计划，以青少年、农民、产业工人、老年人、公务员等为重点人群大力开展科学教育普及工作，弘扬科学精神，宣传科学知识，激发全体劳动者的创新活力和创新潜能，在全社会营造热爱科学、崇尚创新的社会氛围。

3. 加强人力资源开发利用

一是加强人力资源能力建设，加大人力资本投资力度，完善现代化国民教育体系和终身教育体系，建立健全面向全体劳动者的职业教育培训制度，推动人力资源全方位开发，不断提高全体劳动者的综合素质和就业能力。二是加大人才引进培养力度，落实人才强省战略，实施更加积极的人才政策，以"高、精、尖、缺"为导向，构建育才、引才、用才相衔接的人才发展体系，健全人才管理、评价、激励、保障机制，推动人才发展环境进一步优化。三是重视老年人力资源开发，稳妥推进渐进性延迟退休政策落实，充分挖掘老年人力资源。宣传倡导积极老龄化观念，大力发展老年继续教育，提升低龄、健康老年人的劳动参与率。

（五）积极推进新型城镇化建设，推动区域人口均衡发展

两年来，受新冠肺炎疫情影响，河南省的人口流动遭受较大阻力，对经济社会发展造成严重冲击。随着疫情防控的常态化推进,全省经济发展形势逐渐好转,"十四五"时期及未来一段时间,人口流动活跃仍是人口发展的主旋律。要加快推进以人为核心的新型城镇化进程,进一步完善流动人口管理服务体系,有效引导人口有序流动和合理分布,改善人口与资源环境的紧平衡状态,推动人口与自然和谐共生。

1. 促进人口合理分布

进一步完善主体功能区战略和制度,依据不同功能区资源承载能力实行差别化人口政策。对人居环境不适应人口长期居住的地区,要控制人口自然增长,限制人口机械迁入,有序开展生态移民工作。对于人居环境处于临界水平的地区,以发展县域城市和小城镇为重点,稳定人口规模,鼓励人口向重点中小城镇适度聚集,促进人口向外疏散转移。对于人居环境良好、环境承载能力较强的地区,以加强城市群建设为重点,全面提升城镇化水平,完善基础设施建设,建立现代产业体系,以产业聚集带动人口聚集,提高人口的吸纳能力。

2. 加快推进人口城镇化

一是加强新型城镇化建设。加快中原城市群建设,以郑州大都市区为核心,加快洛阳、南阳中原城市群副中心城市建设,支持安阳、商丘等地建设成为区域中心城市,带动周边县市、重点镇协同发展,提升区域综合功能,优化城乡人居环境,增强产业、人口的聚集效应。二是加快农业转移人口市民化。深化户籍制度改革,全面落实居住证制度,促进有能力在城镇稳定就业和生活的农业转移人口市民化。优化基本公共服务资源配置,推动农业转移人口与城市户籍人口在就业教育、社保方面实现公共服务均等化。依法保障进城落户农民农村土地承包权、宅基地使用权、集体收益分配权,健全农户"三权"有偿退出机制和配套政策,推动农业转移人口全面融入城市。

3. 推动人口绿色发展

一是健全绿色生产机制。贯彻落实绿色发展观念,彻底转变传统经济发展模式,推行创新驱动、资源节约、低碳环保的生产方式。加快产业结构优化调整,严格限制高能耗、高污染的行业发展,大力发展绿色循环经济,全面节约和高效利用能源。二是培育绿色生活方式。在全社会倡导简约适度、低碳环保、文明节约的生活方式,将绿色消费、绿色出行、绿色居住内化为公众的生活理念,外化为公众的自觉行动。加强环保宣传教育,深入开展垃圾分类行动,提高公众环保意识,构建环境友好型、资源节约型社会。三是加强生态环境综合治理。实行最严格的环境保护制度,以解决好影响公众健康的环境问题为重点,加强水、大气、土壤污染防治,改善提升环境质量。实施山水林田湖草生态保护修复工程,提高生态系统的稳定性,强化生态服务功能。

BⅡ 分报告

B.2 河南省人口规模与人口结构中长期发展预测

石 涛*

摘 要: 新时代,研判人口规模和结构对谋划中长期河南省人口政策具有十分重要的现实意义。本文基于灰色关联度GM(1,1)模型及不同情境设计,分析了2025年、2035年河南省中长期人口规模和人口结构趋势。研究发现:规模上,2025年、2035年河南省常住人口规模预测值将分别在1.01亿人、1.04亿人左右,户籍人口规模预测值将分别在1.20亿人、1.29亿人左右;2025年、2035年河南省流出人口数分别为1686万人、1885万人,不同情境下河南省人口出生预测值将在110万人、100万人左右。结构上,2025年、2035年河南省人口老龄化率预测值分别为13.7%、18.7%,人口性别比将稳定在106左右。中长期看,河南省将持续保持人口规模优势,人口老龄化程度相对偏高,需要在持续保持人口规模优势的同时及早谋划人口老龄化的综合应对策略。

关键词: 人口规模;人口结构;河南省;中长期发展

一、引言

人口问题一直是关系国家社会经济发展的关键问题。党的十八大以来,我国先后颁布了数项关于人口的国家政策,包括《"健康中国2030"规划纲要》(2016年10月)、《国家积极应对人口老龄化中长期规划》(2019年11月)等,对健康、人口老龄化等人口问题提出了系列谋划。2021年,河南省"十四五"规划中,也明确提出要积极应对人口老龄化问题,促进人口长期均衡发展。无论

---

* 石涛,管理学博士,河南省社会科学院经济研究所助理研究员。

是人口健康，还是人口老龄化问题，都离不开对未来人口规模，尤其是中长期人口规模的监测与判断。科学的人口规模预测能够为人口发展提供中长期的政策依据，具有十分重要的现实意义。

近年来，我国人口出生率处于明显下降趋势。据国家统计局相关数据显示，2020 年中国人口出生率仅为 8.52%，创 1978 年以来历史新低，人口的明显变化间接导致了国家"三孩"政策的出台。鉴于人口规模和结构的重要性，对人口相关问题的预测成为了学者们研究的热点问题。在人口规模方面，基于北京市某城区 2010 年常住人口普查数据，李爱华和王迪文（2021）认为该地区常住人口总量减少，老龄化人口比重增加。在老龄化趋势方面，瞿凌云（2021）基于 Leslie 模型，以总和生育率 TFR = 1.52 为基准进行预测，认为 2050 年中国人口老龄化率将升至 27.73%，老龄化趋势将逐步加强。进一步地，张园、王伟（2021）基于 2011 年和 2014 年中国老年健康影响因素跟踪调查数据，认为 2050 年城乡 65 岁及以上中度和重度失能老年人口将达到约 8304.12 万人，其中农村 75~84 岁中度和重度失能老年人数量高于城镇。在研究方法上，人口相关预测模型包括多维灰色和支持向量机组合模型（侯瑞环、徐翔燕，2021）、Logistic 两人口模型和单人口 CBD 模型（王晓军等，2021）、Lee-Carter 死亡率模型（王广州，2021）及小波变换和 DGM（2，1）（宋国鹏等，2021）等。

少数学者聚焦河南省人口问题进行分析。郭敬和黄陈刘（2015）基于向量自回归等多种模型，设定人口出生率的三种情景，分析了 2014~2050 年河南省人口规模及老龄化人口，认为在低方案、中方案、高方案下，河南省人口总量将分别在 2027 年、2028 年和 2029 年达到峰值，在 10850 万人左右，2050 年将逐渐减少至 10230 万人左右，同时河南省老龄化人口将在 2040 年达到 19.69%。上述学者的研究为本文的研究奠定了良好的基础。当前，河南省人口规模和结构以及人口政策均发生了较大变化，为此本文将基于 2000~2020 年河南省人口数据，运用灰色关联度模型对 2021~2035 年河南省人口规模和人口结构进行预测，从而为政府制定相关人口政策提供参考。

二、河南人口规模及人口结构的现状分析

河南省在人口规模上呈现基数大、人口出生率波动向下收窄、人口流出较大的阶段性特点；人口结构上，呈现人口老龄化趋势强、人口城镇化率空间大、人口性别相对均衡的阶段性特点。

（一）河南省人口规模发展趋势分析

1. 河南省人口总量趋势分析

图1显示了2000~2020年河南省户籍人口及增长率。总体上，河南省人口总量规模持续扩大。河南省户籍人口由2000年的9488.0万人上升到2020年的11526万人，年均增加约101.9万人，人口规模扩大了约1.2倍。从增速上看，河南省户籍人口增长率呈波动下降的发展态势。河南省户籍人口增速由2000年的1.1%降至2020年的0.3%，年均下降0.04个百分点。进一步地，可将2000~2020年河南省户籍人口规模的发展趋势划分为三个阶段：一是稳定发展阶段（2000~2009年）。在此阶段内，河南省人口户籍规模由2000年的9488.0万人上升到2009年的9967万人，年增速稳定在0.5%左右。二是缓慢上升阶段（2010~2015年）。在此阶段内，河南省户籍人口规模由2010年的1.08亿人上升到2015年的1.12万人，年增速稳定在0.8%左右。三是波动上升阶段（2016~2020年）。在此阶段内，河南省户籍人口规模由2016年的1.13亿人上升到2020年的1.15亿人，年增速维持在0.3%左右。

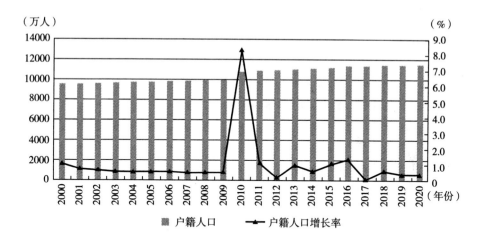

图1　2000~2020年河南省户籍人口及增长率

资料来源：《河南统计年鉴》（2001~2021）。

2. 河南省人口出生率趋势分析

图2显示了2000~2020年河南省出生人口数及人口出生率。总体上，2000~2020年河南省出生人口数的变化趋势可以划分为三个阶段：一是缓慢下降阶段（2000~2007年）。在此阶段内，河南省出生人口数由2000年的123万人降至2007年的111万人，平均每年减少1.7万人；人口出生率由2000年的13.1‰降

至 2007 年的 11.3‰，平均每年下降 0.3‰。二是稳步上升阶段（2008～2016年）。在此阶段内，河南省出生人口数由 2008 年的 113 万人上升到 2016 年的 143万人，平均每年增加 3.8 万人；人口出生率由 2008 年的 11.4‰上升到 2016 年的13.3‰，平均每年增加 0.2‰。三是快速减少阶段（2017～2020 年）。在此阶段内，河南省出生人口数由 2017 年的 140 万人降至 2020 年的 92 万人，平均每年减少 16 万人；人口出生率由 2017 年的 12.95‰降至 2020 年的 9.24‰，平均每年减少 1.2‰。

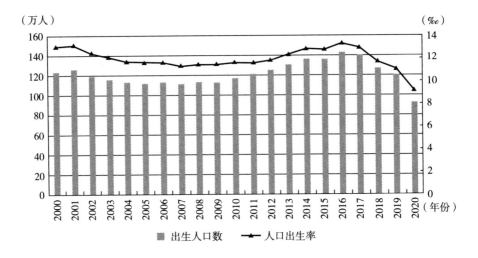

图 2 2000～2020 年河南省出生人口数及人口出生率

资料来源：《河南统计年鉴》（2001～2021）。

3. 河南省人口流入流出总量趋势分析

图 3 显示了 2005～2020 年河南省流入流出总量①及增长率。总体上，2000～2020 年河南省流入流出总量的变化趋势可以划分为两个阶段：一是波动上升阶段（2005～2009 年）。在此阶段内，河南省人口流入流出总量由 2005 年的 388 万人上升到 2009 年的 480 万人，平均每年增长流出 23 万人；相应的增长率由 2006年的 10.3%降至 2009 年的-1.8%。二是缓慢上升阶段（2010～2020 年）。在此阶段内，河南省流入流出总量由 2010 年的 1395 万人上升到 2020 年的 1585 万人，平均每年增长 11.2 万人；相应的人口流入流出增长率由 2010 年的 4.8%降至2020 年的 0.002%。

---

① 考虑到河南省人口实际，人口流入流出总量统计较为复杂，为简单起见，人口流入流出总量由户籍人口和常住人口的差值表示。

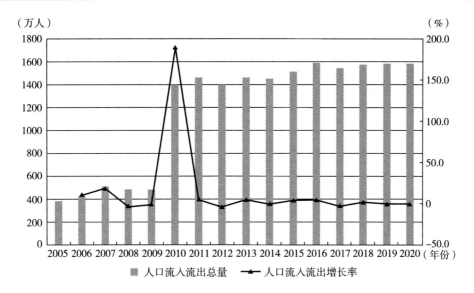

图 3   2005~2020 年河南省流入流出总量及增长率

资料来源：《河南统计年鉴》（2006~2021）。

（二）河南省人口结构的趋势分析

1. 河南省 65 岁及以上人口数比重趋势分析

图 4 显示了 2005~2020 年河南省 65 岁及以上人口数比重及增长率。总体上，2005~2020 年河南省 65 岁及以上人口数比重的变化趋势可以划分为两个阶段：一是波动上升阶段（2005~2009 年）。在此阶段内，河南省 65 岁及以上人口数比重由 2005 年的 8.2% 上升到 2009 年的 8.8%，平均每年提高 0.15 个百分点；相应的增长率由 2005 年的 11.2% 上升到 2009 年的 13.3%，平均每年增长 0.5 个百分点。二是稳定增长阶段（2010~2020 年）。在此阶段内，河南省 65 岁及以上人口数比重由 2010 年的 8.4% 上升到 2020 年的 13.5%，平均每年提高 0.5 个百分点；相应的增长率由 2010 年的 -5.4% 上升到 2020 年的 21.0%，年均增长 2.6 个百分点。

2. 河南省人口城镇化率趋势分析

图 5 显示了 2005~2020 年河南省城镇人口及人口城镇化率。总体上，河南省城镇人口规模持续扩大。河南省城镇人口规模由 2005 年的 2875.0 万人上升到 2020 年的 5510.3 万人，平均每年增加 175.7 万人，城镇人口规模扩大了 1.9 倍；城镇人口增速由 2005 年的 6.1% 上升到 2020 年的 7.4%，平均每年提高 0.1 个百分点。同时，河南省人口城镇化率保持了稳定的增长态势。人口城镇化率由 2005

年的30.7%上升到2020年的55.4%，相应的增长率由2005年的6.0%降至2020年的2.6%，人口城镇化率增长持续收窄。

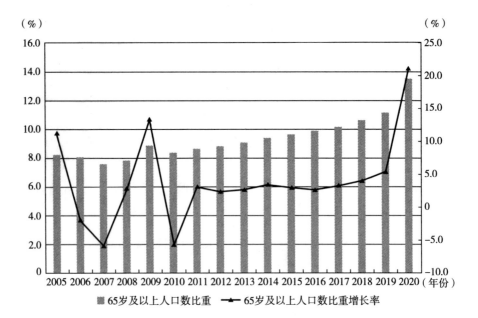

图4　2005~2020年河南省65岁及以上人口数比重及增长

资料来源：《河南统计年鉴》（2006~2021）。

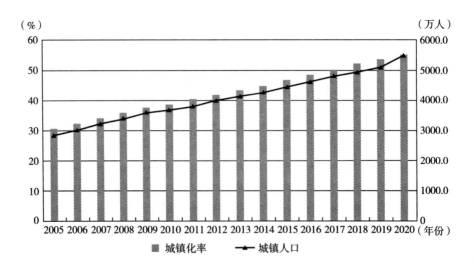

图5　2005~2020年河南省城镇人口及人口城镇化率

资料来源：《河南统计年鉴》（2006~2021）。

3. 河南省人口性别比趋势分析

图6显示了2005~2020年河南省男女人口数及性别比。总体上,河南省性别比的变化趋势可以划分为三个阶段:一是波动下降阶段(2005~2010年)。在此阶段内,河南省人口性别比波动向下,人口性别比由2005年的106.8降至2010年的106.7,男性与女性人口之间的差距呈收窄趋势,2010年河南省男性、女性人口数分别为5576.1万人、5223.6万人,两者差额为352.5万人,男性人口数仍多于女性。二是波动上升阶段(2011~2014年)。在此阶段内,河南省人口性别比波动向上,人口性别比由2011年的106.6上升至2014年的107.5,男性与女性之间人口差逐步扩大,2014年男性与女性人口数分别为5750.8万人、5350.9万人,人口差额达到历史最高值399.9万人。三是波动下降阶段(2015~2020年)。在此阶段内,人口性别比由2015年的107.0降至2020年的106.6,男性与女性人口之间的差距明显缩小,2020年男性与女性人口数分别为5946.7万人、5579.1万人,人口差额达到阶段最小值367.6万人。

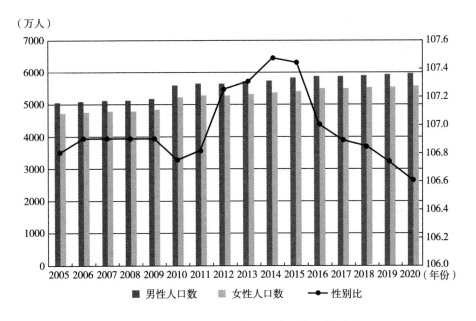

图6 2005~2020年河南省男女人口数及性别比

(三)河南省人口规模和结构指标的对比分析

从人口规模来看,2019年河南省人口规模位居全国第三,仅低于广东、山东两省,具有一定的人口规模优势。

从人口城镇化率来看，2019 年河南省人口城镇化率为 54.0%，低于东部地区、中部地区、西部地区及东北地区平均值 18.5 个、4.4 个、1.6 个、11.8 个百分点，河南省人口城镇化率处于全国相对靠后位次，人口城镇化率提升空间大。

从人口出生率来看，2019 年河南省人口出生率为 11.0%，高于东部及东北地区平均水平，低于中部地区及西部地区平均水平，在全国处于相对中间位次。

从人口老龄化率来看，2019 年河南省人口老龄化率为 11.6%，高于西部地区平均水平，低于东部、中部及东北地区平均水平，人口仍具有红利优势。

从人口性别比来看，2019 年河南省男女性别比为 102.0，高于东北地区男女性别比平均值，低于东部、中部及西部地区男女性别比平均值，在全国处于相对靠前位次，男女性别相对均衡（见表1）。

表1　2019 年中国主要省份人口规模及结构指标对比

地区	总人口（万人）	人口城镇率（%）	人口出生率（‰）	男女性别比（女性＝100）	人口老龄化率（%）
河南	9901	54.0	11.0	102.0	11.6
安徽	6092	57.0	12.0	102.1	14.0
江西	4516	59.1	12.6	104.3	10.2
湖北	5927	61.8	11.4	101.5	13.1
湖南	6640	57.5	10.4	103.9	13.1
山西	3497	61.3	9.1	102.3	11.0
北京	2190	87.4	8.1	101.6	11.5
上海	2481	89.2	7.0	107.9	16.3
广东	12489	72.7	12.5	118.1	8.6
山东	10106	61.9	11.8	101.9	15.8
重庆	3188	68.2	10.5	100.2	15.3
四川	8351	55.4	10.7	96.7	15.7
东部地区	5607	72.5	10.2	108.2	12.6
中部地区	6096	58.4	11.1	102.7	12.2
西部地区	3182	55.6	11.7	103.5	10.7
东北地区	3327	65.8	6.1	101.8	14.3

注：国家统计局统计口径与《河南统计年鉴》统计口径有差异（"七普"数据），导致两者的数据存在差异。因为省级地区对比，故表中以国家统计局公开数据为准。

资料来源：《中国统计年鉴》（2001～2021）。

三、研究设计与变量选择

（一）人口预测的统计计量模型

GM（1，1）模型基于相加序列对原始数据进行预测分析，是一种常用的灰色预测模型（范胜龙等，2016；徐宁、党耀国，2018；侯瑞环、徐翔燕，2021）。假定存在 n 个数据的原始序列为：

$$x^{(0)} = \{x^{(0)}(1)，\cdots，x^{(0)}(n)\} \qquad (1)$$

假定第 k 个数据为 $x^{(0)}(k) = \sum_{i=1}^{k} x^{(0)}(i)$，其中 $k=1，\cdots，n$，并对式（1）进行累计加总，则有：

$$x^{(1)} = \{x^{(1)}(1)，\cdots，x^{(1)}(n)\} \qquad (2)$$

基于式（2），得到原始序列与累加后序列之间满足灰度微分方程，即：

$$x^{(0)}(k) + \alpha z^{(1)}(k) = \mu \qquad (3)$$

式（3）中，α、μ 分别表示发展灰数以及内生控制灰数，且有 $z^{(1)}(k) = 0.5(x^{(1)}(k) + x^{(1)}(k-1))$。进一步地，利用最小二乘法，可以得到：

$$[\alpha，\mu]^T = (B^T B)^{-1} B^T Y$$

其中，$B = \begin{bmatrix} -z^{(1)}(2) & 1 \\ \vdots & \vdots \\ -z^{(n)}(n) & 1 \end{bmatrix}$，$Y = \begin{bmatrix} x^{(0)}(2) \\ \vdots \\ x^{(0)}(n) \end{bmatrix}$

进而可以得到 GM（1，1）白化微分方程为：

$$\frac{\mathrm{d}X^{(1)}}{\mathrm{d}t} + \alpha X^{(1)} = \mu \qquad (4)$$

求解白化微分方程得到 GM（1，1）模型的时间响应函数，即：

$$\hat{x}^{(1)} = \left(x^{(0)}(1) - \frac{\mu}{\alpha}\right) e^{-\alpha(k-1)} + \frac{\mu}{\alpha} \qquad (5)$$

最后，基于式（5）对河南省中长期人口规模进行预测。下文中，同样运用 GM（1.1）模型对河南省人口结构进行预测。

（二）人口规模预测的情景模拟预测

相对统计计量模型，更多考虑数据自身的趋势及结构特点，情景模拟预测模型可以综合考虑专家以及人口发展的客观要素的关联，是目前多重预测人口的重要方法之一。

人口出生率是反映人口变动的关键指标（柳如眉等，2021），也是国家人口政策变动的重要依据。尤其是近年来我国人口出生率持续收窄，对国家出台两孩、三孩政策具有重要影响。为此，采用人口出生率作为人口规模情景预测的关键指标。参考联合国《世界人口展望 2019》对生育率不同情景的设置，结合河南省人口出生率峰值波动情景，以 2020 年河南省人口出生率为基准值，2025 年、2030 年、2035 年人口出生率、增长率均低于基准值 0.5 个百分点。低人口出生率情景下，2025 年河南省人口出生率比基准值低 0.25，2030 年人口出生率比基准值低 0.4，2035 年人口出生率比基准值低 0.5；高人口出生率情景下，2025 年河南省人口出生率比基准值高 0.25，2030 年人口出生率比基准值高 0.4，2035 年人口出生率比基准值高 0.5，具体参数设定如表 2 所示。

表 2　高中低三种情景下河南省人口出生率　　　　　　单位：‰

情景类型	2020 年	2025 年	2030 年	2035 年
高增长情景	11.82	11.32	10.97	10.57
基线情景	11.57	11.07	10.57	10.07
低增长情景	11.32	10.82	10.17	9.57

资料来源：笔者整理。

（三）变量选取与数据来源

结合前文分析，在对河南省人口规模和结构进行预测时，规模指标方面，选择常住人口总数、户籍人口总数、人口流出数、人口出生率四个指标。结构性指标方面，选择人口老龄化、人口性别比两个指标。未经特殊说明，所选数据均来自《河南统计年鉴 2021》《中国统计年鉴 2021》。

四、河南省人口规模和结构的中长期预测分析

基于 GM（1，1）模型和不同情景预测，对河南省人口规模和结构进行中长期预测，以为相关政策分析提供客观依据。

（一）河南省人口规模的中长期预测分析

1. 基于 GM（1，1）模型的估计结果分析

表 3 显示了基于 GM（1，1）模型的人口规模指标预测结果。从该表中，我

们可以看出：总体上，河南省常住人口、户籍人口以及人口流出数的预测值与实际值的误差率相对较低，预测值的误差率绝对值均在5%以内，误差率绝对值的平均值均在1%以内，预测值在统计可信范围之内。其中，常住人口预测值误差率绝对值均在1%以内；户籍人口预测值误差率绝对值均在4%以内；人口流出数预测值误差率绝对值均在5%以内。

表3　基于GM（1，1）模型的人口规模指标预测值及误差率

年份	常住人口（万人）	常住人口误差率（％）	户籍人口（万人）	户籍人口误差率（％）	人口流出（万人）	人口流出误差率（％）
2005	9380	0.00	9874	1.09	—	—
2006	9312	-0.85	9990	1.73	—	—
2007	9355	-0.05	10108	2.42	—	—
2008	9399	-0.32	10227	3.12	—	—
2009	9442	-0.47	10348	3.82	—	—
2010	9486	0.86	10470	-3.05	1394.6	0.00
2011	9530	0.73	10593	-3.02	1430.2	-2.14
2012	9574	0.44	10718	-1.95	1449.2	3.54
2013	9619	0.48	10845	-1.76	1468.5	0.18
2014	9664	0.20	10972	-1.17	1488	2.15
2015	9708	0.07	11102	-1.03	1507.8	-0.54
2016	9754	-0.25	11233	-1.21	1527.8	-4.06
2017	9799	-0.31	11365	-0.10	1548.1	0.03
2018	9844	-0.20	11499	0.48	1568.7	-0.69
2019	9890	-0.11	11635	1.30	1589.6	0.30
2020	9936	-0.05	11772	2.14	1610.7	1.63

资料来源：笔者整理。

考虑到预测值与实际值的偏差、人口本身存在的规模效应以及人口拐点后的收窄惯性，需要对相关预测值进行修正。参考上文中数据误差率，结合相关专家意见，将常住人口、户籍人口、人口流出数前五年的数据分别调减1%、4%、2%，将后边年份的数据分别调减2%、8%、4%，得到修正后的常住人口、户籍人口预测值。进一步地，利用常住人口数与人口流出数计算得出河南省户籍人口数以及户籍人口数的预测值，图7显示了2021~2035年河南省人口规模指标预测结果。

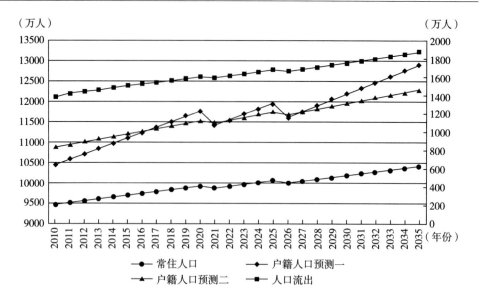

图 7　2010～2035 年河南省人口规模指标预测结果

从河南省户籍人口的预测结果来看，2025 年、2035 年河南省户籍人口预测值分别为 1.20 亿人（1.18 亿人）、1.29 亿人（1.23 亿人），年均增长 0.87%（0.51%）。从河南省常住人口的预测结果来看，2025 年、2035 年河南省常住人口预测值分别为 1.01 亿人、1.04 亿人，年均增长 0.39%。从人口流出数来看，2025 年、2035 年河南省流出人口数分别为 1686 万人、1885 万人，年均增长 1.18%。

2. 基于三种情景的出生人口规模预测

基于河南省出生人口与人口出生率的数据，利用 OLS 模型进行线性回归所得出的参数，利用人口出生率的三种情景预测，综合得出 2021～2035 年河南省出生人口的预测结果，如图 8 所示。由图 8 可以看出，三种情景下，河南省人口出生数保持了较为一致的趋势。具体来看，2021～2025 年，河南省人口出生数保持波动下降趋势。2025 年，河南省人口出生数在低增长、基准及高增长情景下的预测值分别为 110.0 万、112.7 万、115.4 万人，基本在 110 万人左右；2035 年，河南省人口出生数在低增长、基准及高增长情景下的预测值分别为 93.7 万、98.0 万、103.4 万人，基本在 100 万人左右。据此来反推常住人口数，预计 2025 年低增长、基准及高增长情景下的预测值分别为 1.009 亿、1.011 亿、1.012 亿人，2035 年低增长、基准及高增长情景下的预测值分别为 0.998 亿、1.001 亿、1.005 亿人，与上文相应的预测值基本一致。

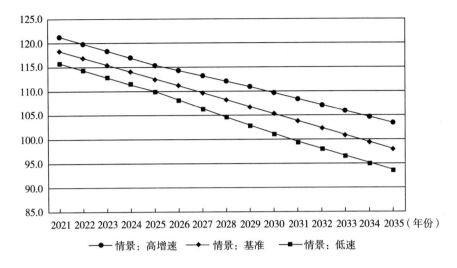

图8 三种情景下2021~2035年河南省人口出生数预测值趋势

注：回归方程结果为：人口出生数＝人口出生率×10.80879-7.782783；模型的R值为0.7177；相应的P值为0.0000。

（二）河南省人口结构的中长期预测分析

表4显示了基于GM（1，1）模型的人口结构指标预测结果。从该表中，我们可以看出：总体上，河南省65岁及以上人口数、人口性别比的预测值与实际值的误差率相对较低，除了65岁及以上人口数预测值外，其他指标的误差率绝对值均在5%以内，误差率绝对值的平均值均在5%以内，预测值在统计可信范围之内。其中，65岁及以上人口数预测值误差率绝对值绝大多数在5%以内，人口性别比预测值误差率绝对值均在0.5%以内。

表4 基于GM（1，1）模型的人口结构指标预测值及误差率 单位：%

年份	65岁及以上人口数	65岁及以上人口数误差率	人口性别比	人口性别比误差率
2004	7.40	0.00	106.00	0.00
2005	7.31	-11.13	106.96	0.15
2006	7.55	-6.37	106.96	0.06
2007	7.79	2.87	106.96	0.05
2008	8.04	3.02	106.96	0.05
2009	8.29	-6.20	106.96	0.05
2010	8.56	2.37	106.96	0.20

续表

年份	65 岁及以上人口数	65 岁及以上人口数误差率	人口性别比	人口性别比误差率
2011	8.83	2.54	106.96	0.12
2012	9.11	3.29	106.96	-0.27
2013	9.40	3.76	106.96	-0.33
2014	9.70	3.52	106.96	-0.48
2015	10.01	3.94	106.96	-0.45
2016	10.33	4.54	106.95	-0.04
2017	10.66	4.59	106.95	0.07
2018	11.00	3.75	106.95	0.11
2019	11.35	1.68	106.95	0.22
2020	11.71	-13.27	106.95	0.34

图 9 显示了 2021～2035 年河南省人口结构指标预测值趋势。一是人口老龄化程度保持上升态势。2025 年、2035 年河南省人口老龄化程度的预测值分别为 13.7%、18.7%，人口老龄化程度相对偏高。二是人口性别比基本稳定。2025 年、2035 年河南省人口性别比的预测值分别为 107.0、106.9，河南省的人口性别比基本稳定。

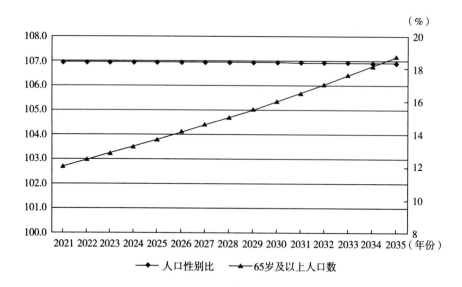

图 9 2021～2035 年河南省人口结构指标预测值趋势

五、结论与政策建议

本文基于 2000~2020 年河南人口规模和人口结构的时间序列数据，运用 GM（1，1）模型，预测了河南省中长期人口规模和人口结构，得出如下结论：规模上，2025 年、2035 年河南省常住人口规模预测值将分别在 1.01 亿、1.04 亿人，户籍人口规模预测值将分别在 1.20 亿、1.29 亿人，河南省流出人口数分别为 1686 万、1885 万人；不同情境下，2025 年、2035 年河南省人口出生预测值将在 110 万、100 万人左右。结构上，2025 年、2035 年河南省人口老龄化率预测值分别为 13.7%、18.7%，人口性别比将稳定在 106 左右。因此，河南省人口规模将在中长期内保持优势，人口老龄化趋势较为明显。

为了在"十四五"时期发挥好河南省人口优势，积极稳妥应对人口老龄化趋势，本文提出如下政策建议：一是积极打造人力资源强省。人口是未来区域经济发展的重要指标。从中长期来看，河南省仍然是国内关键的人口大省，需打造人才资源强省，发挥人力红利。一方面，大力发展基础教育。加大对农村教育的帮扶力度，通过支教、轮教等多种方式，在教职工职称评审、岗位晋升等多方面进行倾斜，加大城乡基础教育均衡度。同时，加大对中专、技校等中等教育的力度，围绕河南省粮食、装备制造等省内优势产业，重点打造高技能、高技术人才。另一方面，加大对双一流高校的建设力度，鼓励郑州大学、河南大学等双一流高校在省内产业优势鲜明、技术领先、集群效应明显的地区设立分校，加强创新人才的培育及产学研一体化力度。二是打造组合拳稳定人口规模。加强国家"三孩"政策执行落地力度，探索"二孩""三孩"在幼教阶段的相关税收减免、陪育假期延长等系列举措，尤其是在个税抵扣、幼教资源配套等方面加大改革创新力度。在幼儿师资培训、医疗保障等方面出台相关配套举措，解决生孩教育、医疗压力。同时，加强对人口流入流出的监控力度。强化实体经济，创建吸引年轻人口、持续优化人才的创新生态环境。三是积极应对人口老龄化。人口老龄化是未来河南省面临的关键问题，尤其是在经济下行压力较大及人口老龄化程度加快的反向趋向下，应对老龄化人口尤为重要，需要系统谋划。一方面，在医疗保障、公共基础设施、文化娱乐传媒等方面出台相关配套政策，同时在康养、社区养老等养老模式上进行探索创新，为老龄化人口提供宜居业态环境。另一方面，加快制定适应老龄化人口的产业布局，壮大银发经济。

参考文献

[1] 范胜龙，杨玉珍，陈训争，张莉，黄炎和．基于 PSR 和无偏 GM（1，1）模型的福建省耕地生态安全评价与预测 [J]．中国土地科学，2016，30（9）：19-27．

[2] 郭敬，黄陈刘．河南省人口老龄化预测 [J]．西北人口，2015，36（1）：67-72．

[3] 侯瑞环，徐翔燕．基于改进多维灰色模型及支持向量机的人口预测 [J]．统计与决策，2021，37（18）：41-44．

[4] 瞿凌云．未来人口老龄化趋势及其对潜在经济增速影响的估算 [J]．上海金融，2021（8）：27-36．

[5] 李爱华，王迪文．队列要素法在人口预测中的应用 [J]．统计与决策，2021，37（22）：36-40．

[6] 李汉东，赵少波，王玺，李赫扬．中国老龄化区域差异和变化趋势预测 [J]．统计与决策，2021，37（3）：71-75．

[7] 宋国鹏，张述清，朱大明，阮理念．小波变换和 DGM（2，1）模型在昆明市人口预测中的应用 [J]．贵州大学学报（自然科学版），2022，39（2）：59-65．

[8] 王广州．中国人口平均预期寿命预测及其面临的问题研究 [J]．人口与经济，2021（6）：22-39．

[9] 王晓军，陈惠民，赵晓月．我国男女两性老龄人口死亡率联合建模与预测 [J]．统计研究，2021，38（10）：151-160．

[10] 徐宁，党耀国．特征自适应型 GM（1，1）模型及对中国交通污染排放量的预测建模 [J]．系统工程理论与实践，2018，38（1）：187-196．

[11] 张梦汝，罗娟，单路路．基于灰色理论的上海外来常住人口预测及影响因素分析 [J]．经济研究导刊，2021（31）：41-43．

[12] 张园，王伟．失能老年人口规模及其照护时间需求预测 [J]．人口研究，2021，45（6）：110-125．

B.3 河南省以"一老一小"为重点完善人口服务体系研究[*]

潘艳艳[**]

摘　要：近年来，河南省老龄化进程不断加快，且面临少子、老龄化的严峻挑战。以"一老一小"为重点完善人口服务体系，推动养老托育体系健康发展是积极应对人口老龄化的关键举措。当前，河南省的"一老一小"人口服务体系建设正在发展完善中，但也面临着服务供给不足、发展环境不完善、专业人才短缺等困境。要深入贯彻实施积极应对人口老龄化发展战略，着力解决"一老一小"民生问题，从工作机制、服务体系、产业发展、人才建设等方面强供给、补短板，扎实推动"一老一小"事业高质量发展。

关键词：河南省；人口老龄化；人口服务；对策建议

一、引言

人口是经济社会发展的基本要素和动力源泉。近年来，随着经济社会的快速发展，我国人口老龄化问题日益严峻，成为影响民生持续改善和国家长远发展大计的重大问题。党的十九大以来，我国不断强化应对人口老龄化的顶层设计和制度建设，党的十九大报告指出："积极应对人口老龄化，构建养老、孝老、敬老政策体系和社会环境，推进医养结合，加快老龄事业和产业发展。"2019年，中央出台《国家积极应对人口老龄化中长期规划》，从五个方面部署应对老龄化的

---

　*　本文系2020年河南省哲学社会科学规划项目"河南乡村治理现代化的基本问题与实现路径"（2020CSH031）、2021年河南省哲学社会科学规划项目"大数据时代社区智慧治理模式研究"（2021CSH030）资助成果。

　**　潘艳艳，河南省社会科学院社会发展研究所助理研究员，研究方向为社区建设、社会治理。

具体工作。党的十九届五中全会将"积极应对人口老龄化"升级为国家战略，并首次提出了"以'一老一小'为重点完善人口服务体系"，为"十四五"时期和更长时期内我国应对人口老龄化问题、推动人口长期均衡发展提供了基本遵循。老年人口数量快速增加与新生儿出生率下跌并存是我国人口老龄化的主要表现，积极应对人口老龄化也应以"一老一小"为重点，扩大养老托育服务有效供给，提高养老托育服务质量，努力实现"老有所养""幼有所育"。

河南省作为人口大省，老年人口基数大、老龄化进程不断加速。据第七次全国人口普查数据显示，河南省60岁及以上人口为1796.4万人，占18.08%，0~14岁人口为2298.9万人，占23.14%。①高龄化叠加少子化导致人口结构失调问题突出，以"一老一小"为重点完善人口服务体系，成为缓解人口结构矛盾的关键。本文聚焦"一老一小"两类重点群体，研究河南省完善人口服务体系的实践、成效，梳理总结人口服务体系建设发展中面临的主要问题，有针对性地提出解决"一老一小"问题的对策建议，以期为河南应对人口老龄化问题，推动河南省人口长期均衡发展提供借鉴。

二、以"一老一小"为重点完善人口
服务体系的重要意义

以"一老一小"为重点完善人口服务体系，促进养老托育服务健康发展，是积极应对人口老龄化的关键举措。服务好"一老一小"群体是事关广大群众切身利益的民生实事，对于增强人民群众的幸福感、获得感、安全感，确保经济社会发展始终与人口老龄化进程相适应，具有重大而深远的意义。

（一）有利于缓和人口代际矛盾，促进家庭减负增能

当前，我国家庭代际关系紧张的重要原因在于在"养老""育儿"方面存在矛盾。一方面，家庭承担着赡养老人、抚育幼小的基础功能，"养儿防老"的传统观念深入人心，但是随着社会经济的发展和人口结构的变化，"4+2+2"的家庭结构逐渐成为社会常态，日益激烈的社会竞争、不断上涨的物质生活成本，不仅使家庭养老、育儿负担加重，也对家庭和谐关系产生不良影响。另一方面，托育服务发展不足导致3岁以下婴幼儿照护问题突出，老年父母与成年已婚子女共

---

① 河南省第七次全国人口普查公报（第四号）［EB/OL］. 河南省统计局官网，http：//www.ha. stats. gov. cn/2021/05-14/2144541. html，2021-05-14.

同或就近居住,由祖辈帮助照看婴幼儿成为了大多数家庭的选择。然而,由于思想观念的不同和照顾婴幼儿对老年人健康、闲暇时间的影响,"老带孙"的育儿模式给代际关系造成了较大压力。以"一老一小"为重点完善人口服务体系,通过大力发展普惠托育和基本养老服务,给两个最脆弱的群体予以保障,有助于强化助力家庭的社会服务供给,减少家庭在养老、育儿方面的支出压力,缓解人口代际矛盾,做到为家庭减负、为中青年群体松绑,使中青年人更坚实有力地推动经济社会高效运行。

(二) 有利于优化公共服务资源配置,补齐养老托育民生短板

随着我国加速进入老龄化社会以及全面"三孩"政策的实施,大众对养老托育的服务需求迅速增加。然而现阶段,我国养老服务和学龄前教育存在供给不充分、不均衡的问题,与人们满足对美好生活的期望还有差距。应以"一老一小"为重点完善人口服务体系建设,加快补齐养老托育服务发展短板,实现公共服务的优化配置和均等化发展。一是加强养老托育服务体系建设,构建以家庭为基础,以社区为依托,以机构为补充的多层次养老托育服务体系,有利于鼓励引导更多的社会资源投入到普惠托育和基本养老服务领域,扩大服务供给总量。二是针对城乡养老服务差距大、普惠性托育服务短缺等问题,在养老托育服务体系建设上向乡村养老服务倾斜,强化普惠托育服务建设,有利于纠正资源配置结构性失衡问题。三是通过加强和完善"一老一小"人口服务体系建设,能够推动养老托育服务设施的规范化建设,提高养老、托育机构的专业服务水平,提升人才要素供给能力,促进养老托育服务供给质与量的共同提升。

(三) 有利于应对少子老龄化挑战,推动人口长期均衡发展

当前,我国人口结构同时面临老龄化和少子化问题。河南省 2020 年第七次人口普查数据与 2010 年第六次人口普查数据相比,60 岁及以上老年人口上升 5.35 个百分点,0~14 岁人口上升 2.14 个百分点,[①] 且自改革开放以来,我国 0~14 岁人口规模和占总人口比重一直处于明显下降趋势,2010~2019 年均处在 15%~18% 的"严重少子化"区间。因此,推动人口长期均衡发展的关键是应对人口老龄化和少子化,优化人口结构的核心在于抓住"一老一小"两端。一方面,关注"一老",建立健全多层次、广覆盖、可持续、高质量的养老服务体系,能够直接回应数亿老年人的养老诉求,解决好谁来养老、如何养老的民生难题,帮助更多老年人安度晚年。另一方面,关注"一小",通过全面推行三孩政

---

① 河南省第七次全国人口普查公报(第四号)[EB/OL].河南省统计局官网,http://www.ha. stats. gov. cn/2021/05-14/2144541. html,2021-05-14.

策，大力发展托幼服务，完善家庭政策支持体系，能够减轻中青年人压力，提升生育意愿，有效应对少子化挑战，进而延缓老龄化进程。

三、河南省以"一老一小"为重点完善
人口服务体系的实践与成效

近年来，河南省认真贯彻落实积极应对人口老龄化国家战略，把加强人口服务体系建设，解决"一老一小"问题作为做好人口工作的重要抓手，加快发展普惠型养老托育服务，推动了养老托育服务体系不断完善，民生福祉水平持续提升。

（一）强化规划制度引领，明确养老托育服务建设方向

河南省以老年人养老服务现实需求为导向，先后出台了一系列政策文件支持养老服务发展。2019年，河南省制定了《社区居家养老服务规范》《医养结合机构服务规范》《养老服务机构服务质量规范》系列文件，推动了养老服务的规范化、专业化发展。2021年4月，河南省"十四五"发展规划公布，提出将"健全基本养老服务体系，发展普惠型养老服务和互助性养老，培育智慧养老等新业态新模式"作为积极应对人口老龄化的重要任务统筹推进。12月，河南省委、省政府联合印发了《河南省关于加强养老服务体系建设的意见》，提出要"推动养老事业和养老产业协同发展，加快构建居家社区机构相协调、医养康养相结合的养老服务体系"，推动养老服务工作高质量发展。托育服务方面，2020年省政府办公厅出台了《关于促进3岁以下婴幼儿照护服务发展的实施意见》，为补齐婴幼儿照护短板，推动全省婴幼儿照护服务事业健康有序发展提供了支持。2021年11月，最新修订的《河南省人口与计划生育条例》对"建立普惠托育服务体系，建设婴幼儿活动场所及配套服务设施，加强对家庭婴幼儿照护的支持和指导"等内容作了进一步明确。通过一系列法规、制度、规划的制定出台，河南省关于"一老一小"人口服务的制度框架已经初步形成并日臻完善，为加快推动养老托育服务发展奠定了良好的基础。

（二）加强政策支持，激发养老托育服务发展活力

近年来，河南省不断强化政策供给，出台用地保障、财政补贴、金融支持、人才保障等支持政策，着力破除制约养老托育服务发展的"堵点""痛点"，激

发养老托育服务发展活力。一是加强公共服务设施建设。在养老方面，全省各级民政部门以老旧小区改造为契机，大力推进社区日间照料中心、嵌入式养老机构、助餐点、老年活动室等养老服务设施建设。在农村健全县乡村三级养老服务网络，推动乡镇敬老院、村级幸福院等养老服务设施建设。二是支持"一老一小"服务的多元化供给。一方面，通过新建或现有机构设施、场地改建、扩建等形式，建设一批公办养老、托育服务机构，强化公益性和普惠性。截至目前，河南已建成城市社区老年人日间照料中心2300多个、农村幸福院1万多个。① 另一方面，通过税收减免、场地支持、项目委托等方式引导社会资本参与养老托育服务设施建设、服务供给，提高养老托育服务的社会化、专业化水平。截至2019年12月底，河南省涉及0~3岁婴幼儿照护的服务机构已有1235家，其中托育机构161家，托儿所63家，幼儿园托班860家，早教机构托班151家。② 其中，民办机构占比约86%，已经形成了园中园托育、单位托育、社区托育、早教托育、家庭式托育五种类型，多层次婴幼儿照护服务体系初步形成。

（三）坚持试点引路，培育养老托育服务新业态

近年来，河南省坚持试点先行，探索养老托育服务新业态，推动全省养老托育事业蓬勃发展。养老方面，2020年河南选取郑州市、长垣市、鹤壁市等12地开展智慧养老服务平台建设试点，支持试点地区探索多种形式的"互联网+"养老服务模式和智能养老技术应用。截至2020年，全省已投入4137万元以支持17个智慧养老服务平台建设。③ 同时，全面实施"养老+行业"行动，大力推进社区居家养老、医养结合、城企联动普惠养老等项目发展，并拓展旅居养老、文化养老、健康养老等新型消费领域，全面提高全省养老服务水平。托育方面，在政府支持、社会力量参与的利好环境下，河南省托育服务事业快速发展，托育机构供给、婴幼儿入托率实现平稳增长。截至2020年底，全省共有从事托育服务的机构2616个，提供托位11万个，入托婴幼儿6万人。④ 2021年5月，"规范托育服务中原行"活动正式启动，河南省以婴幼儿照护服务示范机构创建工作为重点，在183家已登记备案的托育机构中确定47家托育示范机构，带领全省托育

① 余嘉熙.疫情期间优势凸显，河南智慧养老加速进社区［EB/OL］.澎湃在线网，https：//m.thepaper.cn/baijiahao7980665，2020-06-24.

② 河南省卫生健康委员会.对省政协十二届三次会议第1230834号提案的答复［EB/OL］.河南省卫生健康委员会官网，http：//wsjkw.henan.gov.cn/2020/08-12/1754059.html，2020-08-12.

③ 肖雅文.河南：让全省老年人享受"15分钟居家社区养老服务圈"［EB/OL］.百度网，https：//baijiahao.baidu.com/s？id=1700079499904462679&wfr=spider&for=pc，2021-05-18.

④ 张黎光.河南婴幼儿入托更有保障 全省185家托育机构登记备案，看看有哪些？［EB/OL］.大河网，https：//news.dahe.cn/2021/05-13/837710.html，2021-05-13.

机构规范发展。

四、河南省人口服务体系建设面临的主要困境

面对庞大的人口基数和越发严峻的少子老龄化态势，现阶段河南人口服务面临着空前压力。在推进"一老一小"服务体系建设过程中，受经济水平、政策环境、资金、人才等因素的制约，河南省养老托育服务体系的发展面临着诸多困境，推进人口均衡发展仍任重道远。

（一）养老困境

1. 养老服务供给总量不足

当前，河南省养老服务体系主要包括以家庭子辈为主体的居家养老，以基层社区服务者为依托的社区养老，以及以专业医疗养护为手段的医养结合的机构养老。以上形式依托不同的主体和手段，相互补充，由此分散社会整体养老压力。但目前，不断增长的养老需求与服务供给不足之间矛盾日渐凸显，社会养老压力越发沉重。一是家庭养老功能日渐弱化。随着家庭结构的核心化、小型化及人口流动的常态化，家庭成员异地分居、代际分离成为普遍现象，在房价、物价、未成年人抚养成本不断上涨的社会压力下，成年子女照顾老人所需的时间和精力逐渐不足。二是社区养老内容单一化。当前社区养老与居家养老融合深度不够，智能化社区养老服务平台还未推广普及，社区居家养老在基础设施、服务内容方面还存在许多薄弱环节，无法有效回应老年人对于医疗保健、精神慰藉、心理健康等的多元化需求。三是机构养老容量有限。河南省公办养老机构数量较少，民办养老机构发展良莠不齐，且公办、民办养老机构的护理型床位供应短缺，社会养老资源有限，供需配给失衡压力与日俱增。四是医疗结合养老发展动力不足。当前大多数养老机构与医疗机构仍处于独立运行状态，养老机构专业医疗服务能力欠缺，医疗机构对医养结合养老项目支持不足，两者未能建立有效合作、资源共享的工作机制，医养结合养老模式的活力有待进一步释放。

2. 发展环境有待改善

老年人作为弱势群体，不仅需要家庭、社区的照顾，需要政府部门的保障、庇佑，更需要全社会的关注和支持。当前，河南省养老服务事业的发展环境仍有一定的提升空间。一是养老制度政策体系有待完善。尽管河南省在应对人口老龄化过程中出台了许多养老服务方面的系列政策，但总体上缺乏系统的规划，导致

政策之间衔接不畅,许多优惠政策无法落到实处,且现有政策对养老服务创新业态和有效经营模式的激励不足,致使养老服务无法突破传统模式的桎梏,实现突破性发展。二是养老服务工作机制不健全。养老服务工作主要由民政部门牵头协调,其他相关部门有序参与养老服务工作的积极性和主动性不足,导致资源整合效果不佳,综合监管力量薄弱,难以形成工作合力。三是舆论引导支持力度有待加强。社会公众对于老龄化加深的国情、省情缺乏全面、客观的认识,主流媒体对于"养儿防老"等传统养老观念的舆论纠偏能力不足,适时地把养老拉出"传统孝道"困境,倡导积极健康养老理念和养老方式,助力养老服务走上社会化、科学化道路是当前必要而紧迫的任务。

3. 人才短板问题突出

人才是养老服务事业发展的关键要素,养老服务事业高质量发展需要大量了解老年群体特点需求并具备营养护理、医疗健康、心理辅导、突发急救、社会工作等基本知识技能的养老服务人才。但从目前来看,河南省现有的养老服务队伍不管是人员配备,还是专业素养,都难以满足行业所需。一方面,养老服务人才匮乏。据有关数据显示,河南省65岁及以上人口为1340.2万人,其中高龄、失智、失能老年群体也有相当规模,但目前全省仅有3万余名养老护理人员,人才总量严重不足。另一方面,养老服务人员的综合素质不高。养老服务从业人员多集中分布在中老年阶层,呈现出整体年龄偏大,知识水平较低的特点。由于大多缺乏专业性学科背景和系统性岗位培训,养老服务从业人员对于高龄、失能、失智老人这类特殊老人群体的长期照护能力不足,无法有针对性地解决当下的养老困境。

(二)托育困境

1. 托育服务供给无法满足现实所需

近年来,随着我国全面二孩、三孩政策的陆续落地,大量新生人口涌入社会,人们对托育需求更加旺盛和迫切,但当前河南省托育服务的发展正处于起步阶段,现有服务供给总量不足、供需结构失衡问题较为突出。一是托育服务缺口较大。据河南省卫健委曾开展的有关婴幼儿托育需求的调查数据显示,600个调研样本中,33.3%的婴幼儿家长有入托需求,而实际的入托率仅为5.55%。① 尽管近几年新生儿出生率连年下降,但每年新生儿数量也达到100万左右,当前的托育服务供给规模无法承载日益增长的托育需求。二是托育服务内容相对单一。根据儿童身心发展规律,婴幼儿托育服务内容应该包含健康营养、科学照护、安

---

① 河南省教育厅.河南省托育服务市场需求旺盛,但供给严重不足〔EB/OL〕.百度网,https: // baijiahao. baidu. com/s? id = 1681264450374497279&wfr = spider&for = pc,2020-10-22.

全保障、早期教育等方面的内容，且人们对于不同年龄阶段的婴幼儿有着不同的托育需求，如对0~3岁婴幼儿的托育需求主要表现为全天托育的服务，对学龄前儿童的托育需求主要集中在放学后服务，对于学龄儿童的托育需求主要集中在假期时段。当前，婴幼儿托育服务主体以幼儿园、早教机构、家政服务机构为主，且开展的托育服务局限于安全照护、早期教育等基本内容，服务系统性、衔接性、专业性不足，不能满足人们对托育服务多层次、多样化的需求。

2. 托育行业发展不规范

随着人民群众物质生活水平的提高和科学育儿观念的普及，人们对婴幼儿托育服务专业化、规范化的要求也越来越高。但相较于养老服务，托育服务相关的法律法规和政策体系更加不健全、不完善，婴幼儿托育服务缺乏规范管理和行业标准，导致行业发展乱象丛生，潜藏风险。一是托育服务模式发展不成熟。传统托育以"家政入户"的形式呈现，行业发展不具规模，从业人员缺乏清晰的职业归属。目前，0~3岁婴幼儿照护仍以家庭为主，幼儿园延伸服务、社区托育、单位托育等社会托育服务正在探索阶段，至今还没有形成业内认可、行之有效的发展模式。二是托育机构可持续发展能力不足。现有的公办的、普惠的托育机构占很小比例，大多数是民办机构。后者受人才、资金等因素的限制，要么服务质量低，要么价格高昂，阻碍了托育行业整体服务水平的提升和发展壮大。三是从业人才严重短缺。目前专门培养托育师资的学校和专业非常少，托育从业人员大多是由有家政服务背景的人员或经幼教培训的人员转化而来，其专业性有待提高。作为快速发展的新兴行业，托育行业相关人才的培养迫在眉睫。

五、进一步完善人口服务体系的对策建议

人口老龄化不断深化是"十四五"及今后很长一时期河南省无法逆转的发展趋势。解决好"一老一小"问题，是关乎家庭幸福、社会和谐、民族复兴的基础性问题。要围绕"推动人口长期均衡发展"的长远目标，深入贯彻实施积极应对人口老龄化发展战略，以"一老一小"为重点完善人口服务体系，加快补齐养老托育服务短板，扎实推动"一老一小"事业高质量发展。

（一）发挥政府主导作用，建立健全"一老一小"工作推进机制

完善公共服务供给、保障和改善民生是政府的基本职能，对于人口老龄化进程中出现的养老问题、婴幼儿教育问题，政府部门应充分发挥主导作用，加强以

"一老一小"为重点的人口服务体系建设,建立健全老有所养、幼有所育的政策体系、工作机制,为推动养老托育服务健康、规范、有序发展创造良好的发展环境。一是科学规划养老托育服务发展路径。严格贯彻落实省"十四五"规划纲要中对于"一老一小"的工作安排,并依据本省人口现状与结构变化情况,研究出台养老托育服务专项规划,科学制定发展目标和指标体系。在全省统筹基础上,指导各地编制"一老一小"整体方案、养老服务任务清单,推动养老托育工作全面展开。二是强化政府兜底功能。要大力发展普惠性养老托育服务,将政府财政支出重点向城市基层、农村贫困地区养老托育基础设施建设领域倾斜,同时建立运营补贴激励机制,鼓励城乡养老托育服务机构优先吸纳失能、失智、高龄、幼孤的社会特困家庭人员,提高"一老一小"特困群体的保障水平。三是加强政府统筹协调和综合监管。建立健全党委领导、政府主导、部门负责、社会参与的养老托育工作推进机制,完善养老托育服务监管制度,强化政府在养老托育机构质量安全、从业人员、资金管理、运营秩序方面的监管职责,推动养老托育服务整体质量的提升。

(二)建立"一老一小"关爱服务体系,增加公共服务的有效供给

要应对养老托育服务供给不足、供需不平衡的现实困境,仅仅依靠政府行为是不可能的,而是要走政府主导的社会化运作道路,调动市场主体、社会组织、群众等各种主体的力量,建立以家庭为主体、以社区为依托、以机构为补充的"一老一小"关爱服务体系,完善"一老一小"服务链,增加覆盖全生命周期的各类服务供给。一是完善养老托育基础设施建设。在公共场所普及老年无障碍设施和母婴配套设施,在住宅区通过新建、置换、租赁、改造等形式加强养老服务设施和婴幼儿照护服务设施建设,营造满足老年人养老需求和婴幼儿成长需求的宜居环境,全力打造老年友好型、儿童友好型城市和社区。二是优先发展居家社区服务。完善家庭支持政策体系,强化家庭在赡养老人、婴幼儿照护方面的主体责任,为广大家庭提高老年人照顾能力、科学开展婴幼儿早期教育提供指导性、咨询性服务。以社区为平台,发挥公共服务机构及专业社会组织联动作用,促进社区养老托育服务设施与社区文化、卫生等基础设施的功能融合,把养老托育服务"最后一公里"落实在社区服务中。三是加快发展社会化养老托育机构。制定完善养老托育机构行业标准,建立健全等级评定机制,对不同类型、级别的养老托育机构进行分类指导。创新养老托育机构运营模式,通过民办公助、公建民营、政府购买等形式引导社会力量参与养老托育机构的建设管理,推动养老托育机构向社区嵌入式发展并实现连锁化、产业化。

（三）加快发展养老托育产业，满足多层次养老托育需求

当前，河南省养老托育需求渐趋旺盛，但是产业发展能力有待提升。要大力支持养老托育产业发展，加强养老托育服务用品的标准化、规范化、市场化建设，促进养老托育服务健康发展。一是要优化养老托育产业发展营商环境。落实扶持养老托育企业发展的土地、财政、融资、人才培训等支持性政策措施，制定完善全省养老托育服务及相关用品标准体系，探索建立老年人及婴幼儿用品的认证制度，进一步强化对养老托育市场的监督管理。二是推动养老托育关联产业发展。推动与老年人和婴幼儿生活息息相关的食品、药品、保健品行业规范发展，支持物业服务、家政服务、医疗卫生、文娱产业与养老托育融合发展。三是培育智慧养老托育新业态。加快互联网与养老托育服务的深度融合，依托利用信息技术手段搭建综合服务信息平台，促进服务资源的优化整合。当前，人们对养老、托育服务的需求出现了一些新变化，如养老服务不再局限于物理康养而更加注重精神健康的发展与社会参与，托育方面对于婴幼儿早教服务、科学启蒙方面的需求更加广泛等，这些新需求的涌现都亟须纳入产业发展规划之中，适时推动养老托育产业提质扩容。

（四）加强养老托育人才队伍建设，为完善人口服务体系提供支撑

针对"一老一小"服务领域普遍面临的人才总量短缺、队伍素质不高、专业化程度不足等问题，务必要加快养老、托育服务人才队伍的职业化建设，多渠道扩大服务人才来源，着力提高人才队伍的专业技能和服务水平，进而从根本上为完善人口服务体系提供坚实支撑。一是加强学科人才队伍建设。鼓励支持大中专院校优化学科设置，加强老年护理、社会工作、婴幼儿照护等专业学科人才的培养力度，努力培养一批知识型、技术性的专业人才。引导高校推进养老托育相关学科教学实践，深化校企合作，打造产学融合的人才培养路径。二是加强人才的培训培养。建立多层次养老托育服务培训机制，加强岗前培训、岗位技能提升培训，提高相关从业人员的整体业务水平。完善人才职称认定机制、考核评价机制、晋升激励机制，增强养老托育服务行业岗位吸引力和从业人员的职业认同。三是大力发展志愿服务队伍。依托养老托育类社会组织，培育发展养老托育志愿者队伍，引导党员干部、爱心人士、在校学生等力量广泛参与，为养老托育人才队伍建设提供有力的补充力量。

参考文献

［1］国务院办公厅关于促进养老托育服务健康发展的意见［EB/OL］．中国政府网，http：//www. gov. cn/zhengce/content/2020-12/31/content_ 5575804. htm，2020-12-31.

［2］河南省人民政府办公厅关于促进 3 岁以下婴幼儿照护服务发展的实施意见［EB/OL］．河南省人民政府官网，http：//www. henan. gov. cn/2020/04-09/1314532. html，2020-04-09.

［3］李实．推进共同富裕需要解决"一老一小"问题［J］．北方经济，2021（11）：4-6.

［4］张国云．完善"一老一小"服务需处理好四大关系［J］．中国发展观察，2021（18）：27-29.

［5］中共河南省委办公厅河南省人民政府办公厅印发关于加强养老服务体系建设的意见［EB/OL］．河南省人民政府官网，http：//www. henan. gov. cn/2021/12-16/2366075. html，2021-12-16.

B.4　河南省推动实现适度生育水平的政策思路研究

杜本峰　耿　蕊*

摘　要：人口是国家最重要的国情，人口均衡发展是河南省经济社会行稳致远的"基本盘"。"十四五"规划和2035年远景目标纲要明确提出，推动实现适度生育水平。根据总和生育率维持在1.8~2.1之间的适度生育水平这一判断标准，河南省推动实现适度生育水平是高龄少子化与人口长期均衡发展的政策选择，建议放开生育限制，增强生育政策的包容性，营造想生育、敢生育、能生育的环境；推动教育资源相对均衡发展，缓解有子女家庭教育焦虑，降低家庭在子女教育中的经济和时间双重负担，让育龄家庭轻装上阵；构建生育友好型、儿童友好型、家庭友好型社会，帮助育龄人群平衡家庭与事业，解除职业女性生育后顾之忧；构建多层次住房供给体系，加大住房保障，切实降低高房价带来的过高的家庭养育成本，让"不想生者"愿生敢生；促进家庭代际互助，实现家庭老幼同乐与互助双赢；要重视婚姻对生育的作用，培育实现适度生育的新型生育文化，倡导文明嫁娶，营造良好的婚育环境，改革教育学制，改变过度晚婚晚育；要强化生育力保护，优化生殖健康和优生优育服务供给，全面激发育龄人群生育潜力。

关键词：适度生育水平；总和生育率；政策思路

一、引言

党的十八大以来，以习近平同志为核心的党中央在推动人口均衡发展方面，

---

* 杜本峰，男，现任中国人民大学教授、博士生导师，河南省特聘研究员，主要研究方向：人口与健康、老龄化的健康与社会风险、社会政策与健康影响评估；耿蕊，中国人民大学博士研究生。

审时度势，积极回应社会期待，作出了从"单独两孩"到"全面两孩"再到"全面三孩"的重大决策，推进了"积极应对人口老龄化"从"行动"上升为"国家战略"的重要部署，锚定了"促进人口长期均衡发展"的根本方向。优化生育政策不仅有利于平缓总和生育率下降趋势，更好地发挥人口因素的基础性、全局性、战略性作用，为高质量发展提供有效人力资本支撑和内需支撑，而且能促进人口与经济、社会、资源、环境协调可持续发展，为社会主义现代化强国建设和实现中华民族伟大复兴提供坚实基础和持久动力。

党的十八届中央委员会第三次全体会议通过的《中共中央关于全面深化改革若干重大问题的决定》提出，坚持计划生育的基本国策，逐步调整完善生育政策，促进人口长期均衡发展。[1]《国务院关于印发国家人口发展规划（2016—2030年）的通知》（国发〔2016〕87号）提出，"适度生育水平是维持人口良性再生产的重要前提。要针对人口变动态势，做好超前谋划和政策储备，健全生育服务和家庭发展支持体系，引导生育水平提升并稳定在适度区间，保持和发挥人口总量势能优势，促进人口自身均衡发展"。该通知还提出，"到2020年，全面两孩政策效应充分发挥，生育水平适度提高，人口素质不断改善，结构逐步优化，分布更加合理。到2030年，人口自身均衡发展的态势基本形成，人口与经济社会、资源环境的协调程度进一步提高"。[2] 从以上表述可以看出，生育政策调整的目标是实现适度生育水平，促进人口长期均衡发展。其中，人口长期均衡发展是指人口数量、结构、素质和分布之间趋向动态平衡，且人口与经济社会发展水平相协调、与资源环境承载能力相适应的一种均衡状态。[3]

此外，《国务院关于印发国家人口发展规划（2016—2030年）的通知》指出，实现适度生育水平压力较大，我国生育率已较长时期处于更替水平以下，从长期看生育水平存在走低的风险。[4]可以看出，中国现行的生育水平是低于适度生育水平的，因而国家相继实施了"单独二孩"和"全面两孩"等生育政策，希望通过生育政策的调整，实现适度生育水平，促进人口长期均衡发展。

① 授权发布：中共中央关于全面深化改革若干重大问题的决定 [EB/OL]．人民网，http：//politics．people．com．cn/n/2013-116/c100-23560979．html，2013-11-16．

②④ 国务院关于印发国家人口发展规划（2016-2030年）的通知（国发〔2016〕87号）[EB/OL]．中国政府网，http：//www．gov．cn/zhengce/content/2017-01/25/content_5163309．htm，2017-01-25．

③ 原新．我国生育政策演进与人口均衡发展——从独生子女政策到全面二孩政策的思考 [J]．人口学刊，2016（5）：5-14．

二、适度生育水平

人口长期均衡发展是我国未来重大的国家战略，按照《国务院关于印发国家人口发展规划（2016—2030 年）的通知》，我们可以把人口长期均衡发展理解为实现人口自身均衡发展和人口与经济社会、资源环境协调发展。基于此，本文结合不同学者的研究结论探讨人口长期均衡发展的适度生育水平标准。

有学者从人口内部问题改善的角度认为人口长期均衡发展，适度生育水平应该是总和生育率回升至 2.1 的更替水平。例如，乔晓春认为生育政策调整下生育行为是否合适的标准应该是生育率是否回升到更替水平甚至更替水平以上，即理想的生育水平是总和生育率保持 2.1 的更替水平，父代和子代人数相等，人口规模将不增不减，人口年龄结构保持长期不变的静止状态，有利于缓解人口老龄化。① 这不仅是中国人口发展的理想标准，也是经济社会可持续发展的理想选择。而王培安提出，我国总和生育率应保持在 1.8 左右，这有利于人口与经济社会、资源环境协调发展②。作为生育政策调整的决策者，其观点传递出计划生育主管部门认为中国一定时期内③④⑤，适度的生育水平应该保持在 1.8 左右，也可以把它看作未来生育政策调整的参考标准，即生育水平低于 1.8，计划生育政策可能会继续放开；如果生育水平高于 1.8，生育政策可能会在未来一段时间内保持不变，持相同观点的学者还包括翟振武、刘家强等⑥⑦。

综合以上分析，针对河南当下生育水平状况，"十四五"期间应力争使生育水平回升到 1.6 之上，只有这样才能有利于缓和人口结构等相关问题的改善，有利于缓和人口对粮食供给的压力、人口与水资源短缺的矛盾和促进人口与能源消费的平衡关系，有利于推进性别比、年龄结构的老化、少子化和劳动力供给

① 乔晓春. 从"单独二孩"政策执行效果看未来生育政策的选择［J］. 中国人口科学，2015（2）：26-33+126.

② 王培安. 卫计委副主任：中国不缺人口数量，未来一百年都不缺［EB/OL］. 搜狐网，https：//www.sohu.com/a/128534785_561670，2017-03-11.

③ 陈友华. 全面二孩政策与中国人口趋势［J］. 学海，2016（1）：62-66.

④ 王培安. 论全面两孩政策［J］. 人口研究，2016（1）：2-9.

⑤ 王军. 全面二孩实施后人口研究转向［N］. 中国社会科学报，2016-11-23（006）.

⑥ 翟振武，李龙. "单独二孩"与生育政策的继续调整完善［J］. 国家行政学院学报，2014（5）：50-56.

⑦ 刘家强，唐代盛. "普遍两孩"生育政策的调整依据、政策效应和实施策略［J］. 人口研究，2015，39（6）：3-12.

总量的改善，有利于人口与经济社会、资源环境协调发展，促进人口长期均衡发展。

三、河南省推动实现适度生育水平是高龄少子化与人口长期均衡发展的政策选择

（一）河南省人口结构呈现明显的高龄少子化特征，人口老龄化程度加深

习近平总书记在《关于〈中共中央关于制定国民经济和社会发展第十三个五年规划的建议〉的说明》（以下简称《说明》）中深刻指出："当前，我国人口结构呈现明显的高龄少子特征。"① 根据该说明，少子化主要有四方面原因：一是"适龄人口生育意愿明显降低"，二是"养儿防老的社会观念明显弱化"，三是"养育孩子的成本也增加了"，四是"少生优生已成为社会生育观念的主流"。少子化的突出表现是生育行为大大低于政策预期。正如《说明》中所强调的，全国符合"单独二孩"政策条件的夫妇有1100多万对，但截至2015年8月底，提出二孩申请的只有169万对，占比为15.4%。人口老龄化也是一个正在加速的、不可忽视的重要趋势。《说明》强调，"人口老龄化态势明显"，"劳动年龄人口开始绝对减少，这种趋势还在继续"，"对我国人口均衡发展和人口安全提出了新的挑战"。在当时的历史节点，对生育政策进行进一步调整和优化是充分认识我国人口动态趋势、深刻把握我国人口发展规律的结果，也顺应民心民意、造福亿万家庭。习近平总书记站在中华民族长远发展的战略高度，指出调整生育政策具有四重效应，即"进一步释放生育潜力""减缓人口老龄化压力""增加劳动力供给""促进人口均衡发展"。

第七次全国人口普查数据显示我国总和生育率仅为1.3,② 充分印证了习近平总书记关于人口国情的重大论断。河南省第七次全国人口普查数据显示，河南省总和生育率仅为1.412，远低于世代更替水平2.1，也不及同期调查生育意愿1.8。人口学认为总和生育率低于2.1是"低生育率"，低于1.5是"很低生育率"，低于1.3是"极低生育率"。当前河南省总和生育率已降至1.4，面临"极

---

① 关于《中共中央关于制定国民经济和社会发展第十三个五年规划的建议》的说明［EB/OL］. 人民网，http：//theory. people. com. cn/n/2015/1231/c83845-28001269. html，2015-11-15.

② 第七次全国人口普查主要数据结果新闻发布会答记者问［EB/OL］. 国家统计局官网，http：//www. stats. gov. cn/tjsj/zxfb/202105/t20210511_ 1817274. html，2021-05-11.

低生育率"风险。由于人口惯性，一旦进入下行通道，很难像 GDP 增长一样轻易"由负转正"。

河南省人口老龄化程度加深。《河南省第七次全国人口普查公报》显示，河南 0~14 岁人口为 2298.9 万人，占 23.14%；15~59 岁人口为 5841.3 万人，占58.78%；60 岁及以上人口为 1796.4 万人，占 18.08%（其中，65 岁及以上人口为 1340.2 万人，占 13.49%）。与 2010 年相比，0~14 岁人口比重上升 2.14 个百分点，15~59 岁人口比重下降 7.49 个百分点，60 岁及以上人口比重上升 5.35 个百分点（其中，65 岁及以上人口比重上升 5.13 个百分点）。河南省少儿人口比重回升，人口老龄化程度加深。与全国相比，河南省 0~14 岁人口比重高 5.19 个百分点，15~59 岁人口比重低于全国 4.57 个百分点，全省常住人口平均年龄 37.2 岁，比全国平均年龄 38.8 岁低 1.6 岁，说明河南更"年轻"一些。全省 60岁及以上人口比重为 18.08%，其中 65 岁及以上人口的比重为 13.49%，分别比全国低 0.62 和 0.01 个百分点，说明河南省与全国的老龄化程度基本相当。20 世纪末，河南省 60 岁及以上老年人口占比超过 10%，进入老龄社会，预计"十四五"末期将由轻度老龄化阶段转入中度老龄化阶段（占比超过 20%），并在 2035年前后进入重度老龄化阶段（占比超过 30%）。

（二）河南省生育率持续低水平将对经济社会发展带来深层次结构性挑战

要从河南省长远发展的战略高度看待极低生育率状况和与之相伴的结构性矛盾与挑战，生育率下降和人口结构失衡加剧将给河南省经济社会发展带来极大风险挑战。

河南省统计局相关数据显示，2016 年全省出生人口 143 万人，比"全面两孩"政策前的 2015 年增加了 7 万人，是"全面两孩"政策效应最为明显的一年；2017 年出生人口 140 万人，仍比 2015 年多 4 万人，说明"全面两孩"政策效应仍在发挥作用；但 2018 年出生人口迅速下降到 127 万人，比 2017 年减少 13 万人，比 2015 年少 9 万人，说明全面"两孩政策"实施两年后政策效应迅速释放，生育堆积效应已近尾声；2019 年则下降到 120 万人，比 2015 年少 16 万人；2020年出生下降到 92 万人，直接跌落 100 万人口大关。

从河南省户籍人口的预测结果来看（见图 1），2025 年、2035 年河南省户籍人口预测值分别为 1.20 亿人（1.18 亿人）、1.29 亿人（1.23 亿人），年均增长0.87%（0.51%）。从河南省常住人口的预测结果来看，2025 年、2035 年河南省常住人口预测值分别为 1.01 亿人、1.04 亿人，年均增长 0.39%。从人口流入流出数（右轴）来看，2025 年、2035 年河南省流出人口数分别为 1686 万人、1885万人，年均增长 1.18%。

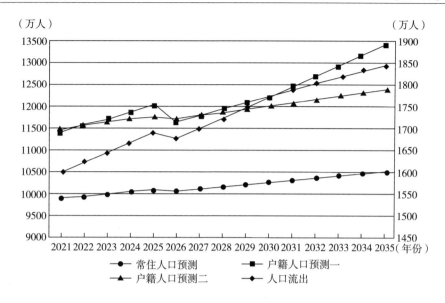

图1 2021~2035年河南省人口规模指标预测结果

资料来源:《2021年河南人口发展报告》。

"十三五"时期,河南省出生人口整体呈快速下降趋势。2020年出生人口比2016年减少45万,可以推断"全面两孩"政策堆积效应已释放完毕。"十三五"时期,二孩出生占比呈先上升后下降的趋势。据河南省统计局相关数据,河南二孩出生占比于2017年达到最高,为49.7%,随后以每年1个百分点左右稳步下降,2019年降至47.3%(见表1)。

表1 2016~2019年河南人口出生孩次比 单位:%

年份	一孩	二孩	多孩
2016	51.3	41.9	6.8
2017	41.4	49.7	8.9
2018	39.6	48.6	11.8
2019	38.4	47.3	14.3

资料来源:《2021年河南人口发展报告》。

育龄妇女人数呈下降趋势。根据2015~2020年《河南统计年鉴》数据,2020年初育龄妇女总数为2604万,比2019年减少31万;2020年20~29岁生育旺盛期妇女人数比2019年减少58万。"十三五"期间,15~49岁育龄妇女由

2016 年的 2732 万减少到 2020 年的 2604 万，减少 128 万；其中 26 岁育龄妇女由 114.8 万减少到 62 万，减少 52.8 万；20~29 岁生育旺盛期妇女由 827 万减少到 630.3 万，减少 196.7 万（见表 2）。

表 2　2015~2025 年河南省育龄妇女人数变化　　单位：万人

年份	15~49 岁	23 岁	26 岁	20~29 岁
2015	2762	79.9	108.2	852.7
2016	2732	74.9	114.8	827.0
2017	2703	62.1	80.3	783.0
2018	2674	58.6	79.8	742.6
2019	2635	52.7	74.8	688.3
2020	2604	53.1	62.0	630.3
2021	2579	58.0	58.8	605.1
2022	2564	53.9	52.6	579.1
2023	2549	56.8	53.0	559.4
2024	2545	55.0	57.9	556.2
2025	2547	53.9	53.8	557.1

资料来源：《2021 年河南人口发展报告》。

结婚对数逐年减少，初婚初育年龄明显提高。据婚姻登记部门统计，2013 年河南省结婚对数达到峰值 126.24 万对，随后逐年下降。其中，2017 年为 86.97 万对，比 2016 年减少 10 万对；2018 年为 80.9 万对，比 2017 年减少 6.07 万对；2019 年 76.4 万对，比 2018 年减少 4.5 万对。2019 年人口家庭调查结果显示，近年来河南育龄人群平均初婚、平均初育年龄呈逐步提高趋势，平均初婚年龄由 2015 年的 24.08 岁提高到 2019 年的 25.68 岁，提高 1.6 岁；平均初育年龄由 2015 年的 25.21 岁提高到 2019 年的 27.02 岁，提高 1.81 岁（见表 3）。

表 3　2015~2019 年河南省平均初婚初育年龄变化　　单位：岁

年份	平均初婚年龄	平均初育年龄
2015	24.08	25.21
2016	24.25	25.87
2017	24.95	25.72
2018	25.58	26.75
2019	25.68	27.02

资料来源：《2021 年河南人口发展报告》。

生育意愿发生变化。河南平均理想子女数由 2017 年的 2.02 个降为 2019 年的 1.98 个。83.1% 的育龄妇女认为 2 个孩子为理想子女数，其中现有 2 个子女的育龄妇女中有 91.3% 认为 2 个孩子最佳，有 6.3% 认为 3 个及以上子女最佳。据《2021 年河南人口发展报告》显示，认为"经济上负担得起就再生育一个孩子"和"家人帮忙照看就再生育一个孩子"的比例分别只有 19.25% 和 19.66%，认为"多生育一个孩子会影响生活质量"和"多生育一个孩子会影响职业发展"的比例分别达到 76.61% 和 66.85%，认为"目前子女数量足够了"的比例占 83.12%，说明近年来育龄人群的生育观念切实发生了变化，"经济负担"和"小孩照看"这些临时性因素并不是影响生育的主要因素，生育意愿更主要的是受"生活质量"和"职业发展"等这些长期性因素影响。相关调查分析表明，随着工业化、城镇化、现代化进程加快，教育水平不断提高，社保体系逐步完善，河南省群众的生育观念发生了明显变化；生育政策对生育行为的调控作用进一步弱化，生育养育教育负担成为制约生育的主要因素，群众对实施积极生育支持措施的呼声较高。

（三）实现人口长期均衡发展，迫切需要走出低生育困境

极低生育水平是许多国家面临的共同难题，不少国家在现代化进程中，特别是随着工业化、城镇化的深入发展，都不同程度地出现了长期陷入低生育率水平的状况。据联合国人口基金相关研究统计，目前近一半的人口生活在生育率低于世代更替水平的国家，低生育率逐渐成为全球现象。

人口均衡发展既要使人口内部的规模、结构、分布、素质等均衡发展，又要使人口与经济社会、生态环境、资源要素等外部因素之间相互协调。河南省生育政策必须根据生育发展状况进行调整，政策调整既要遵循人口发展规律，也要立足河南省的人口状况。而在生育水平下行到 1.4 的很低生育水平现状下，必须鼓励生育，全面构建生育支持体系，推进适度生育水平的实现。2021 年 6 月 26 日，《中共中央　国务院关于优化生育政策促进人口长期均衡发展的决定》正式发布，作出了实施三孩生育政策及配套支持措施重大决策，要求持续深化国家人口中长期发展战略和区域人口发展规划研究，促进人口长期均衡发展。2021 年 8 月 20 日，关于修改人口与计划生育法的决定审议通过，为三孩生育政策及其配套支持措施落地实施提供了法律依据。

有学者认为，低生育现象已经演变为"内生性低生育"现象[1]，表现出更为明显的自我强化特征。当前低生育现象的成因复杂多样，比如年轻人愈加倾向于

---

[1] 穆光宗. 论中国的人口复兴 [J]. 北京大学学报（哲学社会科学版），2016，53（6）：93-99.

追求个体的自由和发展，现代婚育观念被普遍接受，育龄人群"不愿多生"，部分甚至"不愿生"；教育和住房成本高、工作家庭难以平衡等原因导致育龄夫妇"不敢生"；多种原因导致的生殖健康问题令部分育龄人群"不能生"；等等。此外，"四二一"家庭结构使得许多育龄夫妇面临养老抚幼双重负担，因而被动地"晚婚晚育""少生优生"①。河南省亟须以提振生育率为核心构建更为系统、综合的全方位生育支持体系。

四、河南省推动实现适度生育水平的政策思路

推动实现适度生育水平要坚持"放开"与"支持"相结合，一分"放开"、九分"支持"，重在支持；坚持"部署"与"落实"相衔接，一分"部署"、九分"落实"，重在落实。根据"十四五"规划《纲要》，河南省生育政策取向应从限制性、处罚性、管制导向的生育相关政策转向激励生育、便利生育、服务优生优育、更具包容性的全面生育支持导向。实现适度生育水平不仅要进一步适时放开生育限制、放开"水龙头"，使"水畅其流"，更需要疏通各种"堵点"、连通各种"断点"，实现"水到渠成"。构建生育配套支持体系，应对"婚嫁—生育—养育—教育"进行一体化考虑，建立健全"政府—企业—家庭"的多主体责任共担和成本分担机制，推动经济社会政策与生育政策配套衔接，"多管齐下"构建生育配套支持体系。

生育支持是由全社会共同参与，为家庭生育和养育子女提供经济、法律、文化、公共服务和社会保障等全方面支持的一揽子政策和服务②。积极应对人口老龄化、持续保持社会活力，最迫切的是要推动实现适度生育水平，更好释放和激发适龄人口生育潜力，保持人口代际均衡发展，维护国家人口安全。生育支持体系是一个综合性和复杂性程度比较高的系统工程，既需要用好税收、就业、住房、文化、服务设施等方面的政策工具，更需要及时出台增强家庭育儿能力的政策措施，做到靶向发力、综合施策，构建生育支持的政策体系和家庭友好的制度环境，将生育支持全方位融入经济社会政策。

---

① 穆光宗，林进龙. 论生育友好型社会——内生性低生育阶段的风险与治理［J］. 探索与争鸣，2021（7）：56-69+178.

② 杨菊华. 生育支持与生育支持政策：基本意涵与未来取向［J］. 山东社会科学，2019（10）：98-107.

（一）增强生育政策的包容性，积极营造河南"想生育、敢生育、能生育"的环境

解决当前突出的育龄人口生育意愿低迷的情况，亟须放宽生育限制，完善生育支持体系，围绕"想生育、敢生育、能生育、生得好、养得起"制定政策措施，减少人口快速下降带来的负面影响。通过激励生育的财税政策、帮助生育人群实现家庭与工作平衡的支持政策以及生育友好的社会政策，改变生育意愿低迷的现状，实现适度生育水平。完善新生儿户籍登记管理制度，取消社会抚养费。通过授予社会荣誉的方式给予生育行为充分的社会肯定，增加家庭生养子女的荣誉感和幸福感。习近平总书记指出，"中华民族自古以来就重视家庭、重视亲情。家和万事兴、天伦之乐、尊老爱幼、贤妻良母、相夫教子、勤俭持家等，都体现了中国人的这种观念"。要倡导重视家庭、重视婚姻、重视生育的价值观，河南应鼓励在家庭条件能够承受的范围内适度生育。要充分利用多种大众传媒工具，积极宣传重视家庭的社会文化，鼓励育龄人群将二孩生育意愿变成实际的生育行为。

（二）推动教育资源相对均衡发展，缓解有子女家庭教育焦虑，降低家庭在子女教育中的经济和时间双重负担，让育龄家庭轻装上阵

家庭对孩子教育的经济投入和时间投入是影响生育意愿的重要因素。优质教育资源不平衡不充分，"内卷化"和"剧场效应"加剧教育竞争，"鸡娃"现象盛行，引起全社会普遍焦虑，家庭在子女教育方面承担了较重的时间和经济负担，影响了育龄家庭的生育意愿。要进一步围绕教育资源相对均衡发展推进制度改革。河南应积极促进教师跨校流动机制，加强对乡镇学校教学硬件的财政投入和教师队伍的建设，鼓励城乡学校结对帮扶，共享教育资源，促进城乡教育资源融合发展。推动义务教育发展规划与人口长期发展战略统筹衔接，将人口数量变化形势、人口分布态势和人口迁移趋势作为教育资源配置的重要考虑因素，提前布局、超前规划，构建以满足学龄人口教育需求为核心的动态学位调整机制。强化学校教育的主阵地作用，健全学校家庭社会协同育人机制，优化教学方式，提升课堂教学质量，健全课后服务体系，压减课堂课后作业总量，降低考试压力，避免"校内减负、校外增负"，切实解决人民群众反映强烈的中小学生课外负担过重问题。要构建校外培训机构规范、有序发展的长效机制，统筹考虑校外培训机构教学资源的规范管理和合理使用。根据河南省各地市实际，合理推进普职分流，避免全国"一刀切"，避免升学竞争低龄化、激烈化加重家庭育儿负担，影响年轻父母的生育信心。

（三）积极构建生育友好型、儿童友好型、家庭友好型社会，帮助河南育龄人群平衡家庭与事业，解除职业女性生育后顾之忧

"生育友好"是指通过充分的生育支持减轻生育的压力和顾虑，"家庭友好"则是指积极营造家庭发展的良好制度环境①。营造生育友好、家庭友好的职场氛围，帮助育龄人群兼顾事业与家庭是构建生育友好型、家庭友好型社会的重要内容。由于社会性别文化、家庭性别分工模式以及劳动力市场制度缺陷等原因，育龄妇女面临着较为明显的母职困局②。正视并化解女性因生育而面临的职业压力和风险，要着眼于性别平等、责任共担，逐渐扭转生育是女性专责的观念③，构建有利于化解母职困局的公共政策体系。积极深化生育类假期制度供给改革，鼓励各地因地制宜探索实施男性陪产假，倡导男女共享产假，均衡男女双方的婴幼儿照护责任。倡导积极发展普惠婴幼儿托育服务，构建与双职工工作时长相适应、与不同托育需求相匹配、照护机构和人员资质有保障的托育服务体系，为不同年龄的婴幼儿提供分段式、差异化的托育服务。河南应积极探索多主体托育服务成本分担机制，完善政府、企业、社会机构等多主体的投入机制和合作模式，鼓励多种类型的托育机构共同发展。用人单位应创造"生育友好"的职场环境，有条件的用人单位要在工作场所配备必要母婴设施，提供临时性婴幼儿集中照护服务，推行弹性办公制度，允许有婴幼儿照护需求的员工灵活地安排工作时间和地点，创造远程办公、居家办公条件。强化育龄女性职场权益保护，促进男女平等就业、充分就业，维护育龄女性就业、收入、福利、晋升等正当权益。对积极营造生育友好型职场环境的用人单位适当给予税收优惠和表彰激励。健全生育保险制度，推动生育保险覆盖范围从职工逐步向城乡居民扩大。对有孩子的家庭实行差异化、针对性税收优惠政策，营造"家庭友好"的制度环境。加快构建具有中国特色的"儿童友好"城市建设机制，为儿童的健康成长、快乐生活营造更为优质的社会环境。

（四）构建多层次住房供给体系，加大住房保障，切实降低河南高房价带来的过高的家庭养育成本，让"不想生者"愿生敢生

生育孩子导致的家庭人口总数增加会对住房面积和功能提出更高要求。高房价给一些育龄家庭带来了较重的经济负担和心理压力。要坚持"房住不炒"的

① 任远. 低生育率社会的家庭制度建设 [J]. 探索与争鸣，2021（1）：137-143+180.
② 吴帆. 三孩政策之下如何化解母职困局 [N]. 社会科学报，2021-07-15（004）.
③ 计迎春，郑真真. 社会性别和发展视角下的中国低生育率 [J]. 中国社会科学，2018（8）：143-161+207-208.

定位，统筹推进住房供给制度改革和义务教育资源均等化改革，加快"入住"与"入学"脱钩。完善多层次住房供给体系，加快推进"租购同权"改革事项，加大对育龄人群、有孩家庭的保障性租赁住房供给，逐步使租购住房在享受公共服务特别是子女入学上具有同等权利。在购房和租房方面给予育儿家庭一定支持，河南可研究与育龄人群首次购房、有孩家庭换房、多孩家庭二次购房等合理需求相适应的支持政策，在价款优惠、税费减免等方面对育龄家庭的合理租房、购房需求予以支持。为单亲家庭、低收入育儿家庭、多子女家庭提供适当住房补贴。研究设立多孩友好型建筑设计指标，在面积、户型、功能设计上充分考虑多孩家庭需求实际。

（五）促进家庭代际互助，实现河南家庭老幼同乐与互助双赢

家庭是社会的基本细胞，承担着生育、抚育和赡养的基本功能。育龄妇女现在面临的最大问题是"没人带孩子"，隔代照料既可以帮助家庭缓解照料孩子的压力，也能提高老年人的生活幸福感。河南应鼓励老年人和子女就近居住，探索建立隔代照料津贴给付制度，推动家庭"育幼"和"养老"功能融合发展，以更好实现代际互助、双向支持、居家照料多重功效。相关研究显示，个体主义和家庭主义的生育动机都会对生育意愿和行为造成影响，家庭主义的生育动机重视家庭发展和延续，对生育行为有正向作用[1]。兄弟姐妹的陪伴成长对孩子的发展具有积极意义，对此种意义的充分认知将有助于强化家庭主义生育动机，进而对生育行为形成积极正向的影响。"给孩子一个伴""为孩子生孩子"已经成为城市"一孩"育龄人群主要的二孩生育动机[2]。要认识到生育既是微观家庭决策，也有宏观社会影响，适度生育既是促进中华民族永续发展的"大道理"，也是营造良好家庭生态、促进家庭和谐幸福、增强家庭抗风险能力的"小道理"。要通过适当的文化宣传让人们意识到"二孩"或"三孩"具有构建亲密的伙伴关系、促进孩子健康成长等重大意义，以提升育龄夫妇生育"二孩""三孩"的信心和意愿。

代际互助是中国家庭的重要传统，河南应充分利用其深厚的文化底蕴，积极探索创新老幼同乐模式，倡导尊老爱幼、家庭成员互帮互助的传统美德。积极动员祖辈和男性参与到家庭育儿中来，树立共担责任、代际和谐、性别平等的家庭新风尚，实现家庭代际双赢。长辈承担部分孙辈的照料责任，既可以缓解年轻人

① 陈滔，胡安宁. 个体主义还是家庭主义？——不同生育动机对生育行为的影响效应分析 [J]. 江苏社会科学，2020（2）：28-38.

② 风笑天. 给孩子一个伴：城市一孩育龄人群的二孩生育动机及其启示 [J]. 江苏行政学院学报，2018（4）：57-65.

照料孩子的压力，也有利于培育良好的家庭代际关系，提高老年人的生活满意度和幸福感。在婴幼儿照护服务体系尚不健全的背景下，隔代照料已逐渐成为缓解社会化照护资源紧张和弥补家庭育儿能力不足的可行策略。要以社区为主要载体，通过发放资料、组织讲座、开展培训课程等方式，为隔代照料提供具有针对性和实效性的指导，提升老年人科学育儿的能力。加强代际间的育儿沟通，探索父母—祖父母合作育儿的积极路径，提升隔代抚育的质量。为老年人照护孙辈提供便利，尽快落实门诊费用异地报销，提升随子女异地居住老人的医疗保障水平。河南省政府可借鉴一些国家和地区的做法，对隔代照料提供经济支持，以提高祖辈隔代照料的积极性，减轻父母的照料压力。比如新加坡的"祖父母照顾者津贴"、澳大利亚的"祖父母照顾孩子福利"专项补助、韩国针对照料孙辈的祖母或外祖母提供的专项津贴等。

（六）要重视婚姻对生育的作用，培育实现适度生育的河南新型生育文化，倡导文明嫁娶，营造良好的婚育环境，改革教育学制，改变过度晚婚晚育

生育文化涵盖了与婚育繁衍相关的思想、观念、风俗、习惯、制度和道德等。受经济社会发展、现代婚育文化冲击、教育时间延长以及人口流动加速等因素影响，目前河南省不婚不育、晚婚晚育、家庭重组现象有所增多，呈现结婚率持续走低、离婚率逐步抬升的趋势，婚姻的不稳定性对生育意愿和生育行为形成抑制。要加强对青年人群家庭观、婚恋观的教育引导，鼓励各地根据实际情况完善促进婚育的政策体系。要强化有利于实现适度生育的新型生育文化的宣传教育，促进社会婚育观念逐步向"适龄婚育、优生优育"转变。要加大公益性婚姻咨询和家庭辅导机构建设和财政投入力度，及时疏导排解婚姻家庭矛盾。用好"离婚冷静期"制度，减少夫妻因冲动、轻率导致的离婚。要遏制婚嫁陋习，提倡"移风易俗"，避免"天价彩礼""高价婚房"等抬高结婚成本和压抑结婚意愿。妥善维护适龄在校大学生、研究生婚育的合法权益，完善弹性学制安排，推动生育保险向在校适龄生育人群覆盖。此外，探索学制改革，在保证人才培养质量的前提下，适度缩短学习年限，以缓解由于学习年限过长导致初婚初育年龄普遍推迟的问题。

（七）强化生育力保护，优化生殖健康和优生优育服务供给，全面激发育龄人群生育潜力

治理低生育问题既要鼓励生育也要服务生育，为育龄人群提供高质量、全周期的优生优育服务是构建全方位生育支持体系的题中之义。"想生不能生"的不孕不育家庭，有着更为迫切的生育要求和愿望，在提高生育水平方面有很大潜力。要将生育力保护纳入卫生健康事业发展规划，早防早治可能导致生育力下降的各种因素，并采取特定的保护或保存措施。对保护生育力开展专项攻关，健全辅助生殖技术服务体系，利用成熟的辅助生殖技术满足群众生育需求。规范不孕不育诊治，大力发展诊疗技术和保护措施，对有需求的育龄人群提供规范优质的诊治服务，鼓励育龄人群定期检查、婚前筛查，做到尽早排查、及时诊治。要做好生殖健康宣传教育，积极引导育龄人群树立适龄生育意识、培养健康生活习惯，避免不当、反复的人工流产对生育力的伤害。进一步健全妇幼保健服务网络，形成城乡全覆盖、全周期生殖健康服务体系。大力发展公益性教育服务，充分发挥多类型服务主体作用，在婚前、孕前、孕期、分娩、产后等不同阶段，为优生优育提供系统性指导和多元化服务，推动实现科学生育、科学养育。要强化高水平儿科、妇产科等临床类专业学科建设，加大人才培养力度，防范化解高龄产妇妊娠风险。

参考文献

[1] 陈滔，胡安宁．个体主义还是家庭主义？——不同生育动机对生育行为的影响效应分析 [J]．江苏社会科学，2020 (2)：28-38.

[2] 陈友华．全面二孩政策与中国人口趋势 [J]．学海，2016 (1)：62-66.

[3] 第七次全国人口普查主要数据结果新闻发布会答记者问 [EB/OL]．国家统计局官网，http://www.stats.gov.cn/tjsj/zxfb/202105/t20210511_1817274.html，2021-05-11.

[4] 风笑天．给孩子一个伴：城市一孩育龄人群的二孩生育动机及其启示 [J]．江苏行政学院学报，2018 (4)：57-65.

[5] 关于《中共中央关于制定国民经济和社会发展第十三个五年规划的建议》的说明 [EB/OL]．人民网，http://politics.people.com.cn/n/2015/1104/c1024-27773478.html，2015-11-04.

[6] 国务院关于印发国家人口发展规划 (2016-2030年) 的通知 (国发〔2016〕87号) [EB/OL]．中国政府网，http://www.gov.cn/zhengce/content/2017-01-25/content_5163309.htm，2017-01-25.

[7] 计迎春，郑真真．社会性别和发展视角下的中国低生育率 [J]．中国社会科学，2018 (8)：143-161+207-208.

[8] 刘家强，唐代盛．"普遍两孩"生育政策的调整依据、政策效应和实施策略 [J]．人口研究，2015，39 (6)：3-12.

[9] 穆光宗，林进龙．论生育友好型社会——内生性低生育阶段的风险与治理 [J]．探索与争鸣，2021 (7)：56-69+178.

[10] 穆光宗．论中国的人口复兴 [J]．北京大学学报（哲学社会科学版），2016，53 (6)：93-99.

［11］乔晓春. 从"单独二孩"政策执行效果看未来生育政策的选择［J］. 中国人口科学，2015（2）：26-33+126.

［12］任远. 低生育率社会的家庭制度建设［J］. 探索与争鸣，2021（1）：137-143+180.

［13］授权发布：中共中央关于全面深化改革若干重大问题的决定［EB/OL］. 人民网，http：//politics. people. com. cn/n/2013-116/c1001-23560979. html，2013-11-16.

［14］王军. 全面二孩实施后人口研究转向［N］. 中国社会科学报，2016-11-23（006）.

［15］王培安. 论全面两孩政策［J］. 人口研究，2016（1）：2-9.

［16］王培安. 卫计委副主任：中国不缺人口数量，未来一百年都不缺［EB/OL］. 新浪网，http：//finance. sina. com. cn/roll/2017-03-11-doc-ifychavf2416490. shtml，2017-03-11.

［17］吴帆. 三孩政策之下如何化解母职困局［N］. 社会科学报，2021-07-15（004）.

［18］杨菊华. 生育支持与生育支持政策：基本意涵与未来取向［J］. 山东社会科学，2019（10）：98-107.

［19］原新. 我国生育政策演进与人口均衡发展——从独生子女政策到全面二孩政策的思考［J］. 人口学刊，2016（5）：5-14.

［20］翟振武，李龙. "单独二孩"与生育政策的继续调整完善［J］. 国家行政学院学报，2014（5）：50-56.

B.5 河南省推动养老事业和养老产业协同发展研究

杜本峰　郝　昕*

摘　要： 人口老龄化问题成为当今人们关注的热点，老年人的问题能否解决好已经成为河南经济社会发展的重要问题。如何推动河南养老事业和养老产业协同发展，让广大老年人享受优质老龄服务，则成为新时代关系河南经济、社会、政治、文化协调发展的重要现实问题。本文在分析养老事业和养老产业的基本概念、基本特点，探讨发展养老事业和养老产业基本原则的基础上，对推动河南养老事业和养老产业协同发展提出对策和建议。

关键词： 人口老龄化；养老事业；养老产业；协同发展

党的十九大报告明确指出："积极应对人口老龄化，构建养老、孝老、敬老政策体系和社会环境，推进医养结合，加快老龄事业和产业发展。"《中华人民共和国国民经济和社会发展第十四个五年规划和 2035 年远景目标纲要》又将应对人口老龄化问题列入重要内容，提出积极开发老龄人力资源，发展银发经济；推动养老事业和养老产业协同发展，健全基本养老服务体系，发展普惠型养老服务和互助性养老，支持家庭承担养老功能，构建居家社区机构相协调、医养康养相结合的养老服务体系，健全养老服务综合监管机制。

第七次全国人口普查数据表明，全国 60 岁及以上老人 2.64 亿人，占 18.7%；65 岁及以上老人 1.91 亿人，占 13.5%。河南省 60 岁及以上老人 1796 万，占常住人口的 18.1%；65 岁及以上老人 1340 万，占 13.5%，与"六普"数据相比，60 岁及以上人口的比重上升 5.35 个百分点，65 岁及以上人口的比重上

---

* 杜本峰，男，1963 年 3 月生，现任中国人民大学教授、博士生导师，河南省特聘研究员，主要研究方向：人口与健康、老龄化的健康与社会风险、社会政策与健康影响评估；郝昕，中国人民大学博士研究生。

升 5.13 个百分点。① 河南省是人口大省，老年人口规模大、增速快，并呈现高龄化、空巢化、自我保障能力弱等特征，老年人生活照料和长期照护服务需求快速增加，养老服务已成为越来越重要的民生事业，对于河南发展至关重要。

因此，如何推动养老事业和养老产业协同发展，成为关系到河南经济、社会、政治、文化协调发展的重要现实问题。长期以来，各地政府对养老事业和养老产业协同发展给予了独特的关注，并为之做了持续的努力和积极的探索，已经取得一定的成效，但也存在着一些不足，还需进一步完善。如何使"十四五"时期老年事业和老年产业发展规划的实施更加科学合理、更贴近实际、更具有可操作性，充分认识养老事业和养老产业的内涵，厘清相互关系，把握特点，协同推进养老事业和养老产业发展已成为当今社会亟待研究和解决的一个重要课题。

一、养老事业和养老产业的基本概念

（一）养老事业

养老事业是指人们所从事的具有一定目标、一定规模和一定系统的对社会发展产生一定影响的经常性的老年人活动。从国际经验和我国的实际来看，养老事业是指为老年人基本生活服务的部分，是由政府主办的以老年人为对象提供服务的公共服务事业，以法律形式保证其公平和公正性，是为老年人提供服务的非营利性事业。在新的形势下，随着公众老龄意识的强化，政府的大力推动，一系列不同层次的相关政策的出台，为中国老龄事业的发展提供了极好的机遇。

（二）养老产业

养老产业是指以老年人为对象，以满足他们高层次生活、文化需求为目标，提供商品和服务的营利活动的总称。针对老年人这一特殊群体所建设的一些服务设施，包括特色护理、家庭服务、健身休养、文化娱乐、金融理财等。通俗地说，养老产业是以老年人为供给对象，以养老服务为主要内容，通过社会化、市场化运作配置养老资源，向老年人提供商品和服务，由老年人口需求导向与拉动的综合性产业。也可理解为在社会总需求中，随着老年人的特殊需求的迅速增长，以满足老年人特殊需求的养老服务设施、日常生活用品和社区服务、娱乐的

---

① 河南省第七次全国人口普查公报（第四号）——常住人口年龄构成情况［EB/OL］. 河南省人民政府官网，http：//www.henan.gov.cn/2021/05-21/2149618.html，2021-05-21.

新型产业。业内亦称"银色产业""银发产业"。从这个意义上说，养老产业是生产老年需求产品的企业和为老年人服务的行业的总称，它是由生产企业和服务行业所构成的。

养老事业和养老产业是两个界限分明的概念，前者属于政府提供公共物品、公共服务的范畴，体现了保障老年人基本生活需求的政府责任，是普遍性福利概念；后者是满足老年人生活多样化、更高层次生活需求的市场模式的产业概念。

二、河南省人口老龄化特征及其对养老事业和养老产业协同发展的需求

（一）河南老年人口基数大，有效应对老龄化的形势任务比较突出

第七次全国人口普查显示，全省常住人口中，60 岁及以上人口 1796.4 万，占 18.08%；65 岁及以上人口 1340.2 万，占 13.49%。河南 60 岁及以上老年人口比重在 31 个省份中排第 19 位；65 岁及以上老年人口比重在 31 个省份中排第 14 位。"十四五"时期，河南人口老龄化程度持续加深，预计 65 岁及以上人口将达 14%以上，进入中度老龄化社会，到 2035 年，全省 65 岁及以上老年群体的占比将超过 20%，进入深度老龄化社会。其中，农村老龄化程度高于城镇。老年人口基数大、增速快、差异大，高龄化、空巢化趋势明显。人口老龄化将减少劳动力供给，推高经济运行成本，制约资本积累和投资潜力，降低社会活力，给经济社会发展带来复杂艰巨的挑战。与发达省份相比，河南经济水平、教育水平、劳动力素质等有较大差距，养老服务体系和老年健康支撑体系建设相对滞后，解决老龄事业发展不平衡不充分等问题任务紧迫，有效应对老龄化的形势任务比较突出。

（二）老年健康服务体系亟待加强、服务水平有待提升

对照河南省人口老龄化形势变化和老龄事业高质量发展要求，目前老龄事业发展还存在明显短板，主要表现在：涉老政策的系统性、协调性、针对性、可操作性还不够强；老龄工作力量与任务要求不匹配，城乡、区域老龄事业发展还不平衡，基层老龄工作基础比较薄弱，社会参与还不充分；老年医疗和健康服务资源配置不足，服务的可及性、精准性有待提高；养老服务设施布局不够合理，服务供给不够多元，人才队伍短缺，医养结合有待深入推进，无法满足日益增长的

社会需求；老龄产业政策体系不完善，产业发展不充分，相关建设规划标准滞后，市场供需矛盾比较突出。

（三）补健康短板，对养老事业与养老产业协同发展提出较高需求

人口老龄化呈现规模大、速度快、差异大、高龄化趋势明显等特点，慢性病多发和功能减退严重影响老年人生活质量，失能失智、高龄独居等老年人数量快速增加，对养老、医疗、照护及社会保障和老年公共服务等供给压力显著增大。2020 年，全省人均预期寿命达到 77.3 岁，但老年人健康状况不容乐观。全省 60 岁及以上人口 1796.4 万人，超过 50% 的老年人患有慢性病，其中 2/3 左右的老年人患有两种及以上慢性病，心脑血管疾病、癌症、慢性呼吸系统疾病、糖尿病多发高发。同时，随着年龄增长，老年人认知、运动、感官等功能下降，失能、失智老年人数量增加；老年人健康素养水平不高，营养问题、心理问题突出。

（四）养老事业与养老产业服务体系不断完善

截至 2020 年底，全省养老保险水平和医疗保障能力持续提升，养老保险基本实现应保尽保，全面落实 80 岁及以上老人高龄津贴和经济困难的高龄、失能老人养老服务补贴制度，老年人生活水平不断提高。养老服务体系加快完善，全省各类养老设施达 1.4 万个，其中社区养老服务设施 3371 个，建设省级智慧养老服务平台试点 17 个，护理型床位占比不断增加，日间照料中心等服务设施覆盖所有城市社区。大力实施农村敬老院"五项工程"，兜底保障能力显著增强。全省老年医疗和健康服务能力逐步提升，二级以上综合医院设置老年医学科的达 118 家，三级中医医院设立康复科的比例达 100%，80% 以上的养老机构能够通过不同形式开展医疗卫生服务，医疗机构普遍为老年人设置就医绿色通道。老年文化、教育、体育事业快速发展，老年人精神文化生活日益丰富，老年人社会优待政策全面落实，老年人合法权益得到有效保障。智慧健康养老产品和服务不断丰富，新业态持续涌现，发展环境不断优化。老年宜居环境建设和适老化改造持续推进。广泛开展"敬老月""敬老文明号"创建活动等，敬老爱老助老的社会风尚逐步形成。

（五）健康中原建设迎来重要的历史过渡期和宝贵的窗口期

党中央、国务院就积极应对人口老龄化做出了一系列重大决策部署，为积极应对人口老龄化提供了重要的目标指向。河南省积极贯彻落实党中央和国务院关于"全面推进健康中国建设"和"实施积极应对人口老龄化国家战略"两个重大战略的决策部署，积极推动健康中原建设和实施积极应对人口老龄化国家战

略，为全省实现健康老龄化，加强养老事业和养老产业协同发展提供了有利的发展环境。社会经济实力不断增强，老年人收入水平稳步增长，健康需求提高，消费能力日益提升，正逐步成为促进老龄产业升级的新亮点。当前，5G、人工智能、大数据、物联网及现代医学快速发展，丰富和改善了老龄产品的供给结构和发展质量，为应对人口老龄化提供了新的科技支撑和创新动力。

三、河南省养老事业和养老产业协同发展的现状

（一）政府部门高度重视养老事业和养老产业的发展

河南省委、省政府高度重视老龄工作，坚持以人民为中心的发展思想，始终把发展好老龄事业作为增进老年人福祉的重要举措、社会文明进步的重要标志，并将其纳入党委政府工作议事日程。省委、省政府印发了《河南省推进健康养老产业转型发展方案》《河南省支持健康养老产业转型发展若干政策》《河南省健康养老产业布局规划》《河南省积极应对人口老龄化实施方案》《健康中原2030规划纲要》《关于加强养老服务体系建设的意见》等文件，各地各有关部门分别将养老事业和养老产业纳入经济社会发展总体规划、专项规划，纳入政府民生实事和财政预算。

（二）养老保障能力不断提升

一是逐步提高养老保险水平。全省基本养老保险覆盖范围持续扩大，基本实现应保尽保。截至2021年6月底，机关事业单位基本养老金实现连续7年调整（平均调整水平4.5%），企业退休人员基本养老金自2005年起"十七连调"，全省基本养老保险参保人数7583.21万人。2014年以来5次提高城乡居民基础养老金标准，目前全省城乡居民平均基础养老金月人均108元，惠及1516.4万城乡老年居民。

二是不断增强医疗保障能力。建立包括基本医保、大病保险、大病补充保险、医疗救助的"四重"保障制度。不断完善职工基本医疗保险政策体系，退休人员参保人数从2012年的293.22万人增加到2021年上半年的396.27万人，退休人员政策范围内住院费用报销比例达90%左右，高于在职职工约5个百分点。持续提高城乡居民基本医疗保险报销比例和80岁以上参保高龄老人住院医疗费用报销比例。

三是有力保障特殊困难老年人基本生活。2021年，再次提高特困人员救助供养标准和低保标准，城乡低保标准分别达到590元/月、377元/月，补助水平达到每月295元和188元。特困人员基本生活标准不低于当地低保标准的1.3倍，并制定了照料护理标准，建立了经济困难失能老人护理补贴制度。

四是全面落实80岁以上老人高龄津贴制度。建立了经济困难的高龄、失能老人养老服务补贴制度，大力实施老年人照顾服务项目。2020年高龄津贴惠及226万高龄老年人，全年发放高龄津贴资金2.45亿元。

五是完善计划生育特殊家庭养老保障体系。河南省计划生育家庭特别扶助制度补助标准按国家基础标准的两倍执行。2021年上半年，对全省农村部分计划生育家庭发放补助金5.04亿元；对死亡、伤残、并发症的计划生育家庭发放特别扶助金2.91亿元。

（三）养老服务体系逐渐完善与健全

一是普惠养老扩面增量。截至2021年6月底，全省共有养老服务设施1.4万个，托养床位37.6万张，其中护理型床位15.6万张，占41.5%。已建成社区养老设施3533个，提供嵌入式托养服务的街道养老中心240个，总面积超过168万平方米。建成17个智慧养老服务平台，覆盖老年人超过800万人。建设县级特困供养机构100个，提升改造1811个乡镇敬老院，支持7780个村级幸福院服务农村养老。

二是资金投入持续增加。制定《关于财政支持城镇社区养老服务体系建设发展的实施意见》，出台了6大类24项扶持政策。近三年投入社区养老服务设施补助资金32亿元，支持中央预算内养老项目3.4亿元。

三是养老服务提质增效。培训养老从业人员5万余人次。郑州、洛阳等7个省辖市列入国家居家和社区养老服务试点，35个县（市、区）和单位被确定为全国智慧健康养老、医养结合、森林康养试点。

四是大力推动医养结合发展。推进医疗机构与养老机构有效协作发展模式，完善医养结合服务机制，推动健全居家社区机构相协调、医养康养相结合的养老服务体系。目前，全省医养结合机构344家，养老机构普遍与医疗机构建立了合作关系。

（四）资源配置得到优化，老年健康服务水平稳步提升

一是夯实基层服务能力。持续实施基层能力提升工程和"369人才工程"，完善基础设施建设，加强业务骨干培养、在职培训，老年健康服务的"网底"功能进一步增强。

二是加快推进医联体建设。由二、三级医院牵手带动基层机构，组建城市医疗集团、县域医共体。建立远程医疗协作系统，基本形成"基层首诊、双向转诊、急慢分治"的诊疗模式。

三是加强老年健康管理。为老年人提供基本医疗、基本公卫、健康管理服务，每年免费为65岁及以上老年人开展健康体检，为高龄、失能老年人上门提供服务，2020年全省65岁及以上老年人健康管理率达73.29%、中医健康管理率达71.70%。

四是加强全民健康教育。开展"老年健康周""阿尔茨海默病日"宣传活动，利用广播、电视、短信、微信等平台，大力普及老年健康知识，推动健康知识进乡村、进社区、进媒体，倡导积极老龄观、健康老龄化，营造全社会关注老龄化、关爱老年人的良好氛围。

五是提升老年医疗服务能力。引导推动老年医院和综合医院老年医学科建设。目前，全省老年医院、康复医院、护理院、安宁疗护机构131家，综合医院开设老年病科的有287家，三级中医院设置康复科比例达到100%，医疗机构普遍为老年人就医建立"绿色通道"。启动实施线上线下相结合的老年医学和医养结合人才培训项目，提升老年医疗护理服务能力。

（五）老年友好社会建设全面推进

一是深入开展"智慧助老"行动。动员社会力量，培育壮大老年志愿服务队伍，加强智能技术运用和防骗知识的科普宣传，优化老年人办事流程，努力消除老年人"数字鸿沟"，切实解决老年人运用智能技术困难。

二是加快推进老年友善医疗机构建设，优化老年人就医流程，改善老年人就医服务环境，加强无障碍设施建设，保留人工服务窗口。2022年，全省80%以上的医疗卫生机构达到老年友善医疗机构标准。

三是全面推进老年友好型社区建设。出台老年友好型社区建设方案和标准，明确建设指标任务、时间节点和工作要求。2021年上半年，43个社区被评为"全国示范性老年友好型社区"，57个社区被评为"河南省老年友好型社区"。

（六）老年人社会优待政策落实加快推进

一是加快老年人无障碍设施建设改造。全面开展无障碍环境建设与改造，完善城市绿色健康生活设施建设，积极推进人行道净化和自行车专用道建设。结合老旧小区改造，因地制宜改造提升养老服务设施，2021年1~8月新增、改建养老服务设施171个。推进既有住宅加装电梯，切实提高老年人生活便捷化水平，截至2021年6月底，全省城镇老旧小区共加装电梯125部，在建90部。

二是积极为老年人提供便利服务。加强老年活动场地建设，在新居住区开发和老居住区改造过程中规划建设居住区公园或小区中心绿地，开辟老年人活动场所，增加休闲、游憩和体育设施。市县城市公园、博物馆、美术馆等公共文化设施全部向老年人免费开放，全面落实70周岁及以上老年人免费乘坐市内公交车的优惠政策，部分县（市、区）将优待年龄放宽到60周岁。

三是丰富老年人精神文化生活。组织开展"百岁老党员讲党史""党徽不褪色 初心永不改"采访宣传活动。持续开展"敬老月"活动、"敬老文明号"创建活动等，广泛动员组织老年人书法、绘画、摄影展、舞蹈大赛、健步走和经典诵读、传唱等文体活动。引导广播、电视、报刊等媒体开设老年人特色栏目，如《梨园春》《金色梦乐园》《乡音剧场》《夕阳正红》等戏曲节目，《天天养生》《中医话健康》等健康类栏目。展播"孝老爱亲"题材影视优秀作品和敬老、爱老、助老公益广告，广泛宣传敬老先进典型事迹。

四是维护老年人合法权益。依托"河南普法在线"微信公众号开展敬老孝老专题法治宣传，组织法律进乡村、进社区和"以案释法"等活动。目前，全省法律援助中心在各级老龄委设立老年人法律援助工作站116个。2021年上半年，全省法律援助机构共办理老年人法律援助案件3770件，受援人4099人次，为老年人提供法律咨询25646人次。

对标积极应对人口老龄化国家战略和养老事业与养老产业协同发展的要求，当前河南省仍存在为老服务体系不健全，健康养老服务发展不平衡、不充分，老龄产业发展活力不足，敬老爱老助老的社会氛围还不够浓厚等问题。

四、推动河南省养老事业与养老产业
协同发展的对策与建议

"十四五"时期是我国开启全面建设社会主义现代化国家新征程、实施积极应对人口老龄化国家战略的重要阶段，也是河南老龄事业改革发展和养老服务体系建设的重要战略窗口期。要顺应形势变化和群众要求，推进老龄事业高质量发展；按照高质量发展要求，把积极老龄观、健康老龄化理念融入经济社会发展全过程，加大制度创新、政策供给、财政投入力度，健全完善老龄工作体系，强化基层力量配备，加快健全社会保障体系、养老服务体系、健康支撑体系；大力推进居家社区机构相协调、医养康养相结合，补齐农村养老服务短板，不断提升老年人生活品质和生命质量；加强为老服务专业人才培养，扩大适老产品和服务供给，增强科技支撑和服务能力。

（一）建立完善法规政策体系

（1）加强制度创新。加大制度创新、政策供给、财政投入力度，推动养老事业和养老产业协同发展，加快构建居家社区机构相协调、医养康养相结合的养老服务体系。建立完善有关养老事业、养老产业、养老服务等的地方性法规，为健康养老提供坚实法制保障。

（2）推进标准化建设。健全统一的服务质量标准和评价体系，严格执行养老服务设施建设、养老服务质量、从业人员技能评价、老年人健康能力评估、养老机构等级评定、适老化产品等方面的国家标准，制定完善河南地方标准。实行精细化管理，制定养老补贴发放、政府购买服务对象资格确定等方面的操作细则。

（3）建立健全监管机制。建立健全民政部门和相关部门协同配合的监管机制，充分发挥行业协会作用，探索建立养老服务纠纷调处机制。通过政府购买服务方式，委托第三方机构定期对养老机构的人员、设施、服务、管理等情况进行综合评价。

（二）加强完善老年社会保障体系

大力发展养老事业是政府的职责，同时也需要全民积极参与。推动全民参加基本养老保险，鼓励发展个人储蓄性养老保险和商业养老保险等补充性养老保险。完善职工基本医疗保险和城乡基本医疗保障制度，健全稳定可持续的筹资运行和待遇调整机制。完善城乡居民大病保险制度，探索建立切实可行的长期护理险制度，鼓励发展商业健康保险，完善补充医疗保险。推进社会保险、社会福利、社会救助等社会保障制度和公益慈善事业的发展。逐渐完善以老年人为对象的扶老、助残、济困的社会福利制度，充分发挥社会救助的"兜底"作用，提升特困人员供养和失能照护能力，优先保障经济困难的孤寡、失能、失独和高龄等老年人的服务需求。鼓励公益慈善组织参与对困难老年人的救助活动。

（三）建立完善养老事业与养老产业协同发展设施规划、建设、管理体系

在编制省、市、县各级发展规划时，要坚持以人民为中心的发展思想，把人民健康放在优先发展战略地位，推动形成积极老龄化政策。各级政府编制国土空间总体规划时，应根据本地人口结构、老龄化发展趋势，因地制宜确定养老产业服务设施用地规模、标准，科学布局养老设施用地。对公园、游园、文体活动场所等公共服务设施进行适老化改造，确保政府投资的养老服务设施的公共服务属

性。加强民政部门对小区养老服务设施改造、配建的"规划、建设、验收、交付"等环节的监管机制，并把配建的养老服务设施无偿移交民政部门以用于发展养老服务，民政部门需对小区养老服务设施精确规划运营、管护措施。对于老旧小区，可以把其原所属公有单位的部分商业用房改造成养老服务设施。

（四）建立完善养老事业与养老产业协同发展财政、金融以及社会资本支持体系

各级财政要加大对养老事业的投入力度，切实加强基本养老公共服务保障。发挥各级财政对养老产业的示范引导作用，落实各类养老服务业贷款贴息、税收和行政事业性收费等优惠政策。金融机构要加强融资模式创新，开发针对养老产业的信贷产品，提供差异化信贷支持。支持商业保险机构参与养老产业发展，加强商业养老保险建设。对于养老事业和养老产业的协同发展，积极采取公建民营、民办公助等多种形式的政府与社会力量的合作模式，形成发展合力。政府需要在建设用地、信贷、政策补助等方面，鼓励和引导国有资本和社会资本参与养老设施、产品、服务等方面的建设、运营和管理。

（五）建立完善养老产业运营服务体系

（1）培育壮大养老产业市场主体，扩大智慧健康养老产品供给。打造一批知名的品牌养老产业龙头企业，提供优质高效的产品和服务。推动"养老+"合作机制，鼓励房地产、物业、家政、旅游、餐饮、文化教育、健身、健康、金融保险、休闲娱乐、日用品等行业积极参与提供养老产品和服务。鼓励地方建设养老产业园区，打造较为完善的产业链条，支持企业开发健康食品、智慧用品、康复辅具等养老产品，大力支持各种养老产品技术研发，推动发展养老制造业集群。支持企业、高校、科研院所、养老机构等开展智慧养老新技术开发，创新培育智慧化、自动化健康养老服务企业的成长。

围绕健康管理、康复辅助、养老监护等方向，开发家政服务、情感陪护、虚拟现实康复训练、康复照护等智能养老服务产品，丰富养老服务种类，优化养老服务质量，提升养老服务效率。加强养老终端设备的适老化设计与开发，针对家庭、社区、机构等不同应用环境，加快各类健康养老类可穿戴设备、智能监测和看护设备的设计、研发。制定智慧健康养老产品及服务推广目录，开展智慧健康养老应用试点示范，推动建设"智慧养老院"。

（2）激活老年产品市场需求。倡导健康、科学的养老理念，鼓励市县通过适度补贴等方式引导有条件的老年人购买或租赁适宜的专业服务和辅具用品。搭建信息对接和应用平台，促进优质康复辅具等老年适用产品在社区、医疗机构和养老机构率先使用和推广。加快发展老年用品租赁市场，推广康复辅具社区租赁，鼓励社会力量建设集康复辅具展示体验、老年用品消费、老年教育文娱等于一体的银发消费综合体。大力发展智慧健康养老服务项目。加强智慧健康管理平台建设，加快建设老年健康信息管理平台，建立健全居民电子健康档案、电子病历、老龄人口信息等基础数据库，实现老年人信息的动态管理。医疗机构、养老机构等提供信息采集、体征监测、风险筛查、预防保健、慢病管理、紧急救助、康复指导等服务。积极开发互联网+健康服务，应用5G、超高清视频等新一代信息技术和智能设备，推动开展在线咨询、预约挂号、诊前指导、紧急救助、康复指导，以及远程心理会诊、心理慰藉等服务，提高老年人健康水平。助推"互联网+养老服务"，依托互联网平台、手机APP等，向老年人提供助餐、助浴、助洁、助行、助医、助急等居家上门养老服务。

（3）推进居家、社区养老融合发展。加快社区养老基础设施建设，为居家养老老人提供日间照料、集中托养等服务。推广智慧养老技术，进行适老化改造，建设线上线下相结合的社区养老平台，通过老年智能可穿戴监测设备等，及时精准掌握老年人需求和身体健康状况，提高养老服务效率和质量。建立区域性养老服务中心，统筹物力、人力、财力资源，做好区域性供需衔接，为社区养老平台提供支持。鼓励建立家庭养老床位，联合专业养老机构提供居家上门服务。鼓励大型养老服务机构集中运营管理社区养老服务设施，培养建立一批提供居家、社区养老服务的专业化养老服务机构。加快构建"一刻钟"居家养老服务圈，到2025年，形成布局合理、功能完善、服务专业的居家社区养老服务网络。

（4）拓展农村养老服务模式。把养老服务设施建设作为乡村振兴计划的一部分，健全县、乡、村衔接的三级养老服务网络。推动建立以失能、部分失能人员照护为主的县级或乡镇区域性养老中心。鼓励村级幸福园院等养老设施建设，支持发展互助养老，建立巡访关爱体系。力争到2025年，区域养老服务中心在乡镇（街道）的覆盖率达到60%。依托村级幸福院等机构，整合资源开展多样化、有针对性的互助养老服务。

（5）优化老年医疗、康复、护理服务供给。统筹养老与医疗服务资源，优化医养结合运营服务模式，支持养老机构内设医务室、护理站等医疗机构，按规定纳入基本医疗保险定点范围。支持医疗机构通过新建、改扩建、转型发展老年医院、康复医院、护理院并开展养老服务，将医疗健康服务延伸至社区、家庭。鼓励养老机构优先与周边基层医疗卫生机构及康复、护理等接续性医疗机构签约合作，也可通过服务外包、委托经营等方式，由医疗卫生机构为入住老年人提供医疗卫生服务。探索开展社区卫生服务中心与社区养老机构、乡镇卫生院与乡镇敬老院（养老院）"两院一体"发展模式，为社区居家老年人提供健康养老综合服务。加强对医养结合机构的行业监管，严格执行医疗卫生及养老服务相关政策和标准规范，完善医养结合机构服务质量评价标准，开展医养结合机构服务质量提升行动、医养结合示范创建活动，建设一批医养结合示范县（市、区）和医养结合示范机构。

（六）健全养老事业与养老产业协同发展的老龄工作机制

（1）增强积极应对人口老龄化的意识，倡导积极老龄观、健康老龄化。加强人口老龄化国情省情教育，将其纳入各级党校（行政学院）、社会主义学院教学培训内容。开展主题宣讲和集中宣传等活动，引导全社会准确把握人口老龄化的严峻形势，正确看待人口老龄化带来的深刻影响，增强积极应对人口老龄化的意识，倡导积极老龄观、健康老龄化，引导各地、各部门将实施积极应对人口老龄化国家战略各项任务落实到本部门、本系统各项工作中去。

（2）强化养老事业与养老产业协同发展制度的顶层设计能力。加强对老龄工作的基础性、前瞻性、系统性研究，准确把握人口老龄化发展规律及其带来的全面、深刻、持久的影响，为党委政府决策提供依据，助推老龄工作顶层设计和制度创新，提高及时、科学、综合应对能力。建立完善老龄工作政策体系，突出系统性、科学性、公平性和可持续性，促进养老事业和养老产业协同发展、各种政策制度有序衔接，增强政策合力。完善老龄委专家库，提高老龄政策研究能力。

（3）促进多部门参与的养老事业与养老产业为老服务协同发展。加强宣传动员，推进全民参与、责任共担、综合应对，完善党委、政府、部门、群众组织间的积极参与、相互配合的工作机制。建设 10 个老年工作示范县（市、区）。鼓励养老服务机构连锁化、规模化、品牌化发展，提升河南养老服务品质，打造区域老年服务共同体。充分发挥市场作用，培育龙头企业，加强示范引领，推动政产学研用深度合作，形成优势互补、协作共赢的产业生态。加强省部联动和中原城市群老龄工作交流合作，促进信息互通、经验共享。

（4）加强养老事业与养老产业协同发展工作机制创新。支持和参与国家积极应对人口老龄化重点联系城市机制建设，建立多方联动的工作机制，鼓励各地探索多领域、多维度的系统创新，为全国、全省提供可复制、可推广的积极应对人口老龄化经验。积极参与国际老龄事务合作，向国际社会展示河南老龄工作成就，宣传应对人口老龄化的河南方案。借鉴国外老龄事业发展经验，引进国际优质资源，推动河南老龄产业高质量发展。创新推进老年社会工作，大力发展老年社会工作队伍，帮助老年人适应老年生活，提高生活质量。

参考文献

［1］杜文娟．融合视角下河南健康养老产业高质量发展问题研究［J］．经济研究导刊，2021（24）：32-34.

［2］何宏莲，李晓东．我国养老产业集群发展应对人口老龄化策略［J］．学术研究，2020（10）：133-140.

［3］黄清峰．新发展阶段我国智慧健康养老产业发展的时代要求与路径选择［J］．延边党校学报，2021（4）：71-76.

［4］孙燕欧，杨泽宇．中国养老事业与养老产业协同发展研究［J］．合作经济与空间，2021（3）：174-175.

［5］郑碧强．以供给侧结构性改革推动养老事业高质量发展［J］．中国行政管理，2019（4）：17-18.

B.6 河南省促进银发经济全链条发展研究

盛 见[*]

摘 要： 在当今经济发展放缓压力加大和人口老龄化日益严重的双重背景下，银发经济具有拉动内需和保障民生的双重作用，发展意义重大，应成为河南经济社会发展的重点领域。近年来，从全产业链视角来看，河南银发经济虽然面临巨大的发展机遇，也取得诸多发展成效，具备一定的发展基础，但仍然面临"未富先老"的低支付能力抑制、银发产业供给与老龄需求错位、银发产业链缺乏横向和纵向的有效整合等一系列的困难和挑战，其经济社会功能难以发挥。为此，需要在充分发挥自身优势的基础上，扬长避短，加大发展攻坚力度，做好河南银发经济全产业链发展顶层设计，因势利导主动建链、补链和强链，推进银发经济全产业链横向协同发展和纵向融合发展，实现集群化发展和集团化运营，努力推进银发经济快速发展。

关键词： 银发经济；全产业链；河南

银发经济涵盖老龄休闲度假、老年医疗服务、养老服务、营养食品、康复器具、健康管理、养老保险、养老金融等多个领域，多是为老人提供休闲、健康、养老、康复产品和服务的朝阳产业，辐射面广、吸纳就业人数多，具有拉动内需和保障民生的双重作用，发展潜力巨大，经济社会功能强大，是我国经济社会未来发展的重点领域。当前，河南发展正处于锚定"两个确保"、实施十大战略的新的历史起点，研究并推动银发经济全链条发展，对于优化经济结构、释放内在消费潜力、培育新的经济增长点，满足老年人多层次多样化健康养老服务需求、积极应对人口老龄化具有重大意义。

---

[*] 盛见，博士，河南省社会科学院城市与环境研究所副研究员。

一、银发经济全产业链的内涵及其相关理论基础

（一）银发经济全产业链的内涵

银发经济（Silver Economy），又称老龄经济、健康产业、老龄产业、银发产业（Silver Industries），是围绕满足老龄人群体多元个性化需求而形成的经济，就是为满足老龄群体基于健康长寿而不断增加的日常消费、休闲度假、生活照护、医疗卫生、康复护理、心理慰藉等养老消费需求而组织的生产、分配、流通和消费活动及其供求关系的总称①。老龄群体的需求是多层次需求，既包括满足老龄群体因身心功能弱化导致的医疗、康复护理和照护服务等养老核心需求，又包括满足老人衣食住行各方面的基本需求，也包括老人自我支配时间充裕条件下的休闲度假、琴棋书画茶等休闲服务需求。围绕有效满足老龄群体的市场需求，正在或将要产生诸多老年产业，发展潜力巨大。限于篇幅，本文只研究银发经济的生产层面，也就是银发产业方面。在人口老龄化日趋严峻的大背景下，面对与日俱增的"四二一"及"四二二"的新型家庭结构，积极发展银发经济已是老龄社会的迫切需求。②

产业链是产业经济学中的一个基本概念，1958年由美国发展经济学家赫希曼提出，重点研究产业链上下游的纵向关系。其后，众多学者从产品价值形成、产业组织、空间布局、企业分工等不同角度阐述了产业链的含义。其实，产业链是指围绕产品或服务的形成过程，由承担着不同价值创造功能的各个产业组织相互关联、均衡发展，从而客观形成的动态的、功能网络状的链条关系。链条中普遍存在着上下游产品流动、价值传导叠加、价值交换关系，其包含了企业链、价值链、技术链、产品链和空间链五个维度。③

显然，银发经济全产业链是指围绕全方位满足老龄人口多元化需求，一定区域范围内各产业组织个体相互关联、均衡发展、共同作用，从而客观形成的动态的、功能网络状的老龄产业生态链条体系。从产业链角度来看，银发经济主要包

① 杨燕绥，等．银色经济与嵌入式养老服务［M］．北京：清华大学出版社，2017：1-3．

② 睢党臣，张婷．人口老龄化背景下发展银发经济的探讨［J］．石家庄经济学院学报，2016（2）：8-12．

③ 廖喜生，李扬萩，李彦章．基于产业链整合理论的智慧养老产业优化路径研究［J］．中国软科学，2019（4）：50-56．

括核心产业链、相关配套产业链和衍生产业链三大银发产业链。三大产业链之间以及三大产业链内部各产业链之间相互促进、相互补充，形成一个融合一、二、三产业的庞大老龄产业链体系，最终形成一个围绕充分满足老龄群体消费的银发经济领域。其中，核心产业链是银发经济的根本，主要包括老龄休闲产业链和老龄养老服务产业链。前者主要是针对低龄健康自理老人提供休闲服务，帮助填充老年闲暇时光，提高老年生活质量，主要由日常生活休闲类产业链和休闲旅游度假产业链组成；而后者则主要是针对失能或高龄老人，减缓身心功能衰退，保障老年基本生活质量，由各类养老服务链、医疗服务链、康复服务链、日常生活家政服务链组成，主要是为身心功能日益衰退的老人提供最基础、最需要的服务，以最大限度弥补老人身心功能的丧失，从而大幅提高生活质量。相关配套产业链是为核心养老产业链提供相关的产品和服务的产业链，主要包括休闲用品产业链、营养健康产品产业链、养老保险产品产业链、日常老龄用品产业链、老年医药产品产业链、康复护理用品产业链、数字化用品产业链等。衍生产业链是由核心老龄产业链、相关老龄配套产业链进一步衍生出来的辅助产业链，主要包括养老保险产业链、养老金融服务链、老年储蓄投资理财产业链等（见表1）。

表1　银发经济全产业链一览表

核心产业链	老龄休闲产业链	日常休闲产业链	提供琴、棋、书、画、茶及戏剧等日常休闲服务
		休闲度假产业链	提供旅游、休闲度假、旅居养老等休闲服务
	老龄服务产业链	日常生活服务产业链	提供助餐、助浴、助洁、助医等专业家政服务
		医疗服务产业链	综合医院老年病科以及老年医院、康复医院、护理院、安宁疗护以及优抚医院等提供的医疗服务
		养老服务产业链	家庭养老、居家养老、社区养老、机构养老、基地养老、互助养老以及智慧养老等提供的养老服务
		医养结合产业链	医疗服务产业链与医养结合产业链紧密结合后的新业态
相关配套产业链	老龄休闲配套产业链	休闲用品产业链	琴、棋、书、画、茶以及戏剧用品制造
		日常老龄用品产业链	日常老龄用品（老花镜、拐杖、助听器、假牙假发）制造
		营养健康产品产业链	各类老年营养健康产品种植和制造
	老龄服务配套产业链	养老保险产品产业链	除基本养老保险外的各类养老商业保险服务
		老年医药产品产业链	各类老年慢性病药品制造及老年中药种植和制造
		康复护理用品产业链	各类康复护理用品的制造
		数字化用品产业链	各类涉老或养老的智能装备、智能用品和网络构建

续表

衍生产业链	养老金融服务产业链	老年理财、信托、住房反向抵押等金融服务
	老龄健康管理服务产业链	健康咨询、介入、管理服务
	老龄教育服务产业链	老年大学、老年培训等服务

（二）产业链相关理论基础

将产业分解为多个相互关联的不同环节，主要目的是推进产业链整合，提高产业运营效率。产业链整合是在对整个产业链的各个环节进行综合全面的分析基础上协调、优化的过程，目前已成为研究产业发展最重要的理论工具之一。新古典经济学家马歇尔在其经典著作《经济学原理》中系统地分析了如何通过企业的组织管理带来产业链分工协作的利益，认为这种利益"是技术的经济、机械的经济和原料的经济"。而后来的科斯、威廉姆森等制度经济学家在"交易成本理论"的基础上强调通过纵向一体化和横向一体化的产业链整合能够大幅降低产业链上的交易费用，进而提高整个产业链的资源配置效率。而且产业组织之间选择以何种结合的方式来实现交易费用的节约，也导致了产业链整合方式的多样性类型。以贝恩、梅森为代表的产业经济学哈佛学派以价格理论为基础，以实证研究为手段，按市场结构（Structure）—市场行为（Conduct）—市场绩效（Performance）对产业链进行分析，形成了结构—行为—绩效分析框架（SCP），主要考察行业壁垒、市场集中度、产品差异性等市场因素对企业价格和产量决策的影响，并认为产业链整合会使主导企业取得竞争优势，甚至建立起市场门槛。①

二、银发经济发展的现状及问题

（一）养老服务体系建设加速

养老服务体系日益健全，建立了以居家为基础、社区为依托、机构为支撑、覆盖城乡的"9073"养老供给体系。2020年底，全省共建成养老机构和设施1.6

---

① 廖喜生，李扬萩，李彦章.基于产业链整合理论的智慧养老产业优化路径研究［J］.中国软科学，2019（4）：50-56.

万多个，其中养老机构 3600 多个。2019～2021 年河南省民政厅连续三年将社区养老服务设施建设列入年度重点工作内容。2019 年，河南省民政厅会同省财政厅、人力资源社会保障厅联合出台了《关于财政支持城镇社区养老服务体系建设发展的实施意见》，提出 6 大类 24 项财政支持政策，省级补助资金预计 3 年内达到 33 亿元。2019 年，全省已建成社区养老服务中心 3940 个，居家养老服务站点 15000 个。① 到 2020 年底，全省建成 74 个居家养老服务信息平台，服务入网老人 403 万人。② 此外，河南省加快推动医养结合发展，鼓励养老机构与医疗机构通过医养协作、外包委托、养内设医、医养一体等方式加大医养结合力度，目前全省 80%以上的养老机构能够以不同形式开展医疗卫生服务。

（二）健康养老产业支撑显著提升

引导支持本土养老企业拓展布局，积极引进国内外地产、金融保险、医疗、养老等领域的大型领军企业集团入驻，吸引了德资的雷纳范、日资的长者汇、首慈、寸草春晖、中民惠康等一批国内外知名养老服务品牌进入河南养老市场，实施了一批综合型健康养老项目，初步形成了欧安乐龄、瑞阳、安泰之家、颐养乐福、爱馨、建业养老等一批大型健康养老集团和知名服务品牌。培育了以老年康复辅具、日用品、保健用品及相关研发、培训企业等为主的老年用品产业体系。相继建设或投入运行一批集医疗、康复、养老、娱乐等于一体的健康养老基地和健康养老特色小镇，河南省鄢陵县、竹林长寿山森林康养基地、龙峪湾国家森林公园 3 个单位被确定为国家森林康养基地。原阳县颐养乐福、确山县老乐山银发一族养生养老园、鄢陵县花都温泉健康养生养老基地等一批省级健康养老产业示范基地正积极推进。河南是中医药学的主要发祥地，是中医药大省，在机构规模、专业队伍、特色专科、中医药资源和文化底蕴等方面优势明显，中医药机构、床位数和执业医师数均居全国首位，全省规模以上中医药工业企业主营销售收入居全国第 3 位。③

（三）银发经济产业链呈现出纵横向整合的倾向性

银发经济是涵盖多元化产业和多种业态的综合性概念，横跨一、二、三产业。河南银发经济领域的企业众多，规模大小不一，既有企业集团也有诸多中小

---

① 祁雪瑞. 河南省健康养老产业发展调查报告［M］//何雄，谷健全. 河南人口发展研究报告（2020）. 北京：经济管理出版社，2021.

② 河南省民政厅. 河南省养老服务工作成效显著［EB/OL］. 河南省人民政府官网，http：//m. henan. gov. cn/2021/01-29/2088115. html，2021-01-29.

③ 孙晓红. 统筹推动河南中医药事业和产业高质量发展［EB/OL］. 国际在线网，http：//hn. cri. cn/2020-01-12/898a40cd-e457-a8bd-b8d8-f72bd55d82af. html，2020-01-12.

微企业。经过多年的发展，河南也出现了多家大型养老企业集团，其业务多为混业经营，呈现明显的地域扩张、产业链横向或纵向业务整合的集团化运营倾向（见表2）。比如河南安泰养老集团成立于1999年，在全省11个地市及县区设有分支机构，运营社区居家养老服务150个，地域扩张明显，还在省外设立了办事处，业务既有养老信息化产品研发及销售，又有智慧养老的连锁化运营，纵横向整合倾向突出。

表2 河南主要大型民营养老企业产业链业务整合倾向一览表

企业名称	成立时间	主营业务	规模
郑州晚晴山庄老年公寓	1998年	医养结合的养老服务，提供机构养老和居家养老上门服务	分为高档别墅区、养老护理区、医疗护理区，总床位500张
河南安泰养老集团	1999年	一站式养老服务网络和智慧养老生态链，包括养老信息化产品研发及销售、智慧养老应用、居家社区养老服务、养老机构连锁化运营四大板块	运营社区居家养老服务站点150个，养老机构10家，养老床位1300张
河南爱馨养老集团	1999年	老年机构运营、加盟连锁、管理咨询	在全国有18家直营养老机构、4家加盟养老机构
河南瑞福祥医养集团	2013年	一家集智慧化、一体化、综合性于一体的专业医养康护产业管理和服务集团，已构建覆盖机构、社区、居家及乡镇多层次的智慧化医养康养相结合服务体系	由河南瑞福祥养老服务公司、尉氏福利康复医院、尉氏老年养护中心、尉氏瑞福祥老年公寓、尉氏县居家养老信息服务中心、瑞福祥康养基地、尉氏县各乡镇健康工作站、尉氏瑞祥家政公司等组成
河南孝之源养老服务有限公司	1998年	养老品牌管理咨询和老年用品研发，包括适老化家具、老年玩具、老年洗浴用品三大类	养老机构13家、社区服务中心40余家，床位2000多张，职工人数500多人，其中护理人员300多人
河南厚朴养老公司	2011年	集项目策划、养老评估与运营顾问于一体的一站式综合智力服务平台	截至2020年，业务覆盖24省、61市（县），策划、筹备、运营管理120多家养老项目

资料来源：祁雪瑞. 河南省健康养老产业发展调查报告［M］//何雄，谷建全. 河南人口发展研究报告（2020）. 北京：经济管理出版社，2021.

虽然近年来河南银发经济发展取得了一定成效，但受发展基础、发展阶段等因素影响，仍面临一些突出的困难和问题：一是产业基础较为薄弱。目前，全省健康养老服务以政府投入为主，社会资本投资规模较小，引进大中型、行业龙头型和知名品牌型企业较少，高端、多元产业链融合的大型老龄企业相对较少。二是产业服务水平不高。产业融合不足，服务模式、业态功能较为单一，尚未形成多领域、多形式、多元化的老龄产业链。三是政府投入亟待提高。老龄产业属于高投入行业，全国各省、市、自治区不断加大省级政府投入，如浙江省设立 200 亿元产业基金；重庆市对自建和租建养老机构分别按床位补助 5000 元和 1000 元，对城镇社区养老服务中心和农村幸福院每个给予 20 万元和 5 万元补贴。相对而言，河南床位建设及运营补贴、护理人员补贴、护理保险都是由各地承担，省级财政尚未安排相应专项资金。四是服务功能层次较低。目前河南省养老机构基本上以养老院、日间照料中心、农村敬老院等为主，大中型养老机构较少；以提供传统生活基本保障服务为主，医疗、护理、慰藉、康复、临终关怀等专业化服务较少。同时，标准规范、医养结合、评估监管、金融保障等市场服务体系不完善，尚未形成产业发展合力。

三、河南省银发经济全链条发展面临的机遇

近年来，随着人口老龄化的不断加剧、养老观念的转变、保障能力的提升和产业等支撑条件的完善，河南银发经济具备了良好的基础条件和广阔的市场空间，迎来了前所未有的发展机遇。

（一）银发经济发展的政策导向十分明确

国家高度重视银发经济发展。近年来，对发展养老、健康服务产业等提出了明确要求，特别是党的十九届五中全会明确提出"积极开发老龄人力资源，发展银发经济"，成为国家实施积极应对人口老龄化国家战略的重要举措，国家"十四五"规划纲要也明确提出"发展银发经济，开发适老化技术和产品，培育智慧养老等新业态"。2021 年 11 月，中共中央、国务院发布《关于加强新时代老龄工作的意见》，作为指导新时代老龄工作的纲领性文件，其明确提出要从加强规划引导和发展适老产业两个方面积极培育银发经济。这也是继国家"十四五"规划提出"发展银发经济，开发适老化技术和产品，培育智慧养老等新业态"后，来自国家制度层面对银发经济发展的又一重磅支持。

河南省委、省政府高度重视健康养老产业的发展，将健康养老产业作为十二个重点产业之一，积极推动转型发展，相继出台了一系列关于社会养老服务体系建设的政策文件，在审批、用地、用水、用电、税收及建设运营补贴等方面给予明确的政策扶持，为全省应对人口老龄化挑战、推动健康养老产业转型发展指明

了方向。河南省"十四五"规划纲要也明确提出"发展银发经济",强调"支持老年人力所能及发光发热、老有所为""促进银发经济全链条发展"。

（二）人口老龄化为银发经济带来产业发展机遇

人口老龄化是社会发展的重要趋势，已成为我国人口均衡发展中的主要矛盾，也是今后很长一段时期内我国的基本国情。人口老龄化将对未来经济社会发展造成深远的影响。这种影响既有社会保障体系负担加大、劳动力短缺、家庭压力加大等负面影响，也有倒逼银发经济加大资金、技术和数据投入，提高发展质量，推动银发经济快速发展的正面推动作用。应该理性辩证地看待人口老龄化，要充分认识人口老龄化为银发经济带来的发展机遇。发展银发经济具有双重效应——经济效应和社会效应，既可以最大限度释放巨大的潜在老龄需求，使其成为经济增长的新引擎，又能够满足老龄群体多元化的养老需求，有效应对人口老龄化的压力。

河南是人口大省，老年人口快速增长，高龄化趋势明显，银发经济市场空间广阔，发展潜力巨大。当前，河南人口老龄加速推进，据第七次人口普查数据显示，2020年11月，60岁及以上人口为1796.4万人，常住人口占比18.08%，其中65岁及以上人口为1340.2万人，常住人口占比13.49%。据预测，河南65岁及以上人口在"十四五"期间将超过14%，由"老龄化社会"跨入"深度老龄化社会"；在2036年前后河南65岁及以上人口占比将超过20%，进入"超老龄化社会"。①

近年来，随着人民生活水平的不断提高，老年人的养老观念和养老模式也发生了明显变化。养老观念逐步从"养儿防老"向"主动养老"转变，对独立生活、休闲娱乐、旅游度假等方面的需求逐渐增加，日益追求物质及精神上的富足。养老服务模式呈现个性化、多元化趋势，互助养老、旅游养老、候鸟式养老、异地养老、基地养老等模式日益受到更多老年人的青睐，健康养老产品和服务的总需求急剧增加，为银发经济的发展提供了充足条件和巨大空间。

因此，面对日趋严峻的人口老龄化发展形势和老年人的养老观念变化，在"十四五"及其今后一段时期，河南不仅要健全社会养老保障体系，建立政府兜底性养老服务网络，更要调整战略产业发展方向，大力培育和发展银发经济。

（三）银发经济发展的自然人文条件优越

河南位于中国地理中心和经济腹地中心，区位优越，交通便利，为银发经济

---

① 盛见．河南人口老龄化的趋势、影响与战略应对［J］．决策探索，2020（11）：6-7．

发展提供了良好的区位交通条件。新郑机场成为全国八大区域性枢纽机场之一，高速公路通车里程居全国第二，"米"字形高速铁路网和现代综合交通枢纽格局正在加速形成，立体综合交通网络不断完善。河南气候兼有南北之长，四季分明、雨热同期，自然资源丰富，拥有长江、淮河、黄河、海河四大水系景观资源，太行山、伏牛山、桐柏—大别山等山系自然生态景观类型多样，动植物资源丰富，中医药资源独具特色，特别是南阳伏牛山中药材和焦作怀药种植历史悠久，久负盛名。河南人文资源丰富，生态环境宜居，文化资源和旅游景区数量位居全国前列，为河南发展疗养康复、休闲养生等产业提供了重要支撑。

四、河南省银发经济全链条发展面临的挑战

河南银发经济全链条发展在面临着巨大战略机遇的同时，也面临着一系列的困难和挑战，需要在充分发挥特色优势的基础上，扬长避短，加大银发经济发展攻坚力度。

（一）"未富先老"抑制银发经济发展

我国老龄人口规模大，人口老龄化速度快，而且是在"未富先老""未备先老"情况下推进的，任务重，压力大。一方面，就银发经济发展的供给侧而言多是投入较大的行业，下面以老龄服务产业链为例说明。开设养老机构，前期投入包括土地成本、建设工程、设备安装等房地产成本，后期投入涵盖人员护理、运营管理等费用。即使是公办养老机构没有前期土地成本，但是养老服务属于劳动和技术密集型服务业，要求聚集大量护理、医疗监护、康复师、营养师等从业人员。如果这些专业人员配备到位且能够提供高质量的养老服务，在人力成本高涨的背景下，其服务费用也必然会很高，将占总运营成本的 50%~60%（不含土地成本）；① 即使是居家养老服务前期投入较少，但由于是分散的上门服务，点多面广，也会大幅增加人工、交通、风险监管等服务供给成本。

另一方面，从银发经济发展的需求侧支付能力来看，由于"未富先老"，支付能力十分有限。与西方发达国家"先富后老"不同，我国是"未富先老"。西方发达国家进入人口老龄化社会时，人均 GDP 一般都在 1 万美元左右，而我国仅为 900 美元左右，发达国家为我国的 10 倍多（见表3）。

---

① 盛见．当前我国养老服务业的发展困境及突破路径［J］．科学发展，2020（10）：106-113.

表3 我国步入老龄化和深度老龄化社会的时间点和人均 GDP 比较

	步入老龄化社会的时间和人均 GDP		步入深度老龄化社会的时间和人均 GDP	
中国	2000 年	959 美元	2025 年	15480 美元
日本	1970 年	9714 美元	1994 年	38102 美元
韩国	2000 年	10884 美元	2012 年	37000 美元

注：老龄化社会指 65 岁及以上人口占总人口达到 7%~14% 的社会阶段；深度老龄化社会指 65 岁及以上人口占总人口达到 14%~20% 的社会阶段。

资料来源：马利中.中日韩三国人口老龄化的比较研究［J］.国际观察，2012（3）：49-57.

河南省作为欠发达地区老年人口大省，显然"未富先老"的情形更加严峻，不仅远低于发达国家和地区，而且在国内也较为落后。2020 年，河南人均 GDP 为 8950 美元，居全国第 18 位，不仅远低于北京（26000 美元）、上海（25000 美元）、江苏（19900 美元）和浙江（17000 美元）等发达省市地区，也低于中部地区的湖北（11500 美元）、安徽（9500 美元）、湖南（9480 美元）。

河南省"未富先老"的现实状况必然会导致政府系统性和制度性支付保障不够，家庭经济支撑严重不足，老人自身的支付能力普遍较弱，出现低支付保障、低家庭支撑、低支付能力"三低"的窘境，无法支撑养老服务业持续健康繁荣发展。[1] 2008~2017 年河南城镇职工基本养老保险基金的支付缺口从 38.5 亿元增加到 388.95 亿元。[2] 2019 年企业退休职工养老金实现"十五连增"，每月人均达到 2768 元，[3] 但仅能够满足退休职工的基本生活需要，难以支撑养老服务需求。因此，在"未富先老"条件下，银发经济供给侧高投入与需求侧低支付能力之间的矛盾，是银发经济快速发展的根本制约。

（二）老龄供给与老龄需求错位

银发经济是一个潜力巨大的蓝海市场，必须从需求出发，坚持需求导向，促进供给与需求相匹配，才可以实现供需市场均衡，这是银发经济发展的基本要求。但是目前，河南银发经济现状是供给和需求方面都存在很多问题，出现了较为严重的供需错位。

就银发经济的需求侧而言，由于"未富先老"，老人作为养老需求主体的经济支撑不足，支付能力较弱，会导致银发市场有效需求不足，也就是说老人很多的养老需求还没有形成刚性的有效需求。这必然导致银发经济发展缓慢。从银发

① 盛见.当前我国养老服务业的发展困境及突破路径［J］.科学发展，2020（10）：106-113.

② 河南省人口发展研究课题组.河南省人口老龄化问题及其应对策略［M］//何雄，谷建全.河南人口发展研究报告（2020）.北京：经济管理出版社，2021.

③ 河南省老龄工作委员会办公室.关于十八大以来老龄工作情况的报告［Z］.2020.

经济的供给侧来看，一方面，由于银发市场中大量潜在需求无法转化为现实有效的市场需求，社会资本处于亏损或微利状态，投资回报周期较长，大大制约了社会主体投资的积极性，会导致不少老龄产业链难以形成，出现利润低、发展慢的态势。比如河南老年用品企业较少，约有 600 多家，其中商业企业居多，生产企业较少，研发企业仅有一家，造成老龄产品和服务不仅种类单一，甚至还存在不少空白，产业链"缺链"和供给"错位"现象较重，远不能满足老年群体的多元化、多层次养老需求。另一方面，由于老人工作和生活经验、人生阅历丰富，自然对银发经济提供的产品和服务要求高，十分"挑剔"，而银发产品和服务的供给，由于尚未形成"加大投入→人才聚集→服务质量提高→需求增加→收入增加→行业盈利→加大投入"的良性循环，投入严重不足，质量和服务水平粗放低下。这样，低水平的银发产品和服务供给与高质量的银发需求形成巨大反差，有限的供给大多变成了"靶向不准"的低水平粗放供给，供需错配失衡就成为必然，并且这种供需结构失衡困境短期内难以改变。① 银发产品或服务供需失衡，就会导致现有银发资源配置低效，阻碍银发经济的进一步发展。

（三）银发经济产业链缺乏横向和纵向的有效整合

随着年龄的增加，老人对于银发产品和服务的需求包含日常休闲、文化体育、旅游度假以及医疗、康复、护理、心理慰藉等一系列"服务链"需求，呈现出多元和多层次的连续性，这就为银发经济产业链横向整合提出了内在要求。但是，河南银发经济产业链横向融合程度比较低，多体现在单个业务地域范围的扩张和同一企业内部业务的横向协调，如河南安泰养老集团和河南瑞福祥医养集团都是集团内部跨地域多业务融合，而养老产业链、医疗产业链、休闲度假产业链、日常老龄用品产业链、营养健康产品产业链、老年医药产业链、康复护理用品产业链等多链条有效横向融合目前还很难出现。也就是说，在一个社区范围内围绕老人家政服务、医疗、康复护理、心理慰藉等系列服务，目前很难有效做到统筹协调服务链，也无法有效实现与老人需求的精准对接和服务链上各种服务环节的精准切换。

仅就养老产业链与医疗产业链横向融合而言，国家和河南省虽然都出台了大量相关配套政策，持续推动医养产业链相结合，但成效却不尽如人意。目前，很多立足于养老服务机构开展的医养结合项目，由于入住率较低、报销难，难以持续发展；立足于医疗服务机构将医养结合起来的医疗服务机构不多，全省有老年医院、康复医院、护理院、安宁疗护等专业机构仅 131 家，二级以上医疗机构开

---

① 盛见. 当前我国养老服务业的发展困境及突破路径［J］. 科学发展，2020（10）：106-113.

设老年医学科的有 287 家（占 49.4%），① 难以满足广大老龄群体对医养结合服务的需要。

老人对银发产品或服务要求高，既要求银发产品或服务多元横向叠加，又要求银发产品或服务多层次横向贯通，这也为银发经济产业链纵向整合提出了内在要求，即要对银发产品或服务从需求信息准确获取，到设计研发到生产或培训，再到输送和消费、监管信息反馈等环节进行综合统筹协调，努力实现标准技术统一、质量统一。河南银发经济发展尚处于起步阶段，由于受资金、技术、人才等方面的制约，银发企业多单业经营，距产业链纵向整合或协调发展的要求还需要走较长的路。当前仅有个别养老企业将产品研发设计与银发产品制造或服务供给紧密结合起来，如河南安泰养老集团将智能养老产品研发、销售与智慧养老应用、居家社区养老服务、养老机构连锁化运营紧密结合起来，在智慧养老产品研发运用领域做到了纵向融合。

五、河南省银发经济全链条发展的路径选择

（一）做好银发经济全链条发展顶层设计，因势利导主动建链、补链和强链

（1）做好顶层设计。当前，制约河南银发经济发展的体制层面问题是缺乏全产业链的顶层设计，政策引导和推动不够。应该由河南发展和改革委员会、工业和信息化厅、民政厅、卫生健康委、市场监管总局、老龄工作委员会办公室联合研究制定《河南省银发经济全链条发展规划》《河南省银发经济全链条发展实施方案》和配套政策，用于指导和推动全省银发经济全链条发展。对于河南有潜力，但目前发展不够的产业，要加大发展力度，主动建链；对于有一定发展基础，但产品或服务单一的产业，要主动延伸产业链条；对于发展势头较好，但竞争力不够强大的银发产业，要因势利导，加大创新发展投入，强化产业核心环节，做强产业链。重点建立河南老龄产品和服务指导目录，推进河南老龄产品产业园区建设，加大老龄产品的研发制造力度，开展重点养老服务和产品试点示范工程。

（2）进一步加强老年健康服务体系建设。持续加强老年人健康评估和老年综合征的研究，推动老年医疗服务从以疾病为中心的单病种模式向以患者为中心

---

① 河南省卫生健康委老龄健康处 . 关于医养结合工作进展情况的报告［Z］. 2020.

的多病共治模式转变。加强老年医疗机构建设，鼓励医疗资源丰富的市县将部分公立医院转型为老年医院、康复医院、护理院、安宁疗护机构，二级以上综合性医院设立老年医学科和三级中医院设置康复科比例分别达到35%和70%以上，提高基层机构的康复护理床位占比，着力构建以市县老年医院、康复医院、护理院和安宁疗护机构为龙头，以区域医疗机构老年病特色专科为支撑，以乡镇（社区）卫生服务机构康复科为基础的老年健康服务体系，提高医养结合服务质量和服务能力。医疗机构设置老年人挂号、导诊、就医绿色通道达到100%。

（3）着力发展河南老龄用品产业。近年来，河南虽然积极引进国内外地产、金融保险、医疗、养老等领域大型领军企业集团入驻，但绝大部分进入了养老服务市场，很少进入老龄产品市场。显然，河南老龄用品产业发展相当薄弱，需要深入贯彻落实五部门印发的《关于促进老年用品产业发展的指导意见》，着力发展老龄用品产业，尽快建链、补链。围绕老龄群体日常需求和各类养老需求，引进或推动现有企业向老年服装服饰、日用辅助产品、养老照护产品、康复训练及健康促进辅具、适老化环境改善等产品延伸，重点发展智能化日用辅助产业链、安全便利养老照护产业链、康复训练及健康促进辅具产业链。实施康复辅助器具应用推广工程，研究出台居家社区和养老服务机构康复辅助器具配置及使用指南，开展康复辅助器具社区租赁和回收再利用服务试点。

（二）推进银发经济全链条横向协同发展，推动产业集群深度融合

推进多元养老服务供给模式串联融合、优势互补。深入贯彻落实《中共中央 国务院关于加强新时代老龄工作的意见》。一方面，打破基地养老、机构养老和社区养老等集中养老服务模式的原有组织架构和服务方式，推动基地养老、大型机构养老小型化、连锁化、社区嵌入化转型，在空间布局上向社区和居家老人"靠拢"，采取开放、贯通和串联的服务方式，与社区养老、居家养老、家庭养老相结合，重塑有助于"居家"开展服务的组织架构和服务方式。另一方面，对于居家照护老人家属，社区通过政府购买方式，免费对其进行规范化专业化培训，提高居家照护水平。这样，通过推进多元养老服务模式串联融合、取长补短、优势互补，全面提升多元养老服务协调性和对老人养老需求的响应程度。积极推广武陟县以"政府+慈善+村级+个人"四级联动的"村级慈善幸福院"、周口太康县对特困人员全方位养老的"五养模式"等多元养老服务串联融合模式。

进一步深化医养结合服务。目前，河南医疗体制改革已经进入到一个新的阶段，为推动医养结合深入发展提供了良好的机遇。医改正在通过建立综合医联体（中医医联体）、专科联盟、县域医共体、远程医疗协作网等，整合三级医院、专科医院、二级医院、康复医院、护理院以及社区卫生服务机构等区域医疗资

源，根据医院级别、规模、学科建设水平、诊疗服务能力、服务范围等情况落实各自功能定位，落实分级诊疗，完善双向转诊制度，以形成资源共享、分工协作管理模式。与此同时，应将医养结合融入到深化医疗体制改革之中，鼓励和支持医养结合机构加入综合医联体（中医医联体）、专科联盟、县域医共体、远程医疗协作网等，指导养老机构、社区照料中心等与周边医疗机构签订医养结合合作协议，通过协议医疗机构，共享综合医联体（中医医联体）、专科联盟、县域医共体、远程医疗协作网等医疗资源，从而强化医疗卫生与养老服务有机衔接，为老年人提供包括健康教育、预防保健、疾病诊疗、康复护理、长期照护、安宁疗护等覆盖城乡、综合连续的整合型老年健康服务。[①]

推动老龄产业融合发展。围绕老龄群体各类消费需求，打破原有产业界限，促进养老服务业与教育培训、健康、体育、文化、旅游、家政等老龄产业融合发展，不断提供满足老年人需求的健康养老、养生旅游、文娱活动等服务，推动与养老服务业相配套的教育培训和平台建设，不断提升服务品质，改善服务体验，扩大有效供给。

（三）推进银发经济全产业链纵向融合发展，实现集团化运营

（1）大力引进银发经济发展的社会资本。一是筛选一批重大项目。按照银发经济发展方向和重点，围绕建链、强链、延链、补链等要求，积极谋划一批市场潜力大、民生效益强、经济效益好、示范带动强的项目，建立"河南银发经济项目库"。在组织项目筛选中，注重引进养老、医疗、金融、保险等各类社会资本，力求体现"多、新、效、整"四个原则，"多"即能够实现多元化发展，"新"即业态模式新，"效"即能够实现提质增效，"整"即能够实现资源整合。二是强化招商引资。组建专业招商队伍，结合"河南银发经济项目库"，坚持"请进来"和"走出去"相结合，开展以商招商、产业链招商、协会招商，提高招商的针对性和科学性。主动对接泰康医养社区、中房老龄产业发展集团、国投健康产业投资有限公司、北大医疗产业集团、万科"随园"、康美健康云服务有限公司、株式会社日医学馆等国内外健康养老知名企业。

（2）培育集团化运营的银发企业主体。在引进外地银发产业资本的同时，积极培育郑州晚晴山庄老年公寓、河南安泰养老集团、河南爱馨养老集团、河南瑞福祥医养集团、河南孝之源养老服务有限公司、河南厚朴养老公司等本地企业进一步做大做强，支持银发企业上下业务纵向兼并融合，实现集团化运营，大幅降低交易成本，提高银发产品和服务供给质量、效益。发挥保险资金长期投资优

---

① 河南省卫生健康委老龄健康处. 关于医养结合工作进展情况的报告［Z］. 2020.

势，以投资新建、参股、并购、租赁、托管等方式，兴办老龄用品研发、加工制造、养老服务运营管理输出、养老教育培训等多元运营的健康养老社区、养老基地，打造一批具有核心竞争力的健康产业品牌，形成一批本土优势龙头企业和细分行业领军企业。鼓励组建银发产业连锁机构，支持老年病医院等专业养老机构整合养老院、护理院、中医康复院等，开展规范化和规模化经营。

（3）打造"养老+N"大健康产业发展基地。一是"养老+健康养生"。河南自然禀赋优良，太行山、伏牛山、桐柏—大别山三大山系自然生态景观类型多样，动植物资源丰富，气候兼有南北之长，人居环境良好，为发展疗养康复、休闲养生等产业提供了重要支撑。将河南优越的康体养生资源与养老休闲产业有机结合，打造具有区域影响力的养老与康体养生融合发展示范基地。鼓励栾川、修武、登封、鄢陵、新密、汝州等地依托区域生态、医疗、文化等资源优势，以医养融合型、康养旅游型、多业融合型等为重点，建设一批健康养老产业示范基地。二是"养老+旅游"。依托河南区位优势、生态和文化旅游优势，培育颐养乐福等省内旅居养老企业，吸引国内品牌旅居养老集团，打造候鸟式旅居养老基地，使河南成为全国旅居式养老的重要基地。三是"养老+文化休闲"。发挥河南中医中药、功夫太极、健康长寿、传统餐饮等休闲文化优势，从食养、药养、文养、水养、气养五个方面打造以文化康养为主导，集文化体验、健康养老、休闲度假等功能于一体的特色康养文旅小镇。

参考文献

［1］何雄，谷建全，等．河南人口发展研究报告（2020）［M］．北京：经济管理出版社，2021.

［2］河南省发改委社会处．河南省养老服务工作情况［Z］.2020.

［3］河南省老龄工作委员会办公室．关于十八大以来老龄工作情况的报告［Z］.2020.

［4］河南省卫生健康委老龄健康处．关于医养结合工作进展情况的报告［Z］.2020.

［5］胡苏云，杨昕．银发经济概论［M］．上海：上海社会科学出版社，2020.

［6］廖喜生，李扬萩，李彦章．基于产业链整合理论的智慧养老产业优化路径研究［J］．中国软科学，2019（4）：50-56.

［7］马利中．中日韩三国人口老龄化的比较研究［J］．国际观察，2012（3）：49-57.

［8］盛见．当前我国养老服务业的发展困境及突破路径［J］．科学发展，2020（10）：106-113.

［9］盛见．河南人口老龄化的趋势、影响与战略应对［J］．决策探索，2020（11）：6-7.

［10］睢党臣，张婷．人口老龄化背景下发展银发经济的探讨［J］．石家庄经济学院学报，2016（1）：8-12.

［11］杨燕绥，等. 银色经济与嵌入式养老服务［M］. 北京：清华大学出版社，2017.

［12］张郧，吴振华. 产业链视角下养老产业发展研究［J］. 科技进步与对策，2015（24）：62-64.

［13］周丽，覃棹. 产业链视域下养老产业优化路径研究［J］. 物流工程与管理，2020（4）：178-180.

BⅢ　专题报告

B.7 "全面三孩"背景下河南托育服务发展问题及其应对策略

陆 薇 徐春艳 陈 宁*

摘 要：随着"三孩"时代的到来，子女的照顾压力与日俱增，托育服务面临着新的机遇和挑战。为了满足广大群众对婴幼儿照护服务的多样性需求，河南省开始聚焦托育领域的建设与发展。本文从河南省托育服务的需求侧和供给侧出发，通过对河南省2019年人口与家庭动态监测数据和2020年河南省卫生健康委开展的托育服务供给状况调查数据进行分析发现，河南省托育服务需求强烈，托育行为却不足，需求内容多样化，托育供给不均衡，托位利用率不高，以民办机构为主。针对河南省托育服务管理体制不顺、运营困难、入托率低、师资力量薄弱、课程标准不统一等问题，笔者提出了相应的对策建议，即构建婴幼儿托育服务体系、规范托育服务行业管理、探索医育结合托育服务发展新模式、提升专业托育师资力量、统一"本土化"托育课程体系以及通过发放"托育券"提高家庭送托意愿。

关键词：全面三孩；托育服务；问题；应对策略

"老吾老以及人之老，幼吾幼以及人之幼"，"一老一小"是最大的民生。2021年5月，中共中央、国务院出台《关于优化生育政策促进人口长期均衡发展的决定》，确定了"一对夫妻可以生育三个子女"的决策。随着"三孩"时代的到来，子女的照顾压力与日俱增，托育服务的发展将继续接受考验。国家十分重视托育服务的发展，2019年4月国务院办公厅发布了《关于促进3岁以下婴幼儿照护服务发展的指导意见》；2019年10月，国家发展改革委、国家卫生健康委共同起草形成了《支持社会力量发展普惠托育服务专项行动实施方案（试行）》；2020年底，国务院办公厅又发布了《关于促进养老托育服务健康发展的

* 陆薇，河南卫生健康干部学院讲师，河南省人口学会托育评估中心副主任；徐春艳，郑州幼儿师范高等专科学校副教授；陈宁，博士，郑州大学政治与公共管理学院讲师。

意见》；2021 年，"十四五"规划中明确指出：将发展托育服务体系，提高每千人口拥有 3 岁以下婴幼儿托位数到 4.5 个，支持企事业单位和社会组织等社会力量提供托育服务；2021 年 6 月，国家发展改革委出台《"十四五"积极应对人口老龄化工程和托育建设实施方案》。为了满足广大群众对婴幼儿照护服务的多样性需求，河南省也紧跟国家步伐，开始聚焦托育领域的建设与发展。正是基于这一背景，本文试图从河南省托育服务的需求侧和供给侧出发，通过对河南省 2019 年人口与家庭动态监测数据和 2020 年河南省卫生健康委开展的托育服务供给状况调查数据进行分析，全面剖析河南省托育服务目前的发展现状，深挖托育服务发展面临的问题和挑战，并提出可行的应对策略。

一、河南省托育服务的发展现状

（一）河南省托育服务的需求情况

1. 托育需求强烈，托育行为不足

总体来看，河南省育龄人群的托育服务需求较为强烈，约有 39.5% 的育龄人群有将婴幼儿送到托育机构的意愿（见表 1）。原国家卫计委家庭司 2016 年委托研究机构开展的"3 岁以下婴幼儿托育服务需求调查"发现，近 80% 的婴幼儿由祖辈参与看护，有祖辈参与照看的家庭 33.8% 有托育需求，无祖辈参与照看的家庭托育需求达 43.1%。当然，值得注意的是，需求意愿与托育行为之间存在一个转化的过程，一般来说托育需求意愿大于托育需求行为。也就是说，实际的托育需求行为应该会低于 39.5%。进一步分析可知，仅有约 3.31% 的育龄人群托育需求转化为了托育行为，大部分有托育需求的育龄人群并未将孩子送到托育机构。

表 1 育龄人群婴幼儿托育需求状况　　　　　　　　　单位：%

有需求已入托	有需求未入托	总的托育需求
3.31	36.19	39.5

资料来源：2020 年河南省卫生健康委托育服务供给状况调查数据。

2. 托送时间优选全日托和半日托

76.69% 的家长认为全日托的类型最适合，19.50% 的家长认为半日托的类型最适合，两者占比合计高达 96.19%，说明由于工作和家庭各方面的压力，育龄

人群对长时段的托育需求极高。而计时托（1.49%）、临时托（1.49%）、寄宿托（0.83%）需求均占比在1%左右，其原因考虑可能是由于计时托费用较高，临时托时间较短、接送不便，寄宿托家长担心孩子等原因导致需求极低。

3. 托送类型聚焦公共普惠性托育服务

随着我国托育服务进入新的发展阶段，普惠性托育服务在政策体系中被作为重点发展方向，这与新时期我国的婴幼儿照护服务需求特点密切相关。从需求侧看，河南省育龄人群对托育服务质量的标准化需求更高，对服务价格的普惠性需求更强。相关调查显示，公众托育服务需求主要聚焦于公共普惠性的托育服务。这主要是因为市场化的托育成本远远高于其他年龄段的教育成本，一定程度上抑制了育龄人群的市场化托育服务需求。

4. 托育距离倾向于居住社区内或附近

育龄妇女对于不同托送距离的托育机构需求差距极大。一方面，距离越近需求越大，面对不同距离的托育机构，家长更加倾向于离家最近的社区托育和离母亲更近的单位内或附近，占比分别为88.93%和4.96%。另一方面，母亲更加倾向于将孩子托育在自己单位内或附近（4.96%）而基本不考虑丈夫单位内或附近（0.17%）的机构，这一定程度上反映了男性在养育孩子过程中的角色缺失，也侧面反映了女性在孩子养育过程中面临着工作和家庭的双重压力。

（二）河南省托育服务的供给情况

1. 各地托育机构规模不一，分布不均

根据河南省托育机构摸底调查数据可知，截至2020年11月底，河南省共有登记在册的各类托育机构2679家，实有托位数133202个（见表2）。总体来看，托育机构的规模不一，全省托育机构平均托位数为49.72个。郑州、洛阳、安阳、南阳、许昌、漯河、三门峡、商丘和濮阳托育机构平均托位数超过全省平均水平。

表2　河南省托育机构、托位数分布状况

区域	机构数（家）	托位数（个）	机构平均托位数（个）
郑州	374	19055	50.95
开封	63	2588	41.08
洛阳	372	16795	45.15
平顶山	142	5131	36.13
安阳	455	28561	62.77
新乡	207	7570	36.57

续表

区域	机构数（家）	托位数（个）	机构平均托位数（个）
鹤壁	59	2210	37.46
焦作	127	4600	36.22
南阳	144	8104	56.28
许昌	209	10490	50.19
漯河	44	4603	104.61
信阳	158	5192	32.86
三门峡	14	645	46.07
商丘	66	6493	98.38
驻马店	57	1566	27.47
周口	40	2612	65.30
濮阳	12	1312	109.33
济源	136	5675	41.73
全省合计	2679	133202	49.72

资料来源：2020 年河南省卫生健康委托育服务供给状况调查数据。

从托育机构的五大区域（豫东、豫西、豫南、豫北、豫中)① 分布来看，呈现出非常明显的"区域集聚"态势（见图 1）。由图 1 可以看出，河南省托育服务机构在豫北区域和豫中区域的集聚效应非常突出，豫北和豫中区域属于托育机构发展的领先区域。豫东和豫南地区的托育机构发展则整体比较薄弱，托育行业发展尚未形成良好局面，发展进程较为缓慢。

2. 托位供给差距大，托位利用率不高

"七普"数据显示，河南省平均每千人口拥有 3 岁以下婴幼儿托位数仅为 1.34 个，距离"十四五"规划要求的 4.5 个托位/千人还有较大差距。此外，各地市间托位数供给极不均衡，济源市平均每千人口拥有 3 岁以下婴幼儿托位数最多，达到 7.80 个/千人；驻马店市平均每千人口拥有 3 岁以下婴幼儿托位数最少，仅为 0.22 个/千人，最高值和最低值的极差达到 7.58 个/千人；焦作、新乡、平顶山、南阳、信阳、商丘、开封、濮阳、三门峡、周口、驻马店 11 个地市平均每千人口拥有 3 岁以下婴幼儿托位数低于全省平均水平，后期发展压力较大（见表 3）。

---

① 根据河南省传统的地理分布，可以将河南省分为东、西、南、北、中五大区域。豫东包括开封、商丘、周口；豫西包括洛阳、三门峡；豫南包括南阳、信阳、驻马店；豫北包括安阳、鹤壁、焦作、濮阳、新乡、济源；豫中包括郑州、许昌、漯河、平顶山。

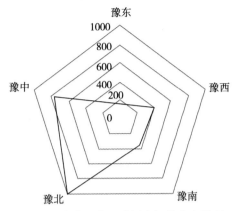

图1 河南省五大区域托育机构分布情况

资料来源：2020年河南省卫生健康委托育服务供给状况调查数据。

表3 河南省各地每千人口拥有的托位数

区域	托位数	人口数	托位/千人
全省	133202	99365519	1.34
济源	5675	727265	7.80
安阳	28561	5477614	5.21
许昌	10490	4379998	2.39
洛阳	16795	7056699	2.38
漯河	4603	2367490	1.94
郑州	19055	12600574	1.51
鹤壁	2210	1565973	1.41
焦作	4600	3521078	1.31
新乡	7570	6251929	1.21
平顶山	5131	4987137	1.03
南阳	8104	9713112	0.83
信阳	5192	6234401	0.83
商丘	6493	7816831	0.83
开封	2588	4824016	0.54
濮阳	1312	3772088	0.35
三门峡	645	2034872	0.32
周口	2612	9026015	0.29
驻马店	1566	7008427	0.22

资料来源：《河南省第七次全国人口普查公报》。

综上可知，河南省托育服务需求旺盛，但是总体供给水平不高，供需之间存在较大缺口。另外，根据实际统计的利用状况来看，河南省所有托育机构实收人数为68239人，托位的实际利用率仅为51.23%，在平均每千人口拥有3岁以下婴幼儿托位数仅为1.34的水平下，托位还存在大量的空置。这表明当前托育服务供给存在一定的结构性矛盾，河南省托育服务供需失衡与利用不足问题并存。各地市托育机构整体托位利用率均不高，郑州、洛阳作为经济水平较好的地市，虽然托位数量相对较多，但利用率仍然不高（见图2）。

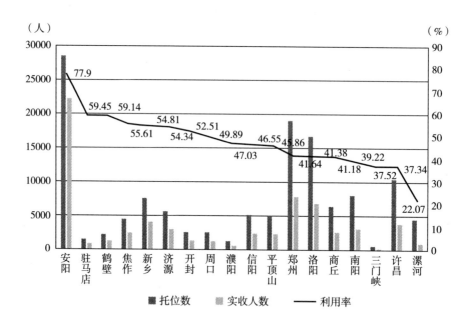

图2　河南省各地托位利用状况

资料来源：2020年河南省卫生健康委托育服务供给状况调查数据。

3. 幼儿园托班居多，民办机构占主导

当前河南省托育服务模式具有多元化的特点，主要有以下五种：一是单纯托育服务模式，指主要提供托育服务的社会机构；二是托幼一体化模式，即幼儿园办托班，多接收2~3岁的婴幼儿；三是家庭托育服务模式，即家庭托育点供给小规模的托育服务；四是早教机构转型的托育机构，往往还保留早教业务模块；五是其他模式，一般包括福利托育模式，即工作场所提供托育服务和社区托育服务模式。调查数据显示：①就全省而言，幼儿园托班模式是主要供给模式，76.3%的托育服务机构是幼儿园托班，单纯托育服务模式是次要供给模式，占比15.83%，早教机构托班（5.82%）、家庭托育服务模式（1.57%）和其他模式

（0.49%）占比较小；②各地托育服务供给模式存在一定差异。大部分地区多以幼儿园托班为主要供给模式，但郑州、三门峡、周口、商丘市场化托育服务供给（托育机构+早教机构托班）占比较高，分别占各地机构总数的60.17%、85.72%、82.50%和56.06%。值得注意的是，鹤壁市的家庭托育点模式占比相对其他城市较高（见表4）。

表4　河南省各地托育服务供给模式分布　　　　　　　　　单位：%

区域	托育机构	幼儿园托班	家庭托育点	早教机构托班	其他
郑州	49.47	38.50	0.80	10.70	0.53
开封	12.70	79.37	1.59	6.35	0.00
洛阳	10.22	77.15	7.53	4.84	0.27
平顶山	10.56	84.51	0.00	4.93	0.00
安阳	5.93	93.63	0.00	0.22	0.22
新乡	9.66	86.96	0.00	3.38	0.00
鹤壁	6.78	79.66	10.17	1.69	1.69
焦作	7.09	87.40	0.79	4.72	0.00
南阳	9.72	85.42	0.69	3.47	0.69
许昌	5.74	89.47	0.00	4.78	0.00
漯河	18.18	50.00	0.00	27.27	4.55
信阳	8.23	82.91	0.00	7.59	1.27
三门峡	71.43	14.29	0.00	14.29	0.00
商丘	40.91	40.91	1.52	15.15	1.52
驻马店	8.77	84.21	0.00	7.02	0.00
周口	52.50	17.50	0.00	30.00	0.00
濮阳	25.00	41.67	0.00	16.67	16.67
济源	3.68	93.38	0.74	2.21	0.00
全省合计	15.83	76.30	1.57	5.82	0.49

资料来源：2020年河南省卫生健康委托育服务供给状况调查数据。

从举办性质来看，托育服务机构以民办为主，87.20%的托育服务机构为民办或民办公助；公办托育机构次之，比重为11.61%；企事业单位办、集体办以及其他性质的托育服务机构占比较小。在各地市之间托育服务机构的性质也存在一定差异。漯河、三门峡两市的托育服务机构均为民办，比重高达100%，其他地区则是以民办为主，辅以其他性质的托育服务机构。濮阳、安阳、济源公办托育服务机构占比较高，比重分别达到 25%、22.20% 和 18.38%。企事业单位办、集体办和其他性质的托育服务机构仅分布于洛阳、平顶山、新乡、焦作、信阳和周口六市，其中仅有洛阳和焦作两市存在集体办性质的托育服务机构。洛阳市企事业单位办托育服务机构占市内机构总数的比重较高，为 4.84%。

二、河南省托育服务发展面临的问题

（一）备案完成率低，管理体制不顺

从全省情况来看，虽然大多数的托育服务机构都已经登记在册，但选择的登记机构并不统一，有教育部门（55.77%）、市场监管部门（21.20%）以及民政部门（17.88%），还有少量的机构在编制和其他部门登记注册。按照相关规定，托育机构需要在卫健部门进行备案，截至 2020 年底，仅有 137 家机构完成备案，备案率极低。考察备案不成功的影响因素发现，均为托育服务机构的基础设施未达标。具体来说，主要包括以下三种情况：一是托育服务机构未取得托幼机构卫生评价报告，占比 40%；二是托育服务机构未取得消防安全检查合格证明，占比 21.54%；三是托育服务机构未取得食品经营许可证，占比 9.23%。由此可以发现，托育机构的登记机关和备案管理机关不一致，开办过程中还要对接多个相关部门。另外，实地走访中得知，托育机构在日常运营中还会受到街道办事处、市场监管部门、社区服务站、派出所等的检查和管理。托育机构存在"多头交叉管理"的现象，管理体制不畅通，造成行政资源浪费的同时也不利于具体监管工作的开展。

（二）发展资金短缺，机构运营困难

相关调查显示，72.79% 的托育机构有融资或借贷需求，但仅有 15.31% 的机构成功融资，主要融资渠道包括银行贷款、朋友借款和信用卡借贷。从投资回收情况来看，绝大部分托育机构没有收回投资资金，占比 93.65%，仅有 6.35% 的机构收回投资资金，说明大部分的托育机构仍处于亏损状态，运营状况堪忧。2020 年以来，受新冠肺炎疫情影响，托育服务行业遭受了重大的打击。面对新冠肺炎疫情，托育机构最主要的支出压力来自物业房租方面，主要包括租金、水电费等，排名第二的是员工成本，排第三位的压力是家长退费。此外还有偿还贷款、房屋维修、防疫物资储备等支出压力（见表 5）。

表5　新冠肺炎疫情防控期间托育机构主要支出压力情况　　单位：%

重要程度	主要支出压力	比例
第一位	物业房租	45.66
	员工成本	32.88
	家长退费	14.61
第二位	员工成本	38.36
	物业房租	36.07
	家长退费	17.35
第三位	家长退费	47.03
	员工成本	21.92
	偿还贷款	15.07

资料来源：2020年河南省卫生健康委托育服务供给状况调查数据。

（三）入托率较低，2岁半以上居多

2019年人口与家庭动态监测数据显示，96.58%的3岁以下婴幼儿未入托育机构，实际入托率仅为3.3%，已入托的3岁以下婴幼儿年龄均在2岁以上。进一步分析已入托的婴幼儿发现，实际入托年龄在2岁以下的婴幼儿不到一成（0.84%），2.86%的婴幼儿在2岁到2岁半入托，17.51%的婴幼儿在2岁半到3岁入托，78.79%的婴幼儿在3岁后入托。

进一步分析分年龄段婴幼儿选择托育机构的因素（见表6），发现"距离近""师资条件好""费用合理"是家长主要考虑的因素，分别占比74.51%、38.42%、32.85%。进一步分析发现，在"硬件设施好""师资条件好""卫生条件好""伙食好""周围人都说好"这5个因素上，2岁半以下的婴幼儿所占比例最高，表明家长在选择托育机构时更加看重托育机构自身的硬件软件设施和口碑；在"距离近"和"收费合理"这两个因素上，3岁及以上的婴幼儿所占比例最高。

表6　分年龄段婴幼儿选择托育机构的因素　　单位：%

年龄	距离近	师资条件好	费用合理	卫生条件好	硬件设施好	伙食好	周围人都说好	可以接受这个年龄的孩子	其他	放学时间晚	周围其他的上不了
2岁半以下	42.86	42.86	14.29	57.14	28.57	28.57	28.57	0	0	0	0
2岁半到不满3岁	59.09	36.36	27.27	13.64	18.18	27.27	9.09	13.64	4.55	9.09	0

续表

年龄	距离近	师资条件好	费用合理	卫生条件好	硬件设施好	伙食好	周围人都说好	可以接受这个年龄的孩子	其他	放学时间晚	周围其他的上不了
3岁及以上	75.02	38.43	33.09	25.07	17.79	17.14	8.48	4.52	2.4	1.29	1.01
合计	74.51	38.42	32.85	25.04	17.86	17.41	8.62	4.67	2.42	1.44	0.99

资料来源：2020年河南省卫生健康委托育服务供给状况调查数据。

综上可以看出：第一，河南省目前3岁以下婴幼儿的入托率低，为3.3%；第二，大部分婴幼儿实际入托年龄在2岁半之后，占比96.30%；第三，大部分家长选择民办托育机构，这从侧面显示出了公办托育机构的市场缺位；第四，随着孩子年龄的增长，家长选择托育机构的影响因素明显不同，关注点从托育机构的自身建设方面转向了更现实的距离和收费方面。

（四）从业人员不足，缺乏稳定性

目前，河南省托育从业人员仅2.7万人，其中保育人员约1万人，占37%。"七普"数据显示，河南常住人口9937万人，按4个托位/千人计算，需设立约40万个托位。按照保育人员与托位1:3至1:7人配备，保育人才需求量在8万人左右，缺口7万人。此外托育从业人员还存在以下问题：一是部分机构人员结构不完整，32.95%的机构不区分教师和保育员，11.63%的机构没有保健人员，35.63%的机构没有保安人员，儿童的安全工作需要进一步引起重视；二是托育从业人员的持证率不高，保教人员和教师更多的是持有教师资格证，分别占56.01%和67.78%，而保育员更多持有的是保育员证，占59.58%；三是托育从业人员的收入水平不高，各机构之间差距较大，1500~7500元/月不等，且岗位之间存在一定差异；四是虽然托育从业人员整体受教育程度较高，89.82%的从业人员是大专及以上学历，其中以大专和本科学历居多，占比均为42.91%，研究生学历仅占4%；五是托育机构以民办为主，缺少托育教师的专业职称评价体系和专业教师职业生涯规划，晋升渠道不明确，教师发展空间有限，再加上工资低、工作时间长和工作压力大，导致从业人员职业忠诚度不高，流失严重。

（五）课程标准不统一，种类繁杂多样

调查数据显示，41.54%的托育机构使用单一课程，其中69.44%的机构使用的是自主研发课程体系，29.63%的机构使用的是蒙特梭利课程体系。另有58.46%的托幼机构使用多元的课程设置，但还是以自主研发课程体系（70%）和蒙特梭利课程体系（50.77%）为主。总的来说，当前国内的托育机构课程设置呈多样化，以自主研发和借鉴外国的课程体系为主，尚未形成统一的适合国内0~3岁婴幼儿的课程体系，进而阻碍托育从业人员课程教学相关培训无法统一标准化、规范化。

（六）托育需求行为不一致，制约因素多元化

育龄妇女想把孩子送到托育机构的主要原因是"希望得到专业的照护"和"让孩子有玩伴"，分别占比59.54%和45.42%，表明有托育需求的家长比较注重科学育儿和孩子的朋辈陪伴。然而，在调查现在就想把孩子入托但没有实现的原因中发现，51.85%是因为"孩子年龄太小"家里人不让送或者机构不接收，仅有14.81%是因为距离太远或者附近没有，11.11%是因为收费太高。在不想送孩子入托的原因中，最主要的原因就是"孩子年龄太小"和"有人照看没必要送"，分别占比80.19%和50.77%。进一步分析影响育龄妇女选择托育机构的因素发现，家长在选择托育机构时，主要考虑的因素是"安全条件""离家距离""师资能力""生活环境""卫生状况"这五个方面。由此可以看出，育龄妇女是否将孩子送托受家庭看护条件、孩子年龄和机构情况等多方面的因素制约。

三、河南省托育服务发展的对策建议

（一）服务体系：构建多层次、全方位的婴幼儿托育服务体系

就目前社会形势来看，婴幼儿托育服务需求是一种基本的、刚性的、普遍的民生需求。建立婴幼儿托育服务体系，是推动实现"幼有所育"的重要制度保障。首先，完善托育服务发展的制度体系，确立行业标准，明确准入机制，对服务机构质量和服务人群进行常规检查和定期评估，消除服务监管盲区；统筹规划服务体系建设，在托育服务需求评估和预测的基础上，对资源配置和布局进行精准安排。其次，推进婴幼儿托育服务建设纳入国家民生发展规划和基本公共服务范畴，鼓励各级政府通过财政补贴、税费优惠、政府购买服务等方式，引导社会力量提供方便可及、价格合理的婴幼儿照护服务。最后，立足社区，加强婴幼儿照料服务设施与社区服务中心的有效衔接，提供夜间托管、日间托管、工作日托管和临时托管等服务，满足育龄家庭多层次的实际需求。

（二）监督管理：明确职责，多举措规范托育服务行业管理

托育服务作为一个"再回暖"的行业，面临着巨大的机遇和挑战。2019年

以来，托育机构如雨后春笋般涌现，开办模式多样化，大型机构"各自为政"，小型机构"无证驾驶"，托育机构发展迅速而托育监管滞后，由此带来了一系列的问题，比如托育机构品质不一，不利于托育服务的公信力建设；家庭托育点证件不齐，难以备案，容易形成监管漏洞等。加强托育机构的监督管理，一方面可以让家长放心将孩子送托，提高入托率；另一方面有利于规范托育机构的建设运营，促进托育服务行业的长远良性发展。此外，托育服务的发展需要多部门的联动支持，需要加强法律、政策等顶层设计，明确各部门职责，建立联席会议或办公制度，大大降低托育机构开办成本的同时规范托育服务行业管理。

（三）模式创新：探索医育结合托育服务发展新模式

目前，国内的托育机构核心业务主要集中在"保育和教育"两个方面，身处全民健康时代，婴幼儿的健康及营养问题也需引起重视。上海市在《上海市托育服务三年行动计划（2020—2022年）》中率先提出"教养医结合"育儿指导模式，强调教育、卫生等部门的协同合作，为婴幼儿家庭提供全方位、公益性的科学育儿指导。立足托育机构，此模式同样具有实用性。托育机构的主管部门是卫生健康委，医疗资源丰富，为构建"医育结合"的服务模式提供了可行性。已备案的托育机构可通过主管部门与邻近的医疗机构对接，为3岁以下婴幼儿提供"保育+教育+医疗保健"三位一体的照护服务，创新托育服务新特色。托育机构在孩子初始入园时即为每一个婴幼儿建立健康档案，定时落实会诊制度，积极开展预防接种，进行合理膳食营养分析，将医疗服务与托育服务有效地融合起来（梁莹等，2021）。"医育结合"托育服务模式的探索，不但有利于激发卫健部门的职能优势，提升托育机构的服务品质，还能在保证婴幼儿健康成长的同时增加家长对托育机构的信任度，进而促进托育服务的良性发展。

（四）师资培养：严格准入，提升托育行业专业师资力量

资质审查缺漏、职前培养缺失、职后培训缺位是当前我国托育服务机构及其教师所面临的主要困境（蔡迎旗等，2020）。托育从业人员的资质证书主要以幼师资格证和育婴师证为主，前者更适用于3~6岁幼儿，后者含金量不高。目前仅部分高职和师范院校的学前教育专业在进行0~3岁儿童早期教育师资培养，新开设托育相关专业的学校较少，且学生还未毕业进入社会。已在托育岗位工作的从业人员获得的证书大多是经短期培训获得，获社会认可度较低。为提升托育机构的服务质量，应严格规范从业人员的准入，加强专业人才的培养，同时还要注重从业人员的职业道德建设。

（五）课程设置：打造统一标准的"本土化"托育课程体系

我国各类托育机构种类繁杂，有仿制幼儿园模式的综合性机构，也有以发展幼儿音乐、美术、感觉统合训练等专项潜能为主的特色性机构。托育机构课程设置呈多样化，以自主研发和借鉴外国的课程体系为主，课程普遍存在理论简单嫁接、内容重教轻养、方法拘泥于形式等问题，导致保教质量难以保证，且尚未形成统一的适合国内0~3岁婴幼儿的课程体系，影响托育从业人员课程教学相关培训的统一化、标准化、规范化。我国可通过吸取国外0~3岁婴幼儿先进的教育理念，结合我国本土实际情况与0~3岁婴幼儿切实需求，打造具有中国特色的托育理论基础、学习领域、教学方法等一体化的0~3岁婴幼儿课程体系。另外，目前许多民营机构都有自主研发课程，可考察其课程是否具有科学性、普适性及推广价值，应统一纳入教学管理和质量考核。

（六）家庭宣传：发放"托育券"，提高家庭送托意愿

从现实情况来看，全社会尚未形成科学的育儿观念，婴幼儿照护的主体仍然是家庭，照护人员多是母亲或祖辈，许多家庭没有送托意愿或者有意愿但由于各种原因没有送托成功，托育机构往往面临招生困难的窘境。目前全国0~3岁婴幼儿的入托率仅为4%，远低于一些发达国家50%的比例（杨雪燕等，2019）。托育机构迫切需要能从政府层面加强宣传，提高家庭送托意愿。因而，可以探索通过发放家庭托育券等方式，降低家庭养育成本，提高家庭托育消费意识。

参考文献

［1］卞红梅. 城镇地区0~3岁婴幼儿托育供需现状分析与对策——以扬州市为例［J］. 和田师范专科学校学报，2021，40（4）：80-85.

［2］蔡迎旗，王翌. 欧洲国家0~3岁婴幼儿保教服务质量提升行动及其启示［J］. 学前教育研究，2020（12）：3-15.

［3］洪秀敏，陶鑫萌. 改革开放40年我国0~3岁早期教育服务的政策与实践［J］. 学前教育研究，2019（2）：3-11.

［4］梁莹，唐湘利，陈强. 医育结合 幼有所托［N］. 广西日报，2021-07-19（009）.

［5］杨雪燕，高琛卓，井文. 典型福利类型下0—3岁婴幼儿托育服务的国际比较与借鉴［J］. 人口与经济，2019（2）：1-16.

B.8 河南人口受教育状况发展报告

——基于全国人口普查数据的分析

张 侃[*]

摘 要: 人口受教育程度是衡量某一地区人口质量的重要指标,也是一个地区教育事业发展状况最直观的体现。河南作为人口大省,始终坚持实施"科教兴豫"和"人才强省"战略,大力推进教育事业的发展,将大力提高全省人口综合素质、提升人口受教育程度作为河南经济社会发展的基础性工程,教育事业发展取得了里程碑式的巨大成绩,人口素质得到了跨越式提升。河南正在稳步从人口大省向人力资源强省迈进。但由于河南"人口多、底子薄"的基本省情,河南的人口受教育状况仍面临着与全国水平差距较大、区域内不均衡状况严重等问题。河南需要直面人口受教育程度不平衡、不充分的问题,通过加大投入、完善制度、提高效率,推进公共教育事业的均衡化、高质量发展来实现河南人口受教育水平的持续提升。

关键词: 人口;受教育状况;河南

人口受教育程度是人口状况的重要特征之一,其一方面是衡量某一地区人口质量的重要指标,另一方面也反映出了当地教育事业的发展水平,是一个地区教育事业发展状况最直观的体现。[①] 改革开放以来,作为人口大省的河南,始终坚持实施"科教兴豫"和"人才强省"战略,大力推进教育事业的发展,将大力提高全省人口综合素质、提升人口受教育程度作为河南经济社会发展的基础性工程,教育事业发展取得了里程碑式的巨大成绩,人口素质得到了跨越式提升。河南正在稳步从人口大省向人力资源强省迈进。

2021年5月,第七次全国人口普查数据显示,河南的人口发展出现了一系列

---

* 张侃,河南省社会科学院社会发展研究所副研究员。

① 黄晨熹.1964-2005年我国人口受教育状况的变动——基于人口普查/抽查资料的分析 [J].人口学刊,2011 (4):3-13.

新的趋势，一方面人口总量虽说增速在持续放缓，但是总量仍在持续增长，另一方面人口老龄化程度在快速加重，少子化问题突出。在这个人口发展的关键节点上，河南亟须从以往以数量型人口红利为主的第一次人口红利期向以人口受教育水平提升、综合素质增强、人力资本积累推动的质量型和配置型人口红利为主的第二次人口红利期过渡，以主动转换新的人口发展策略为契机，推动河南经济社会发展的转型升级。而这其中最为核心的就是河南人口受教育水平的持续改善和提高。河南也意识到了这一点，在河南"十四五"规划中就专门列出第十三篇来专门规划安排"全面提高人力资本素质"，可见对此的重视。本文即是基于这一背景而开展的针对河南人口受教育状况的分析研究，拟以历次全国人口普查数据，特别是21世纪以来的第五、第六、第七次全国人口普查数据为基本依据，通过对二十多年来河南人口受教育状况发展趋势的梳理，探寻发展特点，厘清发展中面临的问题，并在此基础上尝试提出"十四五"时期河南有效化解问题、持续提升人口受教育水平的路径和对策。

一、从人口大省向人力资源强省的迈进：河南人口受教育状况发展趋势分析

据"七普"数据显示，河南省常住人口为99365519人，与"六普"数据相比增长了5.68%，年均增长率为0.55%。① 而河南也是中部六省中唯一占全国人口比重上升的省份，比十年前上升了0.2%，稳居全国人口总量第三的位置。改革开放以来，河南省委、省政府高度重视河南教育事业的发展，从基础教育和高等教育两个层面同时发力，一方面夯实基础惠及全民，另一方面大力提升高等教育规模和质量，力求让越来越多人接受到更优质的高等教育，河南教育事业的发展取得了历史性的成就，河南也逐渐从人口大省向人力资源强省转变，人口的综合素质、受教育水平都得到了快速提升。

（一）人口受教育水平快速提升

2000年以来，河南人口的整体受教育水平得到了快速提升，最大的标志就是人口总体中拥有大学（指大专及以上）文化程度和高中（含中专）文化程度的绝对人口数量得到了显著提升。从表1可以看出，2000~2020年的二十年间，

---

① 河南省第七次全国人口普查公报（第一号）［EB/OL］. 河南省统计局官网，http://www.ha.stats.gov.cn/tjfw/tjsj/，2021-05-14.

河南6岁及以上人口中，具有高中（含中专）文化程度的绝对人口数量增加了64.46%，具有大学（大专及以上）文化程度的绝对人口数量更是增加了378.37%。据"七普"数据显示，河南省常住人口为99365519人，具有高中（含中专）文化程度的人口占到了总人口的15.24%，具有大学（大专及以上）文化程度的人口占到了总人口的11.74%。

表1 河南省6岁及以上人口受教育程度发展趋势

受教育程度	2000年（人）	2010年（人）	2020年（人）	2000~2020年增幅（%）
小学	30321740	22669174	24400943	-19.53
初中	35919247	39925272	37279870	3.79
高中（含中专）	9207135	12423541	15142251	64.46
大学（大专及以上）	2439521	6016007	11669874	378.37

资料来源：根据全国第五、第六、第七次人口普查资料计算所得。

从学历结构上看，由于教育自身的长期性和一定的滞后性，我们把观察的时间拉长，就更能发现河南人口整体学历结构不断优化的趋势。从图1可以看出，1964年以来，河南人口文盲率快速下降，小学人数比例有一个明显的增加，在出

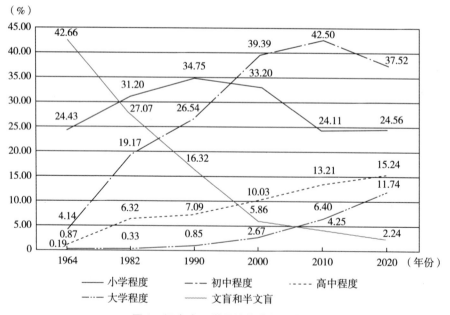

图1 河南人口学历结构变化示意图

资料来源：根据历次全国人口普查资料和历年《河南统计年鉴》数据整理。

现一个外凸的弧形升高后达到了一个平稳的状态，初中和高中学历的人口比例都得到了显著而又持续的提升，大学学历的人口比例在进入21世纪后开始发力，出现了明显的持续提升。综合来看，无论是绝对数量上的人口受教育程度还是人口的学历结构都得到了快速的提升和持续的优化，标志着河南人口受教育水平和整体素质的不断提升。

（二）人口平均受教育年限持续增加

人口平均受教育年限是衡量一个地区整体人口素质提升的重要指标。伴随着河南经济社会的快速发展，公共教育事业的飞速提升，河南的人口平均受教育年限也得到了快速增加。2020年河南省常住人口中，15岁及以上人口的平均受教育年限达到9.79年，相比于六普数据增长了9.39%，比全国9.14%的增长速度快了0.25个百分点，显示出了河南人口整体受教育水平的快速提高。以每10万人拥有的各级受教育程度的人数来看，受教育程度也呈现快速提升的态势。2020年河南每10万人中，受过大学（大专及以上）教育的人数达到11744人，受过高中（含中专）教育的人数达到15239人，受过初中教育的人数达到37518人，受过小学教育的人数达到24557人。而在21世纪初的2000年，河南每10万人中，受过大学教育的人数只有248人，受过高中教育的人数为928人，受过初中教育的人数为3646人，受过小学教育的人数为3073人。可以看出，20年间，受过大学教育的人数增长了约47倍，受过高中教育的人数增长了约16倍，受过初中教育的人数增长了约10倍，受过小学教育的人数增长了8倍。其中尤以受过高层次的大学教育的人数增长速度最为迅猛。

（三）基础教育全面普及，均衡化高质量发展势头强劲

河南人口素质的快速提升，得益于河南公共教育事业的飞跃式发展。基础教育在提升河南全民受教育水平方面发挥了根本性的作用。21世纪以来，河南的基础教育发展迅猛，规模持续扩大，覆盖面不断延伸，同时均衡化高质量的发展也逐渐成为近年来的发展主流。义务教育方面，2000年全省"普九"地区人口覆盖率达到93%；2007年12月，河南"两基"工作通过国家验收，基本实现了义务教育的全面普及和全覆盖。[①] 2020年，河南全省九年义务教育巩固率96%，小学学龄儿童净入学率100%，小学毕业升学率99.92%，初中阶段毛入学率107.17%。[②] 2001年，国务院发布《关于基础教育改革与发展的决定》，义务教

---

① 王日新，蒋笃运. 河南教育通史［M］. 郑州：大象出版社，2004：396.

② 河南省教育厅关于印发2020年河南省教育事业发展统计公报的通知［EB/OL］. 河南省教育厅官网，http：//jyt. henan. gov. cn/2021/03-24/2114107. html，2021-03-24.

育的发展重心由此开始向均衡化、高质量发展转变。河南也立足于本省人口多、底子薄、区域间发展极不平衡的省情特点，有步骤地开展义务教育"全面改薄"工程，逐步推进义务教育区域间、城乡间的均衡高质量发展。到 2020 年，河南已经有 138 个县（市、区）成为全国义务教育发展基本均衡县（市、区），占河南县级行政区划的 87%。2021 年中共中央办公厅、国务院办公厅印发《关于进一步减轻义务教育阶段学生作业负担和校外培训负担的意见》，拉开了新的以减轻义务教育阶段学生负担，进一步推进义务教育阶段教育公平，彰显公益性、全民性、普惠性的教育改革大幕，为在人口老龄化、少子化的新形势下更好地推进基础教育的良性发展、助推国家新人口政策的有效实施奠定了坚实基础，也为河南进一步推进义务教育的均衡高质量发展指明了方向。

在夯实义务教育基础的同时，高中教育也得到了蓬勃发展。首先是数量上，办学规模快速扩张，在校生人数在 2002 年首次超过了 100 万人，2006 年超过了 200 万人，到 2020 年在校生人数达到 368.6 万人。其次是质量上，办学条件得到了持续改善，2020 年普通高中学校校舍建筑面积 3828.53 万平方米，比 2006 年增加了 67.97%；专任教师学历合格率 98.27%，比 2006 年提升了 15.38%；生师比为 15.18∶1，比 2006 年提升了 6.76。[①] 此外，高中阶段毛入学率得到了快速提升，2020 年高中阶段的毛入学率达到 92.01%，是 2000 年的 2.35 倍，河南高中阶段教育已经实现了全面普及（见图 2）。

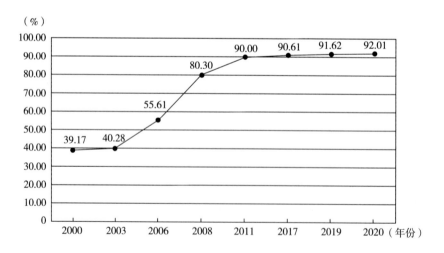

图 2　河南省高中阶段毛入学率变化示意图

资料来源：历年《河南省教育事业发展统计公报》。

---

① 根据历年《河南省教育事业发展统计公报》整理。

（四）高等教育入学率快速提升，实现了从精英教育到大众化教育再到普及化教育的三连跳

河南是人口大省，但是受过高等教育的人口长期处于十分匮乏的状态，在中华人民共和国成立之初，河南省只有1所高校，青壮年文盲率达80.01%，受过高等教育的人更是寥寥无几。中华人民共和国成立70多年来，特别是改革开放以来，河南的高等教育发展速度迅猛，成果丰硕，取得了跨越式的大发展，为助推河南经济社会发展，实现河南从人口大省向人口强省的转型提供了核心动力。高等教育的发展具体可以从数量和质量两个方面来看。数量方面，河南高等教育规模不断扩大，毛入学率快速增长。2020年，全省普通高等学校151所，比1978年的24所增加了6.3倍；本专科在校生249.22万人，比1978年增加了91倍；在校研究生69359人，比1978年增加了499倍；普通本专科学校校均规模16499人，比1978年增加了18倍。伴随着规模数量的持续扩张，河南的高等教育毛入学率也得到了快速提升，2004年首次突破15%，标志着河南高等教育实现了从精英教育到大众化教育的跨越；2020年首次突破50%，标志着河南高等教育实现了从大众化教育向普及化教育的跨越，21世纪河南的高等教育发展实现了三连跳。2020年河南每10万人中具有大学教育程度的人数达到11744人，是1949年中华人民共和国成立时的143倍（见图3）。

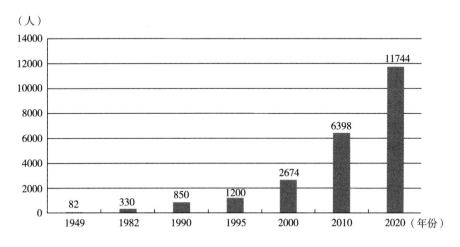

图3 河南省每10万人中具有大学教育程度人口变化趋势

资料来源：根据历年河南全国人口普查数据整理。

质量方面，河南的高等教育学校布局结构不断优化，高等教育的内涵式高质量发展持续深入。中华人民共和国成立之初，全省只有1所高校，高等教育资源匮乏，根本谈不上布局。改革开放之初，全省的高等学校主要集中在郑州、开封、洛阳等少数几个省内主要城市，发展至今，全省 18 个省辖市都有了高等学校，其中 13 个省辖市有本科高校，全面广泛的布局，让高校为地方社会服务的职能得以充分发挥，为河南各地的经济社会发展提供了坚实的支撑。① 在高质量发展方面，河南的郑州大学于 1996 年成为国家"211"工程建设院校。2017 年，郑州大学成为"双一流大学建设高校"，郑州大学和河南大学一共有 4 个学科入选"双一流建设学科"，这也成为新时期河南高等教育高质量发展的一个新的开始。此外，河南的教学和科研水平也得到了持续提高，优势特色学科建设工程深入推进，成效显著，到 2019 年河南有 10 所高校的共 21 个学科进入 ESI 全球前1%。② 目前，河南依托高校建设国家级"2011 协同创新中心"6 个，国家大学科技园 2 个，国家重点实验室（培育基地）6 个，国家工程（技术）研究中心 6个，国家国际联合研究中心 7 个，国家（地方联合）工程实验室 11 个，教育部重点实验室 12 个，教育部工程研究中心 7 个，教育部人文社科重点研究基地 2个（含省部共建）。③ 高校在高精尖科技创新研发方面已成为河南绝对的主力军。

二、人口素质发展的不平衡与不充分：河南人口受教育状况发展面临的问题分析

河南的人口受教育水平和公共教育事业的发展在改革开放以来特别是 21 世纪以来取得了快速发展，成果丰硕，可是总体来看还有很多不足。具体来说，主要存在以下两个方面的问题：一是虽说纵向来看河南的人口素质和教育事业发展成果显著，但是和全国整体水平来比，仍有不小差距，即人口素质发展的不充分问题；二是由于河南内部区域发展的不平衡，导致人口受教育水平和公共教育事业发展水平参差不齐，影响了河南发展的整体效果，即人口素质发展的不平衡问题。

---

① 张侃 . 河南省教育事业发展研究报告［M］//何雄，谷建全 . 河南人口发展研究报告（2020）. 北京：经济管理出版社，2021：163.

② 我省 10 所高校的共 21 个学科进入 ESI 全球前 1%，你知道吗？［EB/OL］. 搜狐网，https：//www.sohu.com/a/337990086_ 503494，2019-09-01.

③ 2019 年河南省教育事业发展统计公报［EB/OL］. 河南省政府官网，http：//www.henan.gov.cn/2020/04-13/1316794.html，2020-04-13.

（一）人口整体受教育水平与全国水平还有较大差距

河南的一个基本省情可以概括为"人口多、底子薄"，虽说历经了中华人民共和国成立70多年的发展、改革开放以来40多年的奋斗，但是这一基本底色仍将长期存在。其中一个典型表现就是从总量上来看河南在全国排名前列，但是从人均、质量上来看在全国仍处于中下游水平。人口素质的发展也呈现出这一特点。"七普"数据显示，河南具有大学文化程度和高中文化程度的人口都得到了快速提升，具有大学文化程度的人口占总常住人口的15.13%，具有高中文化程度的人口占总常住人口的14.76%，而全国具有大学文化程度的人口占总常住人口的15.47%，具有高中文化程度的人口占总常住人口的15.09%，河南的大学文化程度和高中文化程度人口占比分别比全国水平低了0.34个和0.33个百分点。而且据"七普"数据显示，每10万人口中的各层级受教育程度人数方面，河南与全国水平也有结构性的差异（见图4）。在高中、初中和小学阶段的受教育人数上，河南与全国水平基本持平，甚至还有一些超越，比如初中程度人口就比全国水平多了3011人，说明河南普惠性、全覆盖性义务教育发展的成效显著。但是在受高等教育人口数量上，与全国水平还有不小的差距，比全国水平少了3723人，这反映出了河南人口资源的一个短板，即高学历、高素质人才数量不足，整体受教育水平偏低。

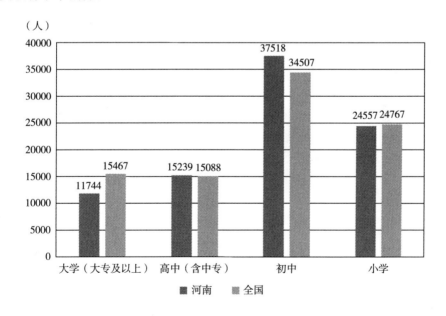

图4 2020年河南与全国每10万人中各阶段受教育程度人数比较

资料来源：《河南省第七次全国人口普查公报》。

（二）人口受教育状况省内区域间差异较大

河南内部各地区之间的自然条件、经济社会发展差异较大，这也导致了教育事业发展区域不平衡问题突出，进而使得河南不同区域之间人口受教育状况差异较大。以全省不同地区具有高中文化程度和大学文化程度的人口数量这两组数据为例来进行分析。由图5可以看出，各地区具有高中文化程度的人口数差异巨大，最高的是济源，具有24488人，2万人以上的还有焦作和新乡，郑州有18436人，全省排第五名；具有高中文化程度人口数最少的是周口市，只有11902人，还不到济源的一半。而在常住人口方面，周口总人口是济源的12.4倍，可见两个城市之间人口受教育状况的差距。总体上来看，高中文化程度人口高于河南平均水平的有7个城市，低于的有11个城市，区域间的不平衡还是比较严重的（见图5）。

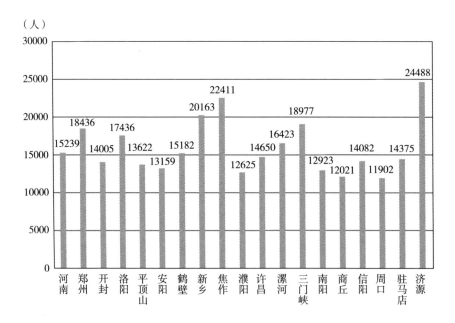

图5　2020年河南省各地区每10万人口中拥有高中教育程度的人口数

资料来源：《河南省第七次全国人口普查公报》。

由图6可知，省内各地区拥有大学教育程度的人口同样呈现出严重不均衡的分布状态。郑州市作为省会和经济社会发展水平最高的城市，拥有的大学教育程度的人口最多，和其他17个地市拉开了比较大的距离，排名第一的郑州（28992）比排第二名的济源（18572人）多了10420人，而有8个城市每10万人口中拥有大学教育程度的人数都还没有超过 10000 人。拥有大学教育程度人口最少的是周口市，仅有 6085 人，郑州拥有大学教育程度的人口数是周口的 4.8 倍。拥有大学教育程度人口数达到河南平均水平以上的仅有郑州、济源、洛阳、焦作、三门峡这 5 个城市。还有一个值得关注的现象是，地区经济发展程度和地区受教育程度高的人数之间出现了普遍不一致的情况，只有郑州和洛阳这两个城市的经济发展程度和拥有大学教育程度人口数量之间比较匹配，其他城市都有或多或少的错配现象，比如拥有大学教育程度人口数第二多的济源，在 2020 年全省 18 个地市 GDP 排名中排第 18 名，而 GDP 全省排第 5 的周口拥有大学教育程度人口数却排第 18（见表 2），这种现象充分显示出了河南产业发展的低层级，以及经济增长乏力、产业发展后劲不足问题。

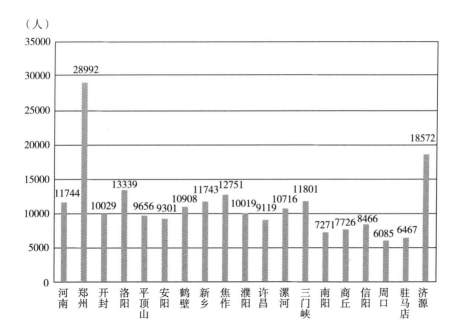

图 6　2020 年河南省各地区每 10 万人口中拥有大学教育程度的人口数

资料来源：《河南省第七次全国人口普查公报》。

表 2　河南省各地市经济发展排名和受教育程度排名

地区	2020 年 GDP 排名	2020 年每 10 万人拥有大学教育程度人口排名
郑州	1	1
洛阳	2	3
南阳	3	16
许昌	4	13

地区	2020 年 GDP 排名	2020 年每 10 万人拥有大学教育程度人口排名
周口	5	18
新乡	6	6
商丘	7	15
驻马店	8	17
信阳	9	13
平顶山	10	11
开封	11	9
安阳	12	12
焦作	13	4
濮阳	14	10
漯河	15	8
三门峡	16	5
鹤壁	17	7
济源	18	2

资料来源：《河南省第七次全国人口普查公报》。

三、推进公共教育事业均衡化、高质量发展：新时代河南持续提升人口受教育水平的路径分析

在 2021 年 9 月召开的河南省委工作会议上，楼阳生同志提出了河南劳动年龄人口受教育年限到 2035 年要达到 12 年、2050 年要达到 13.5 年的目标，为河南的教育事业发展和人口受教育水平提高的工作指明了方向。要实现这一目标，需要河南直面人口受教育程度不平衡、不充分的问题，立足河南"人口多、底子薄"这一长期省情，通过高度重视公共教育事业的发展，加大投入、完善制度、提高效率，推进公共教育事业的均衡化、高质量发展，实现河南人口受教育水平的持续提升。

（一）进入"后普及教育时代"的河南教育事业应加大投入、立足"高质量"发展

2020 年，河南学前教育毛入园率达到 90.3%，小学学龄儿童净入学率达

100%，初中阶段毛入学率达 107.17%，九年义务教育巩固率达 96%，高中阶段毛入学率达 92.01%，高等教育毛入学率达 51.86%。[①] 可以看出，各级教育全部进入了普及化阶段，2020 年河南教育事业全面进入了"后普及教育时代"，这是河南教育事业发展的一个历史性时刻。进入"后普及教育时代"的河南教育面临着新的挑战和任务，最核心的就是要始终坚持教育优先的发展战略，进一步加大教育投入，推进教育事业的全面高质量发展。这其中最为重要和核心的就是要进一步加大教育投入。不可否认，改革开放以来，河南的教育投入力度不断加大，2020 年全省一般公共预算教育经费占一般公共预算支出的比例为 17.74%，教育支出已成为河南省公共财政的第一大支出。[②] 但同时我们也应该看到，河南是教育大省，教育基础薄弱、教育人口众多、区域间发展不平衡问题严重，仍存在教育投入不足的问题，这从河南财政性教育经费支出占 GDP 的比重始终难以达标就可以看出。1993 年我国就提出，财政性教育经费支出要达到国内生产总值的 4%，并在 2012 年首次实现了这一目标，可是河南直到现在也没有达到这一目标。2020 年，河南国家财政性教育经费为 2189.78 亿元，占 GDP 的比重为 3.98%，仍差 0.02 个百分点。[③]

改革开放以来，河南的各级各类教育都取得了跨越式发展，规模扩张迅速，在学人数和入学率都得到大幅提升，可是教育资源不足的问题也始终存在于教育发展的全过程，各级各类教育的内涵式、高质量、精细化发展亟待提升。如何在进一步加大全省教育投入、提升教育投入的使用效率的同时大力推进各级各类教育的内涵式高质量发展，是我们推进河南教育均衡化、高质量发展进程中所要认真思考、着力推进的最为重大的问题。

（二）老龄化和少子化双重作用下的河南需要大力提升人口受教育水平

从 2000 年就进入老龄化社会的河南，近年来老龄化趋势日益凸显，65 岁及以上老年人所占比重逐年增加，从 2010 年的 8.36% 到 2020 年的 13.49%，十年间共增加 5.13 个百分点。河南的人口出生率从 2017 年到 2020 年连续四年持续下滑。老龄化加剧和少子化显现相互交织，造成河南劳动年龄人口比重持续下滑，2020 年 15~59 岁人口的比重比 2010 年下降了 7.49%，给河南这个人口大省的发展带来了巨大的隐患和挑战。人口红利的逐步消失和河南经济发展方式的转

① 河南省教育厅关于印发 2020 年河南省教育事业发展统计公报的通知［EB/OL］. 河南省教育厅官网，http：//jyt. henan. gov. cn/2021/03-24/2114107. html，2021-03-24.

② 关于河南省 2020 年财政预算执行情况和 2021 年预算草案的报告［EB/OL］. 河南省财政厅官网，http：//czt. henan. gov. cn/2021/01-22/2084432. html，2021-01-22.

③ 2020 年河南省教育经费执行情况统计快报发布［EB/OL］. 河南省人民政府官网，http：//m. henan. gov. cn/2021/05-08/2140966. html，2021-05-08.

型升级要求相结合，使得大力提升河南人口素质，提升河南人口受教育水平，从而让河南的人力资源优势从总量优势向高质优势转化，成为河南人口发展、经济社会发展的当务之急。河南的人口受教育状况呈现出的整体水平不高、发展不均衡的问题是当下最亟待解决的问题。

面对这样的人口素质形势，河南需要在大力提升人口素质和受教育水平上下大功夫，这也是推动实现新时代中原更加出彩的必由之路。要进一步提升河南教育的整体质量，基础教育阶段要大力提升质量，体现公益性，高等教育阶段则要进一步提升入学率，让更多人能够接受高等教育，提升河南人口的整体素质，并大力推进高等教育质量的提升，以培养出更多河南经济社会转型升级发展急需的高精尖人才和高层次职业技术人才。

（三）河南基础教育发展要处理好"民办和公立""公平和效率"这两对核心关系

"后普及教育时代"，河南基础教育的发展主要是要推进高质量发展和凸显公益性、公平性。这其中主要要处理好两对关系，即"民办和公办"的关系、"公平和效率"的关系。2020 年，《关于进一步减轻义务教育阶段学生作业负担和校外培训负担的意见》《关于规范公办学校举办或者参与举办民办义务教育学校的通知》等一系列文件的颁布，拉开了义务教育阶段全面深化综合改革的序幕，也开启了新时代义务教育高位优质均衡化发展的全新改革之路。

河南的基础教育要实现高质量均衡化发展，就一定要充分贯彻执行好中央文件精神，处理好"民办和公办""公平和效率"的关系。一定要坚持公立教育为主，民办教育为有益补充的基本原则，强调基础教育的公益性、公平性。对于基础教育来说，在保证公平性的前提之下谈效率才有意义，否则效率将毫无意义；对于基础教育来说，只有公立教育实现了全覆盖、实现了优质均衡、实现了高质量发展，民办教育提供的多样化选择才有价值和意义。

（四）河南高等教育发展要大力推进内涵式发展，不断提升自身特色和竞争力

准确把握河南高等教育的特点是更好地推进河南高等教育良性发展的基础。河南高等教育发展的特点就是规模庞大但整体质量有待提升。要想改变这种大而不强的局面，只能通过大力推进内涵式发展和特色发展来不断提升自身的质量和竞争力。

一是要大力推进高校分类发展。通过对高校的分类来合理搭配高等教育层次结构，推进不同类别高校的不同发展。首先，要加快一流大学建设，以河南双一流高校建设为抓手，重点建设好 2~3 所高水平的综合性研究大学，通过这类大学的举办，把河南高等教育的层次提高上来，为河南输送经济社会发展所需要的高精尖人才。其次，要选择若干学校和学科来推进特色骨干大学、特色骨干学科建设，这个河南已经开始实施了。2020 年 11 月河南省教育厅、河南省发改委、河南省财政厅联合发布了《关于印发河南省特色骨干大学和特色骨干学科建设方案的通知》，提出"确定立项河南农业大学等 9 所特色骨干大学建设高校、信阳师范学院等 8 所特色骨干学科建设高校、河南农业大学兽医学学科群等 41 个特色骨干学科建设学科（群）"。再次，要选择一批高校实施高水平应用型本科高校建设工程，通过重点建设若干高水平应用技术类本科高校和一批立足河南经济发展结构、更好适应河南经济产业发展需要特别是当地产业发展需求的专业群，提升高校服务社会和区域产业发展的能力。最后，要选择一批高等职业学校推进其高质量发展，发挥示范引领作用。通过重点建设一批优质高等职业院校，培养出能够更好地服务区域经济发展的拥有专业技能和实际工作经验的高素质技术人才。通过这样明确的分类分层，让高校能够各司其职，多样化发展，避免高校建设的趋同化和盲目向高层次研究型大学发展。

二是要优化高等教育布局结构。通过科学制定高校设置规划，在高等教育资源薄弱、经济社会发展急需人才支撑、对高等教育布局结构具有明显补充作用的地市布局高校，构建以地市为依托、空间布局合理的高等教育发展骨干节点。

三是要大力提升各级各类高校的科学研究和创新服务能力。根据高校的分类，分别在不同类型高校中大力推进实施高校基础研究增强工程、高校社会服务水平提升工程、高校哲学社会科学繁荣计划等一系列重点建设项目，大力提升不同高校各自的符合自身定位和职能的科研创新能力和服务社会的水平，多元化推进河南省高等教育的内涵式高质量发展。

B.9 高校毕业生的就业选择及影响因素研究报告

——基于对 1136 名河南籍大学生的调查[*]

孙亚梅[**]

摘　要： 随着毕业生规模的持续扩大及新冠肺炎疫情的冲击，大学生就业形势严峻复杂，青年群体的就业选择及择业偏好也开始出现新变化。河南省是高等教育大省，却非高等教育强省，高校毕业生就业问题具有地区特殊性，如何将高校毕业生就业压力转化为青年人才资源优势是河南加强人才支撑的重要课题。本文围绕就业偏好、影响主体、择业目标、城市/地区因素、政策关注度、基层就业选择及评价这六个方面，调查了在河南省内及省外高校就读的河南籍毕业生的就业选择及影响因素。研究结果显示：河南籍高校毕业生总体就业形势较为严峻，选择继续升学的比例较大；父母是毕业生择业时最重要的影响主体，但随着毕业生人力资本的增强，父母的影响力逐渐下降；毕业生择业目标的实用性凸显，对理想职业的期待具有趋同性；在影响择业的城市/地区这一影响因素上，毕业生首先关注的是生活成本的"推力"；购房和租房优惠是最受关注的人才政策项目，且最受毕业生欢迎的是以各种形式提供的现金补贴；基层就业已成为毕业生就业的重要选项，但基层就业政策仍有待优化。

关键词： 高校毕业生；河南籍；就业选择；影响因素

---

　*　基金项目：1. 河南省哲学社会科学规划项目"豫籍大学生就业城市选择机制及政策引导研究"（2020CSH034）；2. 河南省教育科学规划 2020 年度一般课题"疫情影响下推进大学生基层就业的长效机制研究"（2020YB0091）；3. 2021 年度河南省高等学校重点科研项目资助计划项目"社会工作介入社区营造的制度与技术路径研究"（21A630036）。

　**　孙亚梅，博士，郑州轻工业大学政法学院社会工作系讲师，郑州轻工业大学社会发展研究中心研究员。

一、引言

据教育部统计，2022届高校毕业生规模将首破千万，预计1076万人，同比增加167万人。① 毕业生规模的不断扩大以及新冠肺炎疫情给就业市场带来的冲击，给青年群体的就业带来了严峻挑战。有研究指出，大学生就业受到了极大冲击，遭遇了招聘面试受阻、工作落实率下降、就业压力加大等困境，对未来经济预期也偏向悲观。② 面对大学生就业领域不断出现的新情况和新问题，保持对大学生群体的持续关注，尤其是关注新形势下大学生择业偏好的变化，显得十分必要。

高校毕业生就业问题关系国计民生，历来是社会公众关注的重要问题，也是社会学、经济学、教育学等领域关注的重要主题。高校毕业生的就业选择，既是对职业的选择，也是对城市和地区的选择；不仅关系着青年自身的成长和发展，还影响着地区的活力和未来的发展前景。现有研究指出，影响大学生就业选择的因素众多，宏观因素包括地区的经济社会环境③和教育资源分布④等，微观因素包括大学生家庭的社会经济地位、社会资本和个体的人力资本⑤等，影响机制错综复杂⑥。也有研究关注政策的影响，尤其是各地出台的人才新政的政策效果⑦⑧。

河南省高校毕业生就业问题具有地区特殊性。2021年，河南省应届普通高

① 2022届高校毕业生首破千万［EB/OL］．中华人民共和国教育部官网，http：//www.moe.gov.cn/jyb_xwfb/s5147/202111/t20211122_581508.html？authkey=boxdr3，2021-11-22．

② 李春玲．疫情冲击下的大学生就业：就业压力、心理压力与就业选择变化［J］．教育研究，2020（7）：4-16．

③ 邓峰，岳昌君．大学生就业市场景气指数的建构与分析［J］．教育研究，2021（2）：112-122．

④ 吕健，张宜慧．优质高等教育机会公平对共享发展的影响分析［J］．现代教育管理，2019（10）：7-13．

⑤ 吴克明，刘若霖，钟云华．社会资本影响大学生就业的两面性研究：理性选择理论的视角［J］．教育与经济，2021，37（4）：65-71．

⑥ 钟云华，唐芳芳，吴克明．大学生求职过程中人力资本与社会资本的互动分析——基于"理想类型"视角的个案叙事［J］．湖南师范大学教育科学学报，2021，20（4）：113-122．

⑦ 吴耀国，李双强，杜江．抢到人还是留住人：城市"抢人"政策的效果评估［J］．财经科学，2020（11）：94-107．

⑧ 刘旭阳，金牛．城市"抢人大战"政策再定位——聚焦青年流动人才的分析［J］．中国青年研究，2019（9）：47-53．

校毕业生达 70.6 万人，总量居全国第一。① 研究河南省高校毕业生就业问题至少应关注两个背景：第一，河南省人口基数大，青年就业群体规模大，面临的就业形势更为严峻；第二，河南是高等教育大省，却非高等教育强省，优质高等教育资源相对匮乏，通过高等教育就学和就业而流失的本地人才不在少数。如何留住更多的大学生，如何促进省外就学的河南籍学子回流，将高校毕业生就业压力转化为青年人才资源优势，是河南加强人才支撑、实现中部崛起的重要课题。本文就是在上述背景下开展的，期望通过对在河南省内和省外高校就读的河南籍毕业生的调查，了解其就业偏好及影响因素，为大学生择业提供参考，同时为本省制定相关政策提供建议。

二、研究方法

（一）调查对象

本文的调查对象为豫籍毕业生，即高考生源地为河南省、在河南省内或省外的高等院校就读的、于 2021 年 7 月毕业的大学生。根据院校地差异，可分为省内就读和省外就读两个子群体；根据学历层次差异，可分为专科毕业生、本科毕业生、研究生毕业生三个群体。

由于毕业生中，相当一部分将升学，而不是直接就业或创业，所以对于已确定工作的毕业生，通过调查数据反映其实际的就业情况，对于继续升学等尚未确定工作的毕业生，调查的是其就业意向。

（二）调查及分析方法

1. 问卷调查法

为发现不同层次人才的就业选择差异，本次调研使用配额抽样法，按照层次差异，将高校分为"双一流"大学、普通大学、公办学院、民办学院四个层次，在每个层次的高校中各抽取不少于 20% 的样本，同时兼顾高职高专院校毕业生，完成总样本量不少于 1000 人的抽样调查。

具体实施过程主要通过两条路径进行：一是在上述五类高校中招募调研员，请调研员将问卷链接发放至该校的老乡会、毕业班级群，邀请符合条件的豫籍毕

---

① 王勇生，杨波.2021 年河南高校毕业生全国第一，超 70 万就业［EB/OL］. 腾讯网，https：// view.inews.qq.com/a/20210813A05DQ500，2021-08-13.

业生填答；二是采用滚雪球法，请研究者熟识的豫籍毕业生将调查问卷转发至符合条件的调查对象。使用两种方法完成的问卷约各占总数的50%。

质量控制上，通过前端调查和后端核查保证问卷信度及效度。前端主要为试调查，在问卷设计完成后，请3位专家指导，并请5位准调查对象进行问卷试做，进而及时调整问卷调查内容及语句表述；后端主要为问卷核查，通过问卷内置的筛选问题剔除无效问卷180份，通过问卷逻辑核查剔除无效问卷28份，以保证数据质量。

本次调查共回收问卷1344份，剔除不合格问卷208份，共获得有效问卷1136份，合格率为84.5%。有效样本的性别、户口、就读地及就读院校分布等情况基本合理，样本结构如表1所示。

表1 样本结构

项目	分类	人数	百分比（%）
性别	男	658	58
	女	478	42
城乡来源	城镇户口	407	36
	农村户口	729	64
学历层次	大专	98	8
	本科	852	75
	硕士	156	14
	博士	30	3
就读地	河南省内	707	62
	河南省外	429	38
院校层次	"双一流"大学	302	26
	普通大学	281	25
	公办学院	257	23
	民办学院	240	21
	高职高专	56	5
就读学科	文科	566	50
	理工科	570	50
总计		1136	100

问卷设计上，本文在借鉴现有大学生就业调查的基础上，主要围绕就业偏好、影响主体、择业目标、城市/地区因素、政策关注度、基层就业选择及评价

六个方面对就业选择的影响因素展开调查。

对定量数据的分析，将利用Stata13.0软件通过描述性统计、列联表分析等方法呈现河南籍毕业生整体的就业选择，将通过方差分析、卡方等非参数检验方法比较不同学生群体的选择差异，以发现河南籍毕业生选择差异的影响因素。

2. 访谈法

在问卷调查结尾，邀请愿意接受访谈的河南籍毕业生留下联系方式。最终有100余位调查对象留下了手机号、QQ、邮箱等联系方式。为保证访谈对象的典型性和代表性，根据性别、就读层次、毕业院校等信息筛选出20人进行了访谈。访谈在线上进行，为半结构化访谈，每次访谈时长约30分钟，共积累了10余万字的访谈文字材料。

对定性数据的分析，将利用Nvivo11.0软件，通过三级编码等方法挖掘河南籍毕业生的择业过程及就业偏好，从主体性的视角剖析和解释毕业生就业选择的逻辑。

三、结果分析

（一）毕业去向及就业偏好

1. 毕业去向

本调查是在2021年6月进行的，属于大学生应已确定去向的毕业季。在1136名被调查河南籍毕业生总体中，已确定毕业去向的有798人，占70.3%。其中继续升学的比例较大，占总数的41.9%（476人），这一数据从侧面印证了近年来考研升学热的现象。毕业后已确定工作和创业的毕业生比例不到30%（322人），需要继续找工作的毕业生也不在少数，占比20.2%（229人），这反映出了疫情影响下大学生严峻的就业择业形势。2022年，高校毕业生规模将首次超过1000万，可以预见的是，未来几年青年群体将面临更大的就业压力。另外，还有不到10%的毕业生尚不清楚未来打算，甚至有少数毕业生选择"什么也不做"。大学生慢就业①、"尼特族"② 等现象在本次针对豫籍毕业生的调查中也

---

① 马力，邓阳. 高校毕业生"慢就业"探析及其对策［J］. 中国青年社会科学，2019，38（5）：93-99.

② 谭杰，吴强. 新时代下尼特族群体特征的新趋势——基于广东四个县区实证调查的分析［J］. 中国青年研究，2021（6）：84-93.

有体现，应引起关注。

2. 就业偏好

本文比较了已完成择业的毕业生的真实就业状况以及未完成择业的毕业生的就业期待，发现两者存在显著差异，主要体现在就业单位、薪资两个方面。在未完成择业的毕业生中，期望就业的单位集中在体制内，有33.4%的毕业生首选政府部门/党政机关/人民团体，15.3%的毕业生首选事业单位，12.2%的毕业生首选国企，也就是共有超过六成的毕业生首选体制内就业。相比之下，体制外就业偏好遇冷明显，仅有6.6%的毕业生首选私营企业或外企。但是，在实际已确定就业单位的毕业生中，工作单位为党政部门、事业单位和国有企业的体制内就业比例远低于期待值，而在私营企业、外企等体制外就业的超过了就业群体的30%，体制内和体制外单位就业占比各占一半。在薪资方面，已确定工作单位的毕业生平均月薪为7037元，而未确定工作单位的毕业生的期望月薪均值为8276元，可见多数毕业生将在踏入实际工作岗位后面临较大的薪资落差。

3. 就业地点

在就业城市的选择上，毕业生群体显示出明显的大城市偏好。在已确定工作的毕业生中，有17.6%的毕业生在一线城市就业，有48.7%的毕业生在新一线城市就业。在未确定工作的毕业生中，有39.8%的毕业生接受在一线城市工作，62.4%的毕业生接受在省会城市工作，50.4%的毕业生接受在其他地级市工作，而接受在县级市工作的毕业生仅有不到21.7%，接受在乡镇等基层工作的毕业生不到3.4%。关于是否在河南工作和愿意在未来选择河南，已确定工作的毕业生中有64.6%（208人）选择河南；尚未确定工作的毕业生中，有45.8%（373人）偏向或只考虑河南省内，有24.2%（197人）偏向或只考虑河南省外，有30.0%（244人）表示只要工作合适，不考虑省份。调查还问到了毕业生五年后的预期，有66.2%的毕业生表示五年后自己大概率或肯定在河南省，有13.7%的毕业生表示大概率或肯定不在河南省。进一步分析发现，毕业生就读高校的层次越高、学历层次越高，选择河南省就业的比例越低，这说明河南籍的高层次人才流失趋势较为明显，但总的来看，人才回流规模会随着时间推移而有所增加。

（二）影响主体

图1显示了毕业生在择业时各影响主体重要性程度的百分比，按照选择"非常重要"的比例从大到小排列。将"非常重要"赋值为5，"完全不重要"赋值为1，计算各项目在毕业生择业时的重要性平均分，并做排序处理，可以更清晰地看出不同主体在大学生择业时的影响力差异（见表2）。均值越高，说明该项在毕业生择业时越重要；标准差越大，说明该项的内部差异越大，毕业生的意见

越不统一。

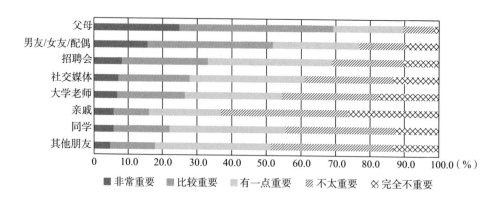

图 1　各影响主体的影响力差异

表 2　各影响主体的影响力评分及排序

排序	项目	均值	标准差
1	父母	3.82	0.95
2	男友/女友/配偶	3.35	1.18
3	招聘会	3.00	1.08
4	社交媒体	2.82	1.12
5	同学	2.70	1.06
6	大学老师	2.70	1.16
7	其他朋友	2.60	1.02
8	亲戚	2.32	1.13

1. 父母意见最受重视，信息平台的影响力大于熟人社会网络

表 2 显示，父母是毕业生择业时最重要的影响主体，共有将近七成的毕业生认为父母意见非常重要或比较重要，不仅影响力评分最高（3.82），而且标准差为 0.95，内部差异最小，其次是男友/女友/配偶，共有超过一半的毕业生认为该项非常重要或比较重要，影响力评分为 3.35，但标准差在各项中最大，这也很好解释，因为有无稳定的婚恋关系直接关系到该影响是否存在。父母和准家庭成员在择业中的影响力说明大学生择业不仅是个人事业发展的起点，也影响一个家庭的未来变化，在毕业生择业过程中家庭成员或准家庭成员可以发挥最大的意见导向。

毕业生在择业时受招聘会和社交媒体这类客观信息平台的影响要大于同学、

老师、亲友等熟人社会网络的影响。经典的社会网络研究曾讨论过强关系和弱关系在求职中的相对重要性，但在网络信息时代，无论是强关系还是弱关系，都逐渐让位于对"陌生人"意见的重视。据访谈得知，有毕业生在面临不同工作选择难以抉择时，会向社交媒体求助，请有"过来人"经历的网友给出意见。扁平化的信息平台能让毕业生接触到更多样化的求职、就业信息，社交媒体上的经历分享也能让他们提前了解各类工作状态。

2. 人力资本越强，他人的影响力越弱

将毕业生性别、城乡来源、学历层次、学校层次等关键背景变量纳入进一步分析发现，各影响主体在不同群体毕业生中的重要性是存在差异的。学历层次方面，高职高专毕业生中，父母重要性评分为4.06，随着学历层次的上升，父母的影响越来越弱，到研究生群体已下降至3.68，且方差分析结果显示组间差异显著（$P<0.05$）；在学校层次方面，随着高校层次的上升，父母的影响力越来越弱，毕业于"双一流"大学的毕业生中，父母的重视度评分仅有3.76，普通公办学院毕业生的评分是3.82，而到高职高专毕业生，对父母的重视程度评分上升到4.23，且方差分析结果显示组间差异显著（$P<0.05$）。学历层次和高校层次方面的差异，说明子女在择业上对父母意见的重视程度随个人人力资本的上升而下降。同样的趋势体现在对亲戚意见的重视上，即学历层次越高、高校层次越高，在求职中对亲戚的重视程度越低。

研究还发现，毕业生人力资本越强，越重视招聘会的作用。"双一流"大学毕业生对招聘会的重要程度评分为3.09，而到民办学院，评分降至2.87。这说明毕业于名校的高层次毕业生，在择业上有更大的话语权，更有文凭优势为自己挑选合适的工作岗位，且高校能提供符合毕业生期待的招聘平台，而不具备学历和招聘平台优势的毕业生则更多地听从父母、亲戚的建议。

此外，家庭背景因素也会影响毕业生对父母意见的重视程度。来自城镇的毕业生（3.91）相较于来自农村的毕业生（3.77）更重视父母的意见（$P<0.05$）；独生子女（3.93）相较于非独生子女（3.78）更重视父母的意见（$P<0.05$）。另外，在对男友/女友/配偶意见的重视上，男性的评分为3.66，而女生评分为3.12，且组间差异显著（$P<0.05$）。

（三）择业目标

1. 择业目标的实用性凸显

本调查请毕业生针对工作本身的不同方面做出了重要性评价（见图2），以了解大学生择业目标的优先度。表3显示了全体毕业生对11个求职目标重要程度的评价均分及排序。与影响主体的标准差相比，择业目标各项的标准差相对较小，说明毕业生在择业目标上有更多的共识，对理想职业的期待具有趋同性。

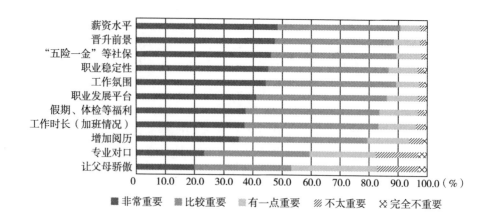

图 2　择业目标各项的影响力差异

表 3　各项择业目标的影响力评分及排序

排序	项目	均值	标准差
1	薪资水平	4.37	0.74
2	"五险一金"等社保	4.33	0.74
3	晋升前景	4.33	0.76
4	工作氛围	4.30	0.76
5	职业稳定性	4.28	0.81
6	职业发展平台	4.23	0.79
7	假期、体检等福利	4.17	0.80
8	工作时长（加班情况）	4.16	0.81
9	增加阅历	4.07	0.89
10	专业对口	3.62	1.09
11	让父母骄傲	3.53	1.05

　　具体来说，薪资水平这个"硬指标"最受学生关注，"五险一金"等社保缴纳情况以及晋升前景的重要性紧随其后。工作氛围的重要性超过职业稳定性和职业发展平台，体现出了青年群体对工作环境的高要求。假期、体检等福利，加班情况的重要性评分也在 4 分以上，说明毕业生在通过工作求生存之外，也希望工作能留有更多喘息空间。相较之下，从事职业与所学专业是否对口，并不受毕业生的重视，这其实折射出了高等教育专业设置与社会需求客观上无法衔接，造成

了人才培养与社会需求的错位。虽然在影响主体上，父母在择业中的意见最受毕业生重视，但相较于迎合父母的期待、让父母骄傲，工作本身是否符合毕业生自身期待更为重要。

2. 择业目标优先度的性别差异显著

进一步分析发现，男性和女性对工作不同方面的看重程度有显著差异。从评分来看，女性对职业的综合期待值更高。具体来说，男性和女性对薪资水平的重视相当，但在"五险一金"等社保缴纳情况、职业稳定性、工作氛围、工作时长（加班情况）以及体检等福利等项目上，女性的重视程度评分均显著高于男性（$P<0.05$）。在对各项的重视程度排序上，男性和女性毕业生也存在差异，如表4所示。值得一提的是，男性对工作晋升前景、职业发展平台的优先重视程度普遍高于女性，而女性对工作氛围、工作时长（加班情况）的优先重视程度高于男性。总体来看，男性更追求未来的职业发展前景，女性更重视当下的工作体验。

表4 择业目标优先度的性别差异

排序	男性对各项的重视程度评分		女性对各项的重视程度评分	
1	晋升前景	4.34	薪资水平	4.40
2	薪资水平	4.32	工作氛围	4.38
3	"五险一金"等社保	4.27	"五险一金"等社保	4.38
4	职业发展平台	4.22	晋升前景	4.32
5	职业稳定性	4.22	职业稳定性	4.32
6	工作氛围	4.19	工作时长（加班情况）	4.25
7	假期、体检等福利	4.11	职业发展平台	4.24
8	工作时长（加班情况）	4.04	假期、体检等福利	4.22
9	增加阅历	4.03	增加阅历	4.10
10	专业对口	3.67	专业对口	3.59
11	让父母骄傲	3.53	让父母骄傲	3.54

3. 不同层次高校和学历的学生择业目标的差异

研究还发现，高校层次和学历层次对择业偏好的影响呈现以下特点：第一，学历层次越高，越看重职业发展平台的重要性。本科毕业生对职业发展平台的重要性评分为4.21，硕士生和博士生对该项的评分分别升至4.34、4.37。第二，学历层次越高，高校层次越高，越注重专业对口性，希望所学即所用。本、硕、博三个学历层次的毕业生对专业对口的重要性评分分别为3.59、3.61、3.80；公办学院、普通大学和"双一流"大学的毕业生对该项的评分分别为3.46、3.54、3.65，呈现出较为明显的递增趋势。第三，高校层次越低，越想要通过择业增加阅历，也越想要通过就业让父母感到骄傲。毕业于普通大学和"双一流"大学的学生，想通过就业来增加阅历和让父母骄傲的愿望相对较低。普通大学毕业生对增加阅历的重要性评分为4.09，对让父母骄傲的重要性评分为3.45；"双一流"大学毕业生对增加阅历的重要性评分为4.00，对让父母骄傲的重要性评分为3.34。相较于其他层次的高校毕业的学生，毕业于高职高专院校的学生最想通过职业增加阅历（该项评分为4.45），也最想让父母骄傲（该项评分为3.93）。这里能体现出高校层次较低的毕业生择业中的补偿心理，希望通过找到一份好工作，弥补就学阶段未能实现的目标。

（四）城市/地区因素

1. 最关注自身能否承受"推力"

大学生择业，不仅是对一份工作的选择，还是对未来工作生活地点的选择，城市/地区影响因素的重要性不言而喻。图3和表5显示了毕业生对工作所在地各个方面的重视程度。研究结果显示，生活成本最受毕业生的重视，紧随其后的是看该城市有无未来定居的可能性、该城市/地区的发达程度，反映出毕业生在选择未来的生活地点时，首先看自身能否承受住该地区生活成本的"推力"，然后再考虑经济"拉力"是否有足够的吸引力。人才政策的重要性评分为4分，说明毕业生普遍比较重视政策，也反映了各大城市之间打响的"抢人大战"已对毕业生择业产生了重要影响。房价和教育资源也是毕业生较为看重的方面，说明择业背后有对未来人生走向的衡量。回家是否方便、是否排外、气候因素和是否

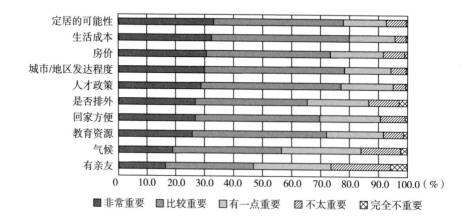

图3 城市/地区各因素的影响力差异

有亲友在排序靠后，说明毕业生更看重城市本身的特质，也侧面反映了随着交通的便利化和社会流动性的增强，人们对由地理距离及由之而来的心理距离引发的顾虑在减少，流动和融合仍将是大趋势。

表5 城市/地区各因素的影响力评分及排序

排序	项目	均值	标准差
1	生活成本	4.07	0.83
2	定居的可能性	4.02	0.90
3	城市/地区发达程度	4.01	0.85
4	人才政策	4.00	0.84
5	房价	3.94	0.94
6	教育资源	3.88	0.92
7	回家方便	3.85	0.95
8	是否排外	3.75	1.06
9	气候	3.57	1.02
10	有亲友	3.30	1.14

2. 对城市/地区因素的重视程度存在群体差异

在对城市/地区各方面的重视程度上，仍存在城乡差异、性别差异、学历和高校层次差异。首先，在城乡差异方面，在0.01的显著性水平上，城镇生源毕业生比农村生源毕业生更看重城市发达程度、未来定居的可能性及气候因素，也就是说，来自城镇的大学生求职时对工作地点的要求更高。有毕业生在访谈中表示，如果工作城市的发达程度还比不上家乡城市，就没有必要舍近求远，只有工作城市有足够大的吸引力，才值得奔赴，这反映了地域层次的上升流动趋势。

其次，在性别差异方面，女性比男性更想要工作地点离家近、方便回家。男性比女性更重视城市房价因素，反映出社会对男性应该购房的性别角色期待使得男性在择业时就关注该地的房价，男性的购房压力大于女性。

最后，在学历和高校层次方面，学历层次越高，越看重定居的可能性，越不在意当地是否有亲友；高校层次越高，越看重城市的发达程度和未来定居的可能性，也越不在意当地是否有亲友。这说明人力资本越强，越倾向于通过选择机会多的大城市来实现人力资本价值，也越不依靠亲友社会网络而是靠自己的努力在大城市扎根。

（五）政策关注度

1. 住房和补贴最受关注

2017年初，武汉提出"五年留下百万大学生"的计划，并提出零门槛落户、年薪保底、住房保障三项重量级政策优惠。随后，各地区陆续发布了针对高层次人才和大学毕业生的就业创业优惠政策，2017年以来已有上百个城市发布人才政策，包括降低或取消落户门槛，提供购房、租房补贴，提供人才公寓、各类生活补贴等，甚至有面试补贴、免费旅游等细节举措，"人才争夺战"进入白热化阶段。

本文为分析人才政策对择业的影响，将各地现行人才政策归纳为六类，询问毕业生对该项政策的关注程度，结果如表6和图4所示。其中，毕业生对六类政策的关注程度从高到低依次为购房补贴、租房补贴、生活补贴、子女教育、购车优惠、配偶随迁随调。这透露出两项信息：第一，住房问题是毕业生关注的首要问题，无论是准备在工作地购房还是租房，住房政策在所有政策中都最受毕业生重视；第二，最受毕业生欢迎的是以各种形式提供的现金补贴。通过访谈得知，在各城市"抢人大战"的背景下，毕业生大都或多或少地了解过各地的人才政策，但政策发挥作用的效力有限。鲜有毕业生仅因为某地出台的普惠性人才政策而确定工作的，而大都是先确定工作，再逐步了解当地的人才政策。也有毕业生表示，现有政策的宣传有待加强。如何使得普惠型政策与专门性政策并举，有的放矢地开展对口宣传，是人才政策值得提升的方向。

表6　各项政策的关注程度评分及排序

排序	项目	均值	标准差
1	购房补贴	3.96	0.95
2	租房补贴	3.96	0.94
3	生活补贴	3.92	0.95
4	子女教育	3.91	1.03
5	购车优惠	3.77	1.02
6	配偶随迁随调	3.72	1.06

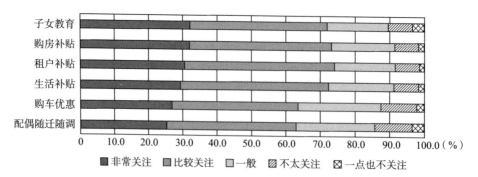

图4　各项政策的关注程度差异

2. 高层次人才对政策的关注度更高

将政策关注度的得分进行汇总，发现群体差异在学历层次和高校层次上体现得最为明显。总体上来看，学历层次越高、就读高校的层次越高，越关注人才政策。本科生群体对政策的平均关注度得分为 3.84，硕士上升至 3.91，博士上升至 4.18。

（六）基层就业选择及评价

1. 是否选择基层就业

国家的基层就业计划包括"大学生村官"计划、"三支一扶"计划、志愿服务西部计划、教师特设岗位计划等。本文调查了豫籍毕业生对这些基层就业政策的知悉程度。结果显示，有超过半数的毕业生知悉大学生村官计划、志愿服务西部计划，分别有 46.7% 和 41.2% 的毕业生了解"三支一扶"计划、特岗计划，但也有 18.2% 的毕业生表示完全不了解上述基层就业政策，说明基层就业政策的宣讲还有待加强。

关于"是否会选择到基层就业"的问题，有 7.8% 的毕业生确定选择基层就业，有 68.8% 的毕业生考虑过基层就业，但也有 23.4% 的毕业生基本不考虑或排斥基层就业。卡方检验结果显示，在 0.05 的显著性水平上来自农村的学生比来自城镇的学生对基层就业的接受度更高；非独生子女比独生子女对基层就业的接受度更高；独生子女学历越高，学校层次越高，对基层就业的接受度越低；文科生比理工科生对基层就业的接受度更高。既有研究显示，基层实践经历能够有效促进大学生基层就业意愿，本次调查印证了以往的研究结论。本次调查结果显示，有过 2 次及以上基层实践经历的毕业生中，超过 80% 考虑基层就业，远高于未参加过基层实践的毕业生的比例，且卡方检验显示差异显著（P<0.001）。这对基层就业引导政策的启示是，高等教育期间应增加学生对基层社会的了解，通过志愿服务等实践项目更有效地鼓励大学生建功基层。

2. 如何看待基层就业

当前国家大力倡导毕业生投身基层，将基层视为青年群体建功立业的广阔舞台，但毕业生对基层就业的印象和评价常出现差异化态势。相较于大城市的互联网、金融、新媒体等热门岗位，基层就业往往意味着就业地点上的基础性、薪资待遇上的保障性、工作特点上的繁杂性、上升空间的有限性等，需要有甘于奉献的信念来支撑。本文请调查对象就一组描述基层就业的话语进行评价，用以了解毕业生对基层就业的看法，结果如图 5 所示。

由图 5 可知，在这些说法中赞同率最高的一项是"选择去基层就业，需要有情怀的支撑"（非常赞同和比较赞同的比例共占 67.6%），反对率最高的一项是

"大家普遍不愿到基层，除非找不到更好的工作"（不太赞同和非常不赞同的比例共占 16.1%）。毕业生对基层就业的正面评价更多，基层就业已经成为毕业生的重要择业选项。同时，毕业生也表达出了对基层就业在政策和薪资待遇上更高的期待，且有 68.3% 的毕业生表示"如果薪资待遇提高，我愿意到基层就业"。总体来看，当前基层就业主要是靠青年人的理想信念来支持的，但如果能为他们提供更好的物质待遇，将会吸引更多的年轻人投身基层，也就是说基层在吸引人才方面还有更大的提升空间。

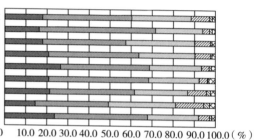

图 5　基层就业看法及评价

四、研究结论

本文通过对河南籍高校毕业生的调查，围绕就业偏好、影响主体、择业目标、城市/地区因素、政策关注度、基层就业选择及评价这六个方面分析了大学生的就业选择及影响因素。主要研究结论及启示如下：

第一，新冠肺炎疫情冲击下，河南籍高校毕业生选择继续升学的比例较大，总体而言就业形势较为严峻。相较于已确定工作的毕业生，未完成择业的毕业生的就业期待较高，更希望进入体制内，且薪资期望高于实际薪资水平。在就业地点上，呈现明显的大城市偏好。选择留在河南就业的毕业生比例过半，但高层次人才流失趋势较为明显。同时，河南省有吸引人才持续回流的潜力，而这需要持续优化就业环境，加大人才政策的实施力度。

第二，父母是毕业生择业时最重要的影响主体，但随着毕业生人力资本的增强，包括父母在内的他人的影响力逐渐下降。社交媒体等网络信息渠道成为毕业生搜寻求职和择业信息的重要平台，其重要性超过了亲友社会网络。因此，就业促进部门应重视网络平台的建设，通过多渠道搭建全媒体平台来提供就业信息，帮助大学生择业就业。

第三，毕业生择业目标的实用性凸显，薪资待遇最受重视，专业是否对口优先度低，对理想职业的期待具有趋同性。择业目标的优先程度存在性别差异，总体来看男性更追求晋升前景、职业发展平台等未来前景，而女性更偏重工作氛围等当下的工作体验。大学生就业目标的实用性追求反映在宏观经济环境上，实际上是对经济发展水平和产业结构、职业结构提出了要求。对于河南省来说，吸引人才的根本仍在于加快科技创新发展，提升经济发展环境，为人才提供充足的发展空间。因此，应逐步建立起与现代社会分工体系相适应的产业结构和职业结构，提供高层次人才能够发挥特长的岗位。

第四，在影响择业的城市/地区因素上，毕业生首先看自身能否承受住该地区生活成本的"推力"，然后再考虑经济"拉力"是否有足够的吸引力。在对城市/地区各方面的重视程度上，仍存在城乡差异、性别差异、学历和高校层次差异。针对青年群体事业刚起步的现实，政策应充分考虑青年人才的发展周期及需求差异，制定动态调整的人才政策，平衡政策的长期性与灵活性。

第五，政策关注度方面，购房和租房优惠是最受毕业生关注的人才政策项目，且最受毕业生欢迎的是以各种形式提供的现金补贴。此外，学历层次越高、就读高校的层次越高，在择业的过程中越重视人才政策。在未来，如何使得普惠型政策与专门性政策并举，有的放矢地开展对口宣传，是人才政策应提升的方面。

第六，基层就业已成为毕业生就业的重要选项，但对相关基层就业计划的宣传仍有待加强。毕业生对基层就业的正面评价更多，但同时也表达出了对基层就业在政策和薪资待遇上更高的期待，基层就业政策仍有待优化。

B.10 河南省"十四五"时期的积极老龄化：形势、需求与路径

李文姣[*]

摘 要："十四五"时期是河南省积极应对人口老龄化的关键期。当前河南省面临逐步进入深度老龄化社会、老年人口抚养比上升、亟待加快建设养老服务设施等严峻形势。同时，河南省老年人的养老服务需求出现新变化，表现为亟待建立积极老龄化理念，加强老年人健康管理，突破智慧养老难题，保障高龄劳动者就业权益和提高养老服务可及性。本研究针对上述养老需求，通过提高老年人社会参与度，推进全民终身健康，完善智慧养老服务，实施渐进式退休政策和创新互助式养老模式，助力实施积极老龄化。

关键词：积极老龄化；"十四五"时期；人口老龄化

河南省自1998年进入老龄化社会以来，老龄人口整体呈现出增速快、规模大、城乡差异显著、高龄化趋势明显等特征，慢性病多发和身体机能减退严重影响了老年人的生活品质。面对人口老龄化的严峻形势，党的十九届五中全会明确提出"实施积极应对人口老龄化国家战略"，而"十四五"时期是应对人口老龄化的重要窗口期。

一、河南省"十四五"时期人口老龄化面临的形势

人口结构是影响经济社会发展的重要因素。随着人口寿命的延长和整体生育水平的下降，人口老龄化问题变得日趋严峻，河南省将"十四五"时期养老服

---

* 李文姣，中共河南省委党校副教授。

务体系建设专项规划纳入本省重点专项规划。河南省80岁以上高龄老人每年以3.65%的速度递增，空巢老人增多，"十四五"时期河南省人口老龄化面临着严峻形势。

（一）人口老龄化快速发展，部分地区进入深度老龄化

河南省是我国第一户籍人口大省，第七次全国人口普查数据显示，2020年全省0~14岁人口为2298.9万人，占全省常住人口的23.14%；15~59岁人口为5841.3万人，占全省常住人口的58.78%；60岁及以上人口达到1796.4万人，比2010年增加600万人，占全省常住人口的比重达到18.08%，比"六普"的数据高5.36个百分点；65岁及以上人口达到1340.2万人，比2010年增加554万人，占全省常住人口比重达到13.49%，比"六普"的数据高5.13个百分点（见表1）。总的来说，60岁及以上老年人口的占比高于世界平均水平，14岁以下人口的占比低于世界平均水平，"十四五"时期人口老龄化趋势将快速演进，加上劳动年龄人口的绝对减少，河南省人口均衡发展和人口安全将面临着巨大挑战。

表1　2020年河南省常住人口年龄构成

年龄	人口数（万人）	比重（%）
总计	9936.6	100.00
0~14岁	2298.9	23.14
15~59岁	5841.3	58.78
60岁及以上	1796.4	18.08
65岁及以上	1340.2	13.49

资料来源：《河南省第七次全国人口普查公报》。

按照国际通行划分标准，当一个国家或地区65岁及以上人口占比超过7%时，意味着进入老龄化；达到14%，为深度老龄化；超过20%，则进入超老龄化社会。根据第七次全国人口普查数据，目前我国有149个地级市进入深度老龄化，其中河南省有8个，分别为驻马店、信阳、周口、许昌、南阳、开封、商丘、漯河（见表2）。预计2050年全省60岁及以上老年人口将达到3200万，占常住人口的33%。① 深度老龄化意味着河南省将面临人口结构比例失调、人口红利消失、医疗和养老保障负担加重等巨大挑战。

---

① 驻马店、信阳、周口……河南8个地级市进入深度老龄化［EB/OL］. 映象新闻网, http://news. hnr. cn/snxw/article/1/1435065451741843456, 2021-09-07.

表 2　河南省深度老龄化地区常住人口年龄构成　　　单位：%

地区 ＼ 年龄	0~14 岁	15~59 岁	60 岁及以上	65 岁及以上
漯河	20.34	58.64	21.03	16.00
驻马店	25.10	55.10	19.80	15.72
信阳	23.67	57.06	19.27	15.20
周口	24.92	55.33	19.75	15.18
许昌	22.30	58.01	19.70	14.96
南阳	26.23	54.99	18.79	14.22
开封	23.57	57.14	19.29	14.20
商丘	25.42	56.44	18.14	14.02

资料来源：第七次全国人口普查数据。

（二）老年人口抚养比上升，养老育幼压力增大

河南省是我国总抚养比最高的省份。2020 年，河南省总抚养比为 57.79%，比 2015 年上升了 13.18 个百分点，其中老年抚养比为 21.18%，远高于全国平均水平。"七普"数据显示，河南省 0~14 岁人口比重较"六普"上升 0.22%，65 岁及以上人口比重较"六普"上升 1.27%，而 15~59 岁人口比重较"六普"下降了 3.32%，老年人口和未成年人口比重增加，劳动年龄人口比重降低，表明河南省养老育幼面临较大压力。河南省是劳动力大省，也是劳动力流出大省，2020 年河南省外出务工人员以 1236.44 万人排名全国第一。《河南省人口发展报告》显示，2000 年以来河南省外出务工人口占户籍人口的比重一度超过 20%。劳动年龄人口向省外流动进一步加重了河南省养老育幼的压力。

（三）亟须加快建设养老服务设施，积极应对人口老龄化

河南省的养老服务体系建设虽然起步稍晚于经济发达的省份和城市，为更好地满足广大民众的养老需求，根据本省的特点，河南省采取多措并举的方式完善养老服务，已创新性地发展出了具有河南本土特色的养老服务。

首先，在社区养老服务设施建设方面，河南省在全国率先将配建养老服务设施作为老旧小区改造的重点内容。2018~2021 年连续四年将社区养老服务机构或日间照料中心建设列入年度重点工作，2018 年建成 500 个，2019 年建成 1000 个，2020 年建成 1011 个，2021 年建成 1000 个。① 在街道层面建设的社区养老服

① 今年河南将再建 1000 个养老服务设施 应对人口老龄化还谋划为养老服务立法 [EB/OL]．https：//baijiahao．baidu．com/s？id=16893189326884117683&wfr=spider&for=pc，2021-01-21．

务机构具备全托、日托、上门服务、对下指导等综合功能，使社区养老服务设施覆盖率大幅提升。同时，郑州市、许昌市、洛阳市、鹤壁市、商丘市、焦作市和信阳市这7个市被确定为国家居家和社区养老服务试点。①

其次，在智慧养老方面，全省建成74个居家养老服务信息平台，403万老年人纳入信息平台享受服务。在智慧养老方面河南省一直在进行积极的探索，2021年全省投入3000万元继续支持智慧养老平台试点工作，逐步打造省、市、县三级互通的智慧养老服务网络，为全省老年人提供线上线下"点菜式"服务。②

最后，在农村养老服务体系建设方面，全省积极推进县、乡、村三级分层分类的农村养老服务体系建设。2018年河南省投入3.9亿元在全国率先实施了敬老院改造提升和安全、清洁、温暖、文化、医疗康复"五大工程"，为全省敬老院配备厨房清洁、洗浴、冷暖空调等设施设备14类2万余件，农村敬老院兜底供养能力明显增强。2020年接续实施以县级特困供养设施为重点的改造提升新三年计划，特困供养设施以失能、半失能特困人员专业照护为主，已建成51个，在建40个。此外，积极探索社会化改革，建设农村幸福院等互助养老服务设施8000多个，广泛开展农村互助养老服务。焦作武陟县以"政府+慈善+村级+个人"四级联动的"村级慈善幸福院"模式，入选全国养老服务业发展典型案例。"十四五"期间，河南将加快社区养老服务设施建设，河南省民政厅要求新建小区养老服务设施配建率达到100%。计划到2025年，90%以上的街道建成一个兼有嵌入式养老机构的综合养老服务中心，居家社区养老服务覆盖率达到90%以上，让全省老年人享受到"15分钟居家社区养老服务圈"，满足老年人就近、就地养老服务的愿望。③

二、积极老龄化视角下河南省老年人的养老服务需求

"十四五"期间，河南省的老龄化发展速度比经济增长速度要快，未富先老会给完善社会保障机制和均衡公共服务发展带来更大的负担。老龄化和少子化相互叠加约束劳动年龄人口的有效供给，人口数量红利的降低会进一步影响经济发展动力。新形势下河南省人口老龄化面临的需求变化体现在以下四个方面：

---

① 今年我省将建设200个具备综合功能社区养老服务机构［N］.郑州日报，2021-01-20（02）.
② 资料来源：河南省民政厅"河南省养老服务工作"新闻通气会。
③ 面对老龄化，我们怎么养老［N］河南日报，2021-05-24（06）.

（一）理念转变亟待倡导积极老龄化

随着我国城镇化建设的加快，中国的家庭结构从原来的四世同堂的大家庭为主逐渐转变为以一对夫妇及未婚子女组成的核心家庭为主。家庭结构的变化也改变了传统的养儿防老的养老理念。虽然家庭照料依然是河南省重要的养老模式，但是一部分老年人尤其是生活在城市的老年人，他们对机构养老的接受度逐渐提高，也更愿意在养老服务方面消费。传统的养老理念认为整天闲赋在家就是享福，然而过于清闲的生活会让老年人感到孤独寂寞。因而老龄化倡导的是让老年人主动寻求丰富的生活方式，积极参与到读书、画画、交友、旅行等适合老年人的事情中来。养老理念的转变对养老服务提出了更高要求，因而需要政府、市场和社会三方协力为老年人提供更为多元化的养老服务，以提升老年人的生活满意度，改善他们的健康状况，满足他们不同层次的养老服务需求。

（二）健康管理亟待建立老年友好型社会

《老年健康蓝皮书：中国老年健康研究报告（2020~2021）》中指出，慢性病是影响老年人群健康的主要因素，新的疾病诸如阿尔茨海默病、帕金森病带来的挑战也不容忽视。积极老龄化需要构建老年友好宜居环境，为老年人健康提供有力保障。一是对老年人居住的环境进行适老化改造。基于对住宅、交通、医院、社区的适老化改造，能够为老年人提供无障碍环境，建设老年友好型社会，提供便捷的就医环境，满足老年人就近就医、生活便利等需求。二是老年人对于积极的健康管理有切实需求。随着年龄的增长，老年人需要了解科学的健康信息，包括医养保险政策、康养知识和养老服务信息等。社区在满足老年人的文化休闲活动的同时，还需要为他们提供医药照护服务。医院也可以设立老年专科或就诊绿色通道，从而为老年人提供便捷的就医服务，以解决他们的就诊困难问题，共同为老年人健康保驾护航。

（三）供需错位亟待突破智慧养老难题

目前人口快速老龄化已经成为无法回避的现实，智慧养老的出现最初是为了解决护理人员短缺、护理工作强度过大等问题。大数据、云平台、物联网、人工智能、5G技术等新兴科技在养老产品中的应用，很大程度地解决了传统养老方式面临的一部分问题，在健康管理、生活护理、精神慰藉等方面弥补了传统养老的不足，使老年人的生活更加独立、自主、健康，将积极老龄化的理念落到了实处。

但是在实践中，智慧养老依旧面临着供需错位的困境，亟待完善服务模式和机制，以满足老年人的需求。智慧养老的产品和技术在实际应用过程中会遇到老年人接受度低，不好用、不会用、不实用等问题。比如很多产品都有语音智能输入功能，但语音识别只对普通话有较高的识别度，而对方言的识别正确率较低，因此在应用中推广度受限。此外，价格定位也会让老年人望而却步。有研究者将这些困境归纳为"三重三轻"，即"重技术、轻需求""重产品、轻服务""重概念、轻场景"。①

智慧养老之所以面临接受度低的困境，其原因主要包括以下三个方面：一是与老年人养老需求不匹配，适老化不足，老年人在使用过程中体验感差，无法满足多样化的需求，尤其是不能针对贫困、失独、空巢、残障等特殊类型的老年人提供个性化的服务。二是智慧养老产品的服务能力供给不足，产品开发的速度落后于养老需求的增长，养老产品与养老服务之间连接不紧密，各个品牌的养老产品之间相互兼容不畅。三是智慧养老产品的可及性尚待提升，受科技壁垒、操作烦琐、消费习惯和消费能力的影响，智慧养老真正打开老年市场还有很长的一段路要走。

（四）未富先老亟待提高养老服务可及性

河南省进入老龄化社会时人均GDP仅为5444元，进入"十四五"时期，全省老龄人口急速增长，养老负担持续增大，"未富先老"成为阻碍推进积极老龄化遇到的矛盾之一。当下河南省养老还面临着诸多难以在短时间内解决的困境，比如社区养老服务覆盖范围有限，且服务形式和内容不能完全满足老年人的需求。2020年河南省城乡居民基础养老金最低标准提高到每人每月108元，一年为1296元，年人均增加60元。并且已经从2019年1月1日起对全省80周岁以上老年人全面建立和实施了高龄津贴制度，其中80~89岁老人每人每月发放高龄津贴标准由省辖市政府确定，90~99岁和100岁以上老年人分别按照每人每月不低于100元和300元的标准发放，两年共发放补贴资金29亿元，惠及约225万高龄老年人。② 但这仍不足以支付老年人日常的生活需求和开支。有调查显示，60%~80%的老人的养老金比当地收费最低的养老院还少，也就意味着他们的养老金难以支撑养老产业化。因此，基于未富先老的现实，积极探索和创新公益性养老服务是提高养老服务的可及性的重要途径。

---

① 智慧居家养老，科技是否等于智慧［N］．中国城市报，2020-08-17（18）．
② 面对老龄化，我们怎么养老［N］．河南日报，2021-05-24（06）．

三、"十四五"时期河南省实施积极老龄化的路径

积极老龄化是一个系统工程，需要政府、社会、市场三方通力合作。政府通过制定相应的政策，扩大基本养老保障范围，同时统筹协调医疗、社会保险、住房、教育等多方面的民生保障，才能真正实现积极老龄化。

（一）倡导积极老龄化理念，提高老年人社会参与度

"积极老龄化"是"健康老龄化"的进一步升级，不仅指为老年人提供健康生活的保障，也包括支持老年人继续参与经济、社会、文化活动，提高老年人的生活质量，为他们创造健康生活和为社会做贡献的条件。2021年11月24日《中共中央 国务院关于加强新时代老龄工作的意见》发布，出台了一揽子举措，着力解决老年人的"急难愁盼"，满足老年人多层次、多样化需求。

积极老龄化是一种理念，积极应对人口老龄化不仅是解决老年人的健康生活、积极参与和生活保障等问题，还需要处理好与实施积极应对人口老龄化国家战略相关的其他群体的权利与义务的协同均衡，充分发挥老年人的潜能，使其继续参与经济社会发展。在认知层面，要改变以往对老龄化消极的认识，以更积极的态度面对老龄化社会的到来，通过积极老龄化的宣传，帮助老年人以更加积极的心态面对年龄的增长、身体机能的退化，增强老有所为的信心。

健康、参与和保障是实现积极老龄化的三个重要维度。健康是指身体和心理的健康状态，没有疾病或疾病得到适当的治疗，能够提高老年人的生活品质。参与是指老年人保持积极的心态，把自己长期积累的知识、技能和经验应用到社会生产生活中，保持兴趣爱好并投身到文化活动中，并能继续为家庭、社会和国家做出力所能及的贡献。保障是指家庭、社会和国家能够为老年人提供生活所需的医疗保障和社会支持，让他们安心地老有所养、老有所依。

（二）实施全民终身健康战略，促进医养结合发展

一是通过开展以疾病预防为主要目的的健康知识宣传普及，加强老年人预防常见病和慢性病的健康教育，帮助他们增强健康保健意识，倡导健康生活方式，从而降低疾病的发生率和致死率。二是完善老年健康管理服务体系的配套，以社区卫生服务中心、乡村卫生室、医养结合机构为依托，加强老年人常见病和慢性病的诊断和治疗，让老年人在家门口就能得到专业的医疗服务。三是完善老年病

专科医院、护理院和综合性医院的老年健康综合科室建设，加强老年疾病的研究，为老年人保留现场挂号的号源，开辟老年人就诊绿色通道，切实解决老年人看病难的问题。通过上述措施构建一个集预防、医疗、康复、护理、安宁疗护为一体的、有机衔接的医疗服务体系。四是倡导构建多元化养老服务体系，建设以居家为基础、社区为依托、机构为补充、医养相结合的多层次养老服务体系。其中，医疗卫生和养老服务相结合，整合医疗与养老的服务模式，是提高老年人健康水平的关键。在医养结合方面，可引导部分二级医院转型为老年专科医院，部分一级医院转型为老年护理院或康复院；鼓励养老机构与医院之间合作建立双向转诊机制，有效地利用医院的医疗资源完善医养结合服务；鼓励社区养老服务中心与卫生服务中心毗邻而建，将两者的功能充分融合，完善社区医养结合服务。

（三）充分利用现代信息技术，完善智慧养老服务

智慧养老是未来养老服务发展的重要趋势，标志着传统养老服务模式向现代养老服务模式的转化升级。积极老龄化要求智慧养老以老年人的需求为出发点，补齐传统养老模式在生活照护、健康管理、精神慰藉、安全出行等方面的短板，将智慧平台和智能化技术落实到养老服务的具体环节中。近年来，随着积极老龄化的逐步推进，智慧养老服务渐渐走近老年人的生活，切实提高了居家养老和机构养老的舒适度和便捷性。智慧养老可以实现 24 小时无间断的监护，防范老年人摔跤或走失；人工智能技术可以精准地分析老年人的需求，提供差异化服务；VR 技术和远程视频可以给老年人提供心理慰藉；智慧平台能够提供远程医疗服务，老年人足不出户即可进行疾病诊疗并享受送药上门服务，这些智能化服务将有助于积极老龄化建设。

智慧养老服务新模式还需要进行跨业务的融合，比如上述智慧养老服务包含了与医疗卫生、快递物流、社区养老服务等部门的合作与共享。智慧养老是现代科技与人文关怀的结合，要解决不实用、不会用、不想用的问题，必须从老年人的切身需求出发，抓住当前养老的难点和痛点，不断探索和创新服务模式，推进智慧养老产品的实际应用，实现科技和养老的有效融合。基于河南省未富先老的现实，智慧养老产品的研发应把握好经济与效益的平衡。同时，应建立规范化的行业标准和服务程序，完善产品售后服务的监管，全面保障老年人的合法权益。让老年人用得起、用得好、用得放心。

（四）实施渐进式延迟退休，保障高龄就业者权益

为了缓解人口结构改变导致的劳动力供需缺口，促进老年人参与社会发展，保持与社会的紧密联系，积极老龄化应该充分发挥老年人参与经济社会活动的主

观能动性，使其积极为社会服务。

一是充分尊重高龄劳动者的就业意愿。在积极应对人口老龄化的政策指导下，各级党委政府支持有就业意愿的老年人参与劳动，为他们提供适合的就业机会和就业环境，并切实保障他们在工作中的权益。二是根据高龄劳动者的特点制定或修正现行的劳动保护法。为了他们的职业安全，给予更多的就业保护，比如限制加班次数和长度、限制夜班或倒班工作，限制过高劳动强度的工种等。同时，还要重视对老年人职业健康体检的普及，保证他们的身体健康状况与具体工作相适配。三是建立健全高龄劳动者社会保险制度，尤其是医疗保险和工伤保险的全覆盖，免除老年人和用人单位的后顾之忧。四是完善高龄劳动者就业服务体系建设。为老年人提供再就业的职业技能培训、就业指导、劳动权益咨询等一站式就业服务，着力提高他们的就业质量，保障他们的就业权益。

上述措施均致力于提高老年人人力资源的深度开发和利用，如果老年人能成为充足稳定的就业群体，将能够有效弥补劳动年龄人口数量下降对经济社会发展带来的负面效应。第七次人口普查数据显示，2030 年前，河南省老年人口增长仍以 70 岁以下的低龄老人为主，鼓励和支持这一年龄段的老年人参与就业，从企业角度看能够节约用人成本，从社会角度看能够减轻养老压力，从家庭角度看可以降低养老负担，有助于河南省收获第二次人口红利，使老年人成为经济社会发展的新力量。

（五）创新互助式养老模式，扩大养老服务可及性

互助式养老需要基于社区构建一个能够将社会组织、社会工作者和志愿者统筹在一起的平台，通过邻里互助、亲友相助、志愿服务等模式积极发展互助养老服务。互助式养老不仅指两个老年人之间的互相照顾，而是年轻人、社会工作者、志愿者都可以参与老年人照护。通过"时间银行"的方式，获得照顾的老年人不需要支付费用，而提供照顾服务的人也不收取费用，而是通过时间银行记录下他们参加志愿服务的时长，把时间存在时间银行里，当自己需要他人照顾的时候把时间"取"出来，就可以免费获得应有的照顾。

鼓励低龄老年人为高龄老年人服务的模式创新有助于积极推动老年人力资源利用，推进"银龄行动"，完善积极老龄化建设。对于老年人之间的互助式养老模式，可以采取分级分类管理的方式进一步完善。分级就是根据年龄把老年人口分为 60~69 岁的低龄老人、70~79 岁的中龄老人和 80 岁及以上的高龄老人。对于低龄老人支持他们延长工作年限，积极参加老年教育培训，鼓励邻里互助养老和老年人之间的互助服务，支持低龄老人为高龄、独居、空巢老人提供服务，探索构建"以老帮老、以老扶老"的互助养老模式。分类就是根据老年人自理能

力水平，把老年人分为基本可以独立生活、自己可以照料自己的自理老人、需要依赖他人帮助或设施辅助的半失能的介助老人和生活完全需要他人护理的失智失能的介护老人。积极探索互助式养老服务，鼓励身体健康、自理能力强的老人为介助老人和介护老人提供日常健康照看和生活协助服务，也是对老年人力资源的充分利用。互助式养老服务是居家养老的有益补充，能够缓解居家养老家庭子女的负担和机构养老的压力。最重要的是，满足了低龄或具有较高自理能力老人的社交需求和自我价值感，为高龄和失智失能老人提供了社会支持和更舒适便捷的晚年生活。

当然，要保障互助式养老的可持续性发展，需要建立规范化的组织和服务形式，尝试将时间银行、积分制等多种形式相结合，满足老年人多元化的养老需求。同时，还需要探索优化操作程序，让提供服务的老年人有成就感，让接受服务的老年人有满足感，充分保障双方当下的获得感和对未来的安全感。

总之，"十四五"时期实施积极老龄化，既要一如既往地促进健康老龄化，更要倡导和树立积极老龄化的理念，发展和完善智慧养老，小步慢走地推进延迟退休，并采取互助式养老模式以提升养老服务的可及性，通过提高老年人的社会参与度，让老年人既要老有所养、老有所依，更要老有所获、老有所乐、老有所为。

参考文献

［1］冯雅君. 智慧居家养老，科技是否等于智慧［N］. 中国城市报，2020-08-17.

［2］河南将打造一刻钟居家养老服务圈［EB/OL］. 人民咨询，2021-01-21，https：//baijiahao. baidu. com/s？id＝1689477491063037568&wfr＝spider&for＝pc.

［3］河南省统计局，河南省第七次全国人口普查领导小组办公室. 河南省第七次全国人口普查公报［R］. 2021.

［4］省民政厅召开全省加快推进养老服务体系建设工作视频会议［EB/OL］. 搜狐网，2021-07-23，https：//www. sohu. com/a/479163542_ 121106991.

［5］王向前，韩春光. 面对老龄化，我们怎么养老［N］. 河南日报，2021-05-24.

［6］肖雅文. 今年我省将建设200个具备综合功能社区养老服务机构［N］. 郑州日报，2021-01-20.

［7］驻马店、信阳、周口……河南8个地级市进入深度老龄化［EB/OL］. 映象新闻网，http：//news. hnr. cn/snxw/article/1/1435065451741843456，2021-09-07.

B.11　河南省人口老龄化问题及应对措施[*]

——基于"六普"和"七普"的数据分析

谢娅婷　郭锦花[**]

摘　要： 人口老龄化对我国经济社会发展的方方面面具有深刻的影响，老龄化问题一直以来也为社会所关注。本文采用公开的"第六次"和"第七次"全国人口普查数据，运用定性与定量相结合的研究方法来讨论河南省人口老龄化问题。首先，通过对比"第六次"和"第七次"人口普查数据，总结出了现阶段河南省人口老龄化现状。其次，分析了人口老龄化对河南省劳动力供给、社会抚养比、社会和谐稳定以及农村养老问题带来的挑战。最后，提出通过开发老年人力资源，增加老年劳动力供给；发展"银发经济"，挖掘老年人力资源红利；推动家庭养老功能再实现；构建全方位的养老保障服务体系来缓解人口老龄化对河南省经济发展带来的影响。

关键词： 人口老龄化；河南省；全国人口普查；养老保障

　　河南省作为中部地区的人口大省，具有老龄化程度高、增长速度快且城乡差异较大的特点，其人口老龄化态势与养老服务政策体系的状况，将反映出中部地区养老服务目标的实现情况以及中部经济社会的均衡健康发展状况。鉴于此，本文以河南省为例，依托第六次和第七次全国人口普查数据，采用定性和定量相结合的研究方法，对河南省人口老龄化历程、发展现状以及发展趋势进行研究，具有重要的实际意义。

---

　　* 基金项目：河南省教育厅高校重点科研计划项目"社会支持视角下河南省农村老年人健康支持体系构建研究"（项目编号：20A630014）、河南省重点研发与推广专项（软科学研究）项目"大健康时代河南省农村老年人的健康测量及其支持体系构建研究"（项目编号：212400410344）。

　　** 谢娅婷，河南农业大学社会治理创新研究中心，研究员；郭锦花，河南农业大学应用科技学院，本科生。

一、河南人口老龄化发展的历程

　　人口老龄化问题是社会经济发展到一定阶段的必然产物。改革开放以来，河南省的总人口中老年人口的比例不断增大，老龄化程度不断加重。为了寻找到解决河南人口老龄化的举措，首先需要对河南省人口老龄化的基本形势进行研判。由表1可知，2020年河南省60岁及以上人口占河南省总人口数的18.08%，比2010年第六次全国人口普查相比，增加了4.82个百分点，略低于全国水平（18.70%）。2020年第七次人口普查数据显示，河南省65岁及以上的人口比例为13.49%，河南省17个地级市中65岁及以上的人口比例都超过了7%，可以说河南省已经步入"老龄化"社会。更甚之，开封、鹤壁、漯河、周口、南阳、信阳和驻马店这几个地级市中65岁及以上人口比例都超过了14%，已经提前进入"中老龄化"社会。从老龄化的程度来看，河南省65岁及以上的人口比例在2010~2020年提高了4.62个百分点，在过去的十年里，河南省人口老龄化的程度和地域范围得到了快速发展，已经从"老龄化"社会迈进"中老龄化"社会。

表1　河南省"六普"和"七普"人口老龄化情况

次第	年份	总人口数（万人）	60岁及以上		65岁及以上		人口增长数（万人）	增长率（%）
			人口数（万人）	占比（%）	人口数（万人）	占比（%）		
第六次	2010	9402.3	1246.7	13.26	833.9	8.87	—	—
第七次	2020	9936.6	1796.5	18.08	1340.4	13.49	549.7	4.72

注：人口增长数是指"七普"比"六普"增加的人口数，增长率即为相应的增率。

资料来源：历次全国人口普查数据。

　　当前河南已经步入"老龄化"社会。"十四五"乃至更长一段时期内，人口老龄化将呈现加速上升趋势且难以逆转，并逐步成为河南省人口均衡发展中的主要矛盾。老龄化的直接后果就是社会抚养压力加重，养老负担与抚幼负担相互交织，需要采取积极的应对策略。总的来说，人口老龄化对河南经济社会发展所带来的挑战主要包括以下五个方面：

　　第一，河南省老年人口数量多且老龄化程度持续加深。目前，中国60岁及以上的老年人口规模大约为2.6亿人，河南省60岁及以上的老年人口规模大约为1796.5万人，约占全国老年总人口数的6.8%（见表2）。在未来的一段时间

表2 全国及河南省各地级市人口老龄化分布情况

类别	总人数	常住人口数 60岁及以上	占总人口比例(%) 60岁及以上	人口分布情况			65岁及以上人口 比例(%)	年龄构成指数(%)		
				0~14岁	15~64岁	65岁及以上		总抚养比	少儿抚养比	老年抚养比
全国	1411778724	264002621	18.70	253414281	894361822	190635280	18.70	57.85	28.33	29.52
河南省	99365519	17965286	18.08	22993181	62967929	13404409	13.49	57.80	36.52	21.29
开封	4824016	930790	19.29	1136933	3002118	684965	14.20	60.69	37.87	22.82
洛阳	7056699	1291933	18.31	1471482	4669986	915231	12.97	51.11	31.51	19.60
郑州	12600574	1617392	12.84	2400787	9068810	1130977	8.98	38.94	26.47	12.47
平顶山	4987137	912424	18.30	1235829	3076408	674900	13.53	62.11	40.17	21.94
安阳	5477614	1003320	13.27	1337229	3413608	726777	13.27	60.46	39.17	21.29
鹤壁	1565973	257457	16.44	339116	969400	257457	16.44	61.54	34.98	26.56
新乡	6251929	1105560	17.68	1448469	3988357	815103	13.04	56.75	36.32	20.44
焦作	3521078	664892	18.88	658766	2394839	467473	13.28	47.03	27.51	19.52
濮阳	3772088	666648	17.67	969473	2306759	495856	13.15	63.52	42.03	21.50
许昌	1337940	249145	18.62	266478	886036	185426	13.86	51.00	30.08	20.93
漯河	2367490	497782	21.03	481435	1507371	378684	16.00	57.06	31.94	25.12
三门峡	2034872	402620	19.79	373060	1383412	278400	13.68	47.09	26.97	20.12
商丘	7816831	1418069	18.14	1986996	4733990	1095845	14.02	65.12	41.97	23.15
周口	9026015	1782976	19.75	2249038	5406707	1370270	15.18	66.94	41.60	25.34
南阳	9713112	1824647	18.79	2547347	5784460	1381305	14.22	67.92	44.04	23.88
信阳	6234401	1201234	19.27	1475608	3811420	947373	15.20	63.57	38.72	24.86
济源	727265	135726	12.99	141624	486145	99496	13.68	49.60	29.13	20.47
驻马店	7008427	1387922	19.80	1759206	4147200	1102021	15.72	68.99	42.42	26.57

资料来源：根据各市人口普查公报整理所得。

内，河南省的老年人口规模将持续增加，老龄化程度也将会随之不断加深。"七普"数据显示，河南省的17个地市中，南阳市60岁及以上的老年人口数量最多，为1824647人；紧随其后的是周口和郑州，分别为1782976人和1617392人；而60岁及以上老年人口占比较多的城市是漯河（21.03%）、驻马店（19.80%）和三门峡（19.79%）。依照河南省现在的老年人口数量、老年人口占总人口的比重以及老年人口增加的速度推算，未来一段时期河南仍将面临老龄化严重的问题。由表3可知，"六普"期间河南省就已经进入了老龄化社会，导致河南省人口老龄化的关键原因是老年抚养比增加，少儿抚养比下降，这可能受当时计划生育政策的影响。此外，我国平均人口寿命的增加也导致了河南省老年人口数量的增加。

第二，河南省人口老龄化程度低于全国的人口老龄化水平。通过对"六普"数据和"七普"数据的分析对比，发现2010年河南省65岁及以上的人口占河南省总人口数量的8.36%，低于全国平均水平0.51个百分点，然而，到了2020年，河南省65岁及其以上的老人占比为13.49%，与"六普"数据相比，上升了5.13%，却仍低于全国平均水平（见表3）。从两次全国人口普查数据来看，河南省的老年人口数量及比例虽然均有较大的增长，但其增长速度仍然低于全国人口老龄化水平。21世纪以来，河南省经济发展迅猛，吸引了大批的青年返乡创业和发展，同时还吸引了一定数量的外来流动人口到河南定居，使得河南省老年人口占比低于全国的平均水平。

表3 河南省与全国老龄化对比

年份	2020				2010			
地区	全国		河南		全国		河南	
项目	人口数	占比（%）	人口数	占比（%）	人口数	占比（%）	人口数	占比（%）
0~14岁	253414281	17.95	22993181	23.14	222459737	16.60	19745926	21.00
15~64岁	894361822	63.35	62967929	63.37	1029245429	75.10	66418842	70.64
65岁及以上	264002621	18.70	13404409	13.49	118831709	8.87	7858799	8.36
总计	1411778724	—	99365519	—	1370536875	—	94023567	—

第三，河南省各地级市总抚养比①差别很大。"七普"数据显示，2020年河南省常住人口中0~14岁、15~59岁、60岁及以上人口分别占河南省总人口数的23.14%、58.78%和18.08%，与"六普"数据相比，2020年0~14岁人口比重

---

① 总抚养比为非劳动年龄人口数与劳动年龄人口数之比。

上升了 2.17%，15 ~ 59 岁人口比重下降了 7.49%，60 岁及以上的人口上升了 5.35%，这也证明了河南省人口老龄化程度加快，并且适龄的劳动人口在不断下降。由表 2 可知，河南省 17 个地级市中，总抚养比最高的是驻马店市（68.99%），最低的是郑州市（38.94%），两者相差 30.05%；少儿抚养比最高的城市是南阳市（44.04%），最低的城市是郑州市（26.47%）；老年抚养比最高的城市是驻马店市（26.57%），老年抚养比最低的城市是郑州市（12.47%）。

第四，河南省各地级市人口老龄化程度明显。由表 2 可知，按照联合国国际标准，河南省 17 个地级市在第七次人口普查时已经全部进入老龄化社会，其中各地市的老龄化程度存在着很大的差异。2020 年，河南省共有 12 个地级市老龄化程度高于全省水平（13.49%），其中程度较高的是鹤壁市（16.44%）和漯河市（16.00%），最低的是郑州市（8.98%）。

第五，人均预期寿命稳步提升，在全国平均水平以上。据《河南省"十三五"卫生与健康事业发展规划》显示，2015 年河南省人均预期寿命为 75.6 岁。根据河南省疾控中心的最新研究成果，2025 年河南省人均预期寿命将达到 78.5 岁，高于全国平均水平。

二、河南省人口老龄化带来的挑战

第一，给河南省劳动力供给带来巨大挑战。从长远来看，人口老龄化会给河南省发展带来诸多不利的影响，其中最直接也是最突出的就是对劳动力供给的影响。劳动人口是社会财富的生产者，人口老龄化必然导致创造社会财富的劳动人口减少。伴随着老龄化的快速发展，人口年龄结构发生变化，适龄劳动人口比重下降，未来还将面临劳动力人口老化，劳动力资源不足，劳动效率低下，社会活力不强，社会生活节奏缓慢等问题，对社会经济发展将产生不利影响。

第二，造成了河南社会抚养比的上升。近十年来，河南省人口抚养总比不断上升，其中老年人口抚养比增加显著，增加了劳动年龄人口的经济负担，不利于河南省经济的发展。"六普"到"七普"期间，河南省的总抚养比呈现显著的上升趋势，总抚养比由"六普"期间的 41.56% 上升到"七普"期间的 57.80%，上升了 16.24%；少儿抚养比从 29.73% 上升到了 36.52%（见表 4）。可以看出，促使总抚养比上升的主要原因是老年抚养比的增加。总抚养比随着老龄化问题的日益加剧有不断扩大的趋势，即今后一段时间内老年抚养比还将进一步提升，河南省养老问题将更加严峻。

表4 河南省"六普"与"七普"抚养比分析

年份	总人数	人口数	占总人口比例（%）	年龄构成指数（%）		
		60岁及以上	60岁及以上	总抚养比	少儿抚养比	老年抚养比
2020	99365519	17965286	18.08	57.80	36.52	21.29
2010	94023567	12467524	13.26	41.56	29.73	8.83

资料来源：历次河南省人口普查数据。

第三，给河南省农村养老问题带来严峻挑战。"七普"数据显示，河南省2020年65岁及以上老年人口占比普遍较高，如漯河市为16.00%、驻马店市为15.72%、周口市为15.18%、信阳市为15.20%、许昌市为13.86%等，部分市区已迈入"中度老龄化社会"。2020年全省60岁及以上人口比例为18.08%，65岁及以上人口比例为13.49%，并且河南省居住在城镇的人口占55.43%，乡村的人口占44.57%，农村人口占比依旧很大。2019年河南省城镇职工基本医疗保险参保1281.65万人，增幅1.31%，城乡居民基本医疗保险参保9008.13万人，降幅1.77%。河南农村老龄化程度高、经济发展水平低的状况决定了农村面临的养老压力将远远大于城镇。当前的农村老年人多数都经受过物资匮乏、社会经济困难时期，加之受教育程度不高、体力劳动强度大，多数老人健康保健意识淡薄、身体素质较差。当前农村老年人患病率比较高，尤其患慢性病的较多。此外，受人口流动等因素影响，农村传统的家庭养老功能正在逐渐弱化，独居老人和空巢老人增速加快，比重增高。另外，农村应对人口老龄化的经济实力还很弱，社会保障水平不高，养老和医疗方面的短板突出，农村养老风险承载能力较弱。

三、缓解河南省人口老龄化挑战的对策

第一，开发老年人力资源，增加老年劳动力供给。一方面，科学制定、加快落实延迟退休政策。但在政策制定的过程中一定要考虑仔细，一切都要以保证老年职工心理和身体的健康为前提。可以改变老年职工的工作方式、减少工作时间和强度、制定科学完善的工作机制。另一方面，提高老年人就业能力、鼓励老年人再就业。老年人一般具有丰富的劳动经验和深厚的知识积累，但同时身体机能下降，劳动技巧和现代社会有一定程度的脱节现象，所以需要强化老年人力资源的能力建设、建立相应的培训体系和机制、大力推行终身教育，可以根据河南省的产业发展特点和现状制定特色化老年劳动力职业匹配、就业保障和技能培训体系，提高老年人的就业能力、就业匹配度和就业成功率。同时，鼓励老年人在力所能及的前提下多参与各类社会活动，充分利用老年人力资源。

第二，发展"银发经济"，挖掘老年人力资源红利。发展银发经济，开发适老化技术和产品，一方面要更加注重老年人及其家庭需求前提的挖掘，融合线上线下服务资源和手段，结合疫情常态化防控要求，提供更具针对性的服务供给。同时，引导养老企业主动设计新型惠老消费产品，搭上新产业和新动能发展快车。另一方面要引导企业积极对接融资政策。老年用品生产、适老食品药品及老年医疗器械制造等企业可以结合大幅增加制造业中长期贷款的政策，加快技术升级，探索工业互联网和智能制造的新路。除此之外，还要加快发展养老金融，开放社会养老服务市场，引导和规范社会资本进入养老服务领域培育和扶持养老服务机构和企业的发展。创业型养老企业可以对接增加创业担保贷款政策，依托双创示范基地等平台实现快速成长。小微型养老企业可以主动争取银行大幅增加的信用贷、首贷和无还本续贷额度等。

第三，推动家庭养老功能再实现。政府应该采取有效的措施，为子女提供时间、经历以及财力等多方面的支持让他们能够有条件，也更愿意与父母住得更近，进而方便为父母提供更多的照料和陪护。政府可以通过给予子女与老年人共同居住的家庭税收优惠或者是出台子女与老年人共同居住的购房优惠制度等手段激励子女与父母同住，直接减少老年人空巢和独居现象的出现。除此之外，政府还可以建立父母照料假制度，为有照料父母需求的在职子女提供一定时间的带薪假期。

第四，构建全方位的养老保障服务体系。一是提升社区居民居家养老的幸福感，通过对社区智能养老服务平台的建设，将现代化的网络技术用于养老服务，以清楚地了解老年人的需求，同时采取"三社联动"机制，形成邻里之间互帮互助的文化，探索老年群体相互照料的养老模式，使老年人足不出户便能享受优质的养老服务。二是推进农村"幸福院"的建设，通过村委会的介入，以敬老院、综合性的养老场所为中心，采取农村自营和社会化运营等多种模式解决农村老年人的餐饮和日常生活照料问题。鉴于当前河南省存在着老龄人口数量多和人口总抚养比高的特点，应充分了解河南省当前的人口老龄化现状和人口分布情况以及老龄化所造成的不利影响，积极动员社会、企业和政府来共同应对人口老龄化问题，建立和完善相关的养老服务机制和体制，以有效地解决人口老龄化所带来的难题。

参考文献

[1] 班涛. 社区主导、多元主体协同参与：转型期农村居家养老模式的路径探讨与完善

对策 [J]. 农村经济, 2017 (5): 91-96.

[2] 陈习琼. 基于六次人口普查数据的云南省人口老龄化分析 [J]. 中国老年学杂志, 2018, 38 (12): 3054-3057.

[3] 董克用, 张栋. 高峰还是高原?——中国人口老龄化形态及其对养老金体系影响的再思考 [J]. 人口与经济, 2017 (4): 43-53.

[4] 李晓荣. 近年来农村人口老龄化研究综述 [J]. 求实, 2016 (3): 51-59.

[5] 齐鹏. 论农村养老服务体系的完善 [J]. 西北人口, 2019, 40 (6): 114-124.

[6] 叶莉, 魏远竹, 许小晶. 福建农村人口老龄化的发展趋势及其影响探析——基于全国人口普查数据的分析 [J]. 东南学术, 2015 (6): 114-121.

[7] 余露. "十四五"时期积极应对人口老龄化的对策研究——以河南省为例 [J]. 决策探索 (下), 2020 (12): 4-5.

[8] 袁亚运. 健康状况、社会性因素与老年人身份认同——基于中国老年社会追踪调查2012 年调查数据 [J]. 人口与社会, 2016, 32 (3): 106-116.

[9] 翟振武, 陈佳鞠, 李龙. 中国人口老龄化的大趋势、新特点及相应养老政策 [J]. 山东大学学报 (哲学社会科学版), 2016 (3): 27-35.

[10] 郑爱文. 基于异质性视角的低龄高智老年人力资源开发利用探析 [J]. 北方民族大学学报 (哲学社会科学版), 2019 (4): 128-134.

[11] 邹湘江, 吴丹. 人口流动对农村人口老龄化的影响研究——基于"五普"和"六普"数据分析 [J]. 人口学刊, 2013, 35 (4): 70-79.

B.12 河南养老服务业发展现状、问题与对策

高泽敏*

摘　要：本文立足当前河南养老服务业的现状，以问题为导向，从充分发挥政府主导作用和市场主体作用的角度，提出了加快产业转型升级、培植养老产业新业态新模式，加强市场主体培育、扩大养老服务业的有效供给，促进产业创新发展、打造完整养老服务业产业链，营造优良营商环境、深度激发养老业市场活力，深化体制机制改革、增强养老服务业人才供给等建议，以加快推进河南省养老服务业提质增效，以高质量的养老服务业，使每一位老人都拥有最美"夕阳红"。

关键词：养老服务业；人口老龄化；高质量；提质增效

养老服务事关国家发展全局和百姓福祉。党的十八大以来，党和国家高度重视养老工作，党的十九届五中全会通过的《中共中央关于制定国民经济和社会发展第十四个五年规划和二〇三五年远景目标的建议》明确提出"实施积极应对人口老龄化国家战略"。为贯彻落实好党中央的决策部署，河南加快推进养老服务业发展，但是面临人口老龄化向深度发展的挑战，我们必须立足当前、着眼长远，坚持应对人口老龄化和促进经济社会发展相结合，以深化老龄服务供给侧改革为着力点，推进养老服务业高质量发展。

一、深刻理解发展养老服务业的重要意义

河南是老龄人口大省，老龄人口总量居全国第三位。河南省第十一次党代会

---

*　高泽敏，河南省社会科学院办公室助理研究员。

提出，加快建设居家社区机构相协调、医养康养相结合的养老服务体系和健康支撑体系，努力让每位老人都拥有最美"夕阳红"。在人口老龄化加速发展和人民群众期盼过上更加美好生活的条件下，只有加快养老服务业发展，全面提升养老服务质量，才能满足老年人的需要，让每一位老人都享有高质量的晚年幸福生活。

（一）发展养老服务业是积极应对人口老龄化的必然选择

据 2020 年全国人口普查数据显示，全省 60 岁及以上人口为 1796.5 万人，比重为 18.08%，其中 65 岁及以上人口比重为 13.49%，分别比 2010 年上升 5.36 个和 5.13 个百分点。"十四五"时期，人口老龄化进程将进一步加快加深，在带来庞大的老年人口规模以及老年人口高龄化的同时，也必将形成巨大的服务需求。加快养老服务业发展，使老年人在退休之后老有所养、老有所医、老有所乐，是今后发展必须面对的问题，也是我们应对人口老龄化的必然选择。

（二）发展养老服务业是满足老年人服务需求的基本保障

随着经济结构深度转型、人口预期寿命提高和老年人对品质生活日益追求，越来越多的老人已从过去"老有所养"的单一需求向"老有所学、老有所为、老有所乐、老有所医、老有所养、老有所尊"等不同类型的需求转变。但是目前全省养老服务业还处于发展的初期阶段，传统的养老服务主要局限于基本生活照料和医疗护理等方面，与老年人期望提供的医护住食娱学等多样化的养老需求相比仍有较大差距，必须积极探索养老服务新模式新业态，以更加多元化多层次多类型的养老服务，化解老年人"后顾之忧"，使老年人获得更多幸福感、满足感。

（三）发展养老服务业是养老服务业转型升级的客观要求

面对老龄化社会，高质量的养老服务业是提高老年人晚年生活质量，使其能够安享晚年的重要基础。尽管河南将养老服务业作为全省服务业重点得到了快速发展，但由于市场化程度不够，养老服务业还存在养老产业规模小、供给结构不合理、投入产出效率不高、服务质量有待提升等突出问题，仍然属于粗放式发展模式，广大老年人对当前养老服务的满意度和获得感还不高。只有加快养老服务业的转型升级，激发养老服务市场活力，才能有效破解当前养老服务业的痛点、难点、堵点，实现养老服务质量效率提升，为老年人提供更加多样的老年产品、更加优质的养老服务。

（四）发展养老服务业是培育经济增长新动能的重要内容

养老服务业涉及面广，产业链长，蕴藏着极大的市场潜力。除了衣、食、住、行、医等与老年人息息相关的支柱产业外，还能够通过产业前向、后向关联产生系列连锁效应，像目前出现的老年地产、养老保险、养老金融等诸多产业的发展，就是通过与养老服务业有机融合形成的新混合型经济形态。比如养老地产的上下游产业涉及建筑业、电力、热力、燃气及交通运输业、老年人用品的批发零售业、老年人殡葬与家庭服务的居民服务及其他服务业。这些产业的发展不仅能够创造出新的就业岗位，而且对于扩大内需、拉动全省 GDP 增长、为河南经济高质量发展注入新的活力动力等都具有重要的现实意义。

二、河南养老服务业整体发展现状

党的十八大以来，河南深入贯彻落实习近平同志关于老龄工作的重要指示批示精神，积极应对人口老龄化，坚持围绕事业办产业、办好产业促事业，初步形成了以居家为基础、社区为依托、机构为支撑的多层次养老服务体系，全省养老服务业发展驶入快车道，取得了显著成绩。

（一）养老服务业呈现日益提速发展状态

"十三五"以来，河南养老服务业快速发展。一是居家社区养老快速发展。河南省将在全国率先配建养老服务设施作为老旧小区改造的重点内容，2017 年为社区配置养老服务设施设备，2018 年建成社区养老服务设施 500 个，2019 年建成 1000 个，2020 年建成 1011 个，目前全省养老服务设施覆盖所有城市社区，90% 以上的乡镇和 60% 以上的农村社区建立了包括居家养老服务在内的社区综合服务设施和站点。二是养老机构服务供给快速增长。截至 2020 年底，全省各类养老机构和设施达 1.4 万个，养老服务床位达 53 万多张，全省城市社区综合服务设施实现全覆盖，农村社区综合服务设施覆盖率达到 94.7%，全省社会组织达 47368 个，全省社会工作专业人才达 3 万多人。三是农村养老供给能力显著增强。全省先后投入农村养老服务 13 亿元，从 2018 年起河南省在全国率先实施了敬老院改造提升和安全、清洁、温暖、文化、医疗康复"五大工程"，从 2020 年开始接续实施以县级特困供养设施为重点的改造提升新三年计划，目前全省建设农村幸福院等互助养老服务设施 8000 多个。这些举措有效实现了养老服务发展格局由政府举办向政府主导、全社会积极参与的转变，服务对象由特殊困难老年人向全体老年人的转变，服务资源由城市向城乡普惠共享的转变，为新时期河南省应对深度老龄化下的养老服务问题奠定了坚实的发展基础。

（二）养老服务发展政策体系初步形成

历届省委、省政府高度重视养老服务工作，坚持规划先行，将养老服务体系建设规划纳入全省重点专项规划，先后制定了《河南省老龄事业发展"十二五"规划》《河南省老龄事业发展"十三五"规划》《河南省养老服务体系建设"十三五"规划》等，对全省养老服务业发展从顶层设计上作出了全面安排部署。为更好发展养老服务业，先后在公办养老机构改革、鼓励引导社会力量参与养老服务业发展、规范养老机构服务收费管理、养老服务业人才培养、养老服务设施用地等方面出台了《关于加强养老服务体系建设的意见》《河南省人民政府办公厅关于全面放开养老服务市场提升养老服务质量的实施意见》《河南省人民政府关于加快发展养老服务业的意见》等多项政策文件。郑州、洛阳、开封、南阳等地方政府也围绕提升养老服务质量、加快发展养老服务业等制定了相应的金融财税、人才培养等系列配套政策，出台了本地区实施意见。综合来看，河南养老服务业发展的目标定位更为明确、发展路线图更加清晰、政策支撑体系更加完善，为新时代全省加快推进全省养老服务业高质量发展提供了坚强的制度保障。

（三）养老服务市场需求空间快速增大

河南现有 60 岁及以上常住人口 1796.5 万人，庞大的老年群体尽管带来了新的挑战，但同时也催生出了老年人产品服务的巨大市场需求。一是医疗健康卫生服务需求日益增多。根据河南省统计局的一项关于老年人消费情况调查研究，在老年人的消费支出中，日常生活消费占比为 44.1%，而医疗保健消费占比超过日常消费达到 48.3%。其中，在医疗保健消费中购买药品或医疗器械占比 60.6%、门诊诊疗占比 57.6%、住院诊疗占比 40.3%。二是康复护理需求日益增多。随着高龄化趋势的继续发展，失能、半失能老人占比增多，需要高层次、全方位的专业特殊照料，对康复护理的需求占比达到 10.6%。三是家政服务需求日益增多。人口结构的改变导致空巢老人数量不断增长，传统的养老模式正在受到冲击。随着老年人与子女分居越来越多，独居老人的日常生活照料就需要有专人来进行服务。据中国老龄科学研究中心调查数据显示，2017 年城市老年人家政服务需求达到 58.0%。四是精神文化服务需求日益增多。除了物质消费，老年人收入水平的逐步提升，也使得老年人精神文化的服务需求得以提高，特别是近年来随着老年旅游业的兴起，老年健康旅游和智慧旅游服务的需求得到了快速增长。据携程发布的《河南跨省安心游人气报告》显示，2020 年河南出游人数环比增长达 189%，中老年成为亲子人群、90 后之外的第三大旅游主力。此外，随着老年智能用品、老年教育用品、老年养生用品、老年媒介用品等适老化用品的增多催生出更多新的消费产品，银发经济的市场规模还将进一步扩大。据艾瑞咨询统计，预计 2023 年我国养老产业市场规模将达到 12.8 万亿元，到 2050 年市场规模将达到 48.52 万亿元。

（四）养老服务投资形成多元化发展格局

近年来河南聚焦多层次养老需求的需要，以高质量供给侧结构性改革为主线，不断探索养老服务市场化改革新路径，改变传统以政府为主的投资模式，形成了以政府投资为引导，银行资金市场、非银行资本市场、企业、民间资本共同参与的多元化投融资格局。一是以政府投资为主，做好公办养老机构和基础设施。主要为"三无"老人、低收入老人、经济困难的失能半失能老人提供无偿或低收费的供养、护理服务，发挥好公办养老机构的养老托底作用。据《关于河南省"十三五"期间民政领域专项建设规划储备项目方案的公示》显示，共投资建设 1732 个养老服务体系建设项目，其中包括老年养护院、荣誉军人休养院、敬老院、光荣院、社区日间照料中心等，总投资额 138.62 亿元。二是放开养老服务市场，大力支持民间资本进入养老服务市场。深化"放管服"改革，进一步降低民间资本进入养老行业的门槛，鼓励社会资本采取建立基金、发行企业债券等方式筹集资金，并在财政补贴、税收、贷款、土地以及水电气热价格方面给予优惠政策支持。三是加强对外交流合作，吸引和鼓励外资投资河南养老服务市场。一方面，拓宽市场投融资渠道，深化京豫、豫沪苏浙等在养老方面的交流合作，吸引国内外知名养老服务品牌进入河南养老市场。另一方面，积极鼓励外资投资养老服务业。《河南省人民政府关于促进外资增长的实施意见》明确提出在健康养老领域扩大外资准入领域，研究制定配套措施，积极谋划招商项目，不断扩大养老消费供给，提升河南省养老消费质量。

（五）养老服务模式多样化越来越凸显

为满足不同类型老年人多样化的养老模式需求，当前的养老服务模式已从单一的居家养老向居家、社区、机构等多元的模式变迁。一是居家社区养老蓬勃发展。2018 年以来，省级投入 9.7 亿元支持社区居家养老服务，打造"15 分钟城市社区居家养老服务圈"，建成社区养老设施 3533 个，提供嵌入式托养服务的街道养老中心 240 个，总面积超过 168 万平方米，居家社区养老服务实现跨越式发展。二是医养融合发展加快推进。在不断强化社区医疗服务功能的基础上，完善医养结合方式。截至 2018 年底，全省建成医养结合机构 296 家，与养老机构建立协作服务关系的医疗机构 1621 家；建成老年医院、康复医院、护理院、安宁疗护中心等专业机构 131 家，287 家二级以上医疗机构开设了老年病科。三是机构养老逐步增多。引导社会转变传统养老观念，建立对养老服务机构的监督评估机制，提升养老机构服务质量，增强机构养老的社会认可度，社会力量兴办养老服务机构得到鼓励支持。截至 2018 年底，全省运营社会办养老机构 110 多家，形成了河南瑞阳养老等一批河南养老服务品牌。天眼查数据研究院于 2021 年 11 月发布的《大健康时代新机遇——未来生活的前置思考》报告显示，河南养老企业数量在全国排第五位。四是积极探索推广物业养老、旅游养老、智慧养老、文化养老、乡村养老等新型养老模式，服务更加多元。2020 年在郑州市、长垣市等 12 地启动智慧养老服务平台试点，建成 74 个居家养老服务信息平台，精准对接居家和社会养老服务需求。

三、当前养老服务业发展存在的不足

尽管当前河南省养老服务业取得了快速发展，但客观上来看，养老服务业发展还处于发展阶段，仍然面临着市场不成熟、市场主体小散弱、有效供给不足、专业化人才缺乏、服务质量不高等问题，与老年人持续增长的多层次、多样化养老需求还有差距。

（一）养老服务业供需矛盾突出

一是总量性矛盾突出。居家、社区、机构养老资源未能有效融合，目前养老机构普通床位多、自理床位多，但是针对失能半失能老人养老服务需求的护理性养老床位所占比重低，而这是大多数家庭选择机构养老的刚性需求，但目前不能得到有效满足。二是结构性矛盾突出。一方面优质的公办养老机构床位资源稀缺，"一床难求"；另一方面现有的存量床位利用率不高甚至闲置，一些机构的床位空置率甚至接近一半，结构性矛盾明显。三是供需错位矛盾突出。一些地方政府包括社会力量对养老服务还缺乏深层次的理解，由于信息交流不对称、渠道表达不畅通等，造成政府自上而下的养老服务供给与自下而上的群众养老服务需求还存在供需错位等明显问题，如重硬件投入轻服务培养、重床位规模轻交通区位等。

（二）养老服务业亟待转型升级

一是养老服务规模较小。当前养老服务业发展还处于不断完善阶段，养老服务产品数量少、项目少，产业链上下游脱节，资源整合能力弱，还难以形成规模效应，且具有河南特色的"豫字号"养老服务品牌少，头部企业明显缺乏。二是养老服务业形态单一。长期以来养老服务业主要集中在提供生活照料和医疗护理等劳动密集型项目，而在医疗、护理、老年学、心理学等技术密集型服务方面还较少。比如社区居家养老更多的是提供生活照料和简单的护理，更高层次的养老服务产品开发较少，产业链整体上还处于低端水平。这也造成养老服务业中的各个环节相对独立，上下游产业之间不能形成联动或者带动效应。三是养老产业基础薄。养老产业离不开资金、人才、土地、组织等要素保障。但由于当前养老服务业市场化不足，养老产业组织呈现分布零散、结构不完善、功能不健全等特点。四是养老服务产品创新不够，产业融合度低，以医疗康复、生活用品、家政服务、金融理财、娱乐休闲等为内容的"银发产业链"尚未形成，本土知名养老服务企业品牌少，不能为老年人提供丰富多彩的、系统化的养老服务。

（三）养老服务业专业人才缺乏

一是从专业人才数量上看，现有护理人员数量与老龄社会需求相差巨大。目前全省仅有3万余名护理人员，老年心理护理、康复保健等专业人才缺口较大。按照北京师范大学中国公益研究院公布的一项研究报告，完全失能人口的护照比为1∶3，我们现有的护理人员存量远远不够。二是从专业人才结构上看，目前的护理人员主要为通过劳务市场、熟人介绍等方式从农村到城市打工的"40""50"女性人员，普遍年龄偏大，学历偏低，几乎没有任何护理技能，且流动性高，只能够提供家务照料和简单的日常护理，无法满足老年人的心理疏导、精神关爱等需求。此外，由于养老护理专业教育与时代发展不相适应，不仅具有专业护理知识和临床护理经验的专业护理师、营养师、心理咨询师等非常缺乏，能够进行养老护理的管理人才和养老机构经营管理人才更是少之又少。三是从专业人员分布上看，专业护理人员相对更多集中在城市，农村和基层一线专业护理人员严重短缺。比如在农村养老中心虽然有房子、有设备，但是普遍缺少护理人员。

（四）养老服务业发展不均衡

一是城乡养老服务不均衡。由于城乡发展水平存在差异，农村养老缺乏整体规划，农村养老服务设施不齐全，加之农村老年人空巢化、独居化、高龄化问题日益加剧，农村养老服务压力较大，存在巨大缺口。二是养老供给结构不均衡。在多层次养老服务体系建设中，政府将主要财力放在机构建设和床位投入方面，对于居家养老的重视还不够，相对而言，居家养老的重要作用还没有发挥出来，特别是由于信息不对称，政府提供的服务与老年人实际需求还有距离，使得90%以上选择居家养老的老人的需求无法得到满足，这就造成了有供给无需求与有需求无供给的尴尬局面。三是行业层次不均衡。目前市场上提供的养老服务和产品中，对于大部分老年人来说，高端的产品和服务买不起，低端的产品和服务不想买，中端的产品服务又供应不足。

（五）养老服务业市场活力不足

一是在市场竞争中处于弱势地位。从总体上来看，由于养老服务业起步晚，市场处于发展阶段，养老企业"小弱散"的特征较为明显。二是社会资本投资不充分。长期以来养老机构一直面临着利润薄、盈利难、投资回报周期长等发展困境，以及"价格高老人住不起，价格低机构运维难"的发展瓶颈。据有关调查，大部分养老机构的投资回报周期在 10 年以上，这就导致一些中小养老机构很难吸引社会投资。三是养老机构融资难融资贵。当前养老机构在数量上以公办机构为主体，民营机构相对规模小、资金实力弱，还没有形成一个充分竞争的市场机制，公有资本在融资方面仍然占据优势，民营企业融资困难。四是在实践中政策落实不到位。养老服务业涉及部门多，在政策落实过程中存在"最后一公里"难题。

四、养老服务业高质量发展的对策建议

养老服务业是一项长期系统工程，在人口深度老龄化的趋势下，要深刻把握新发展阶段下新形势新需求，立足河南省省情，围绕"为谁服务、服务什么、谁来服务"，加大对养老服务业的引导和支持，通过创新理念、深化改革、提质增效，打造高质量河南特色现代化养老服务业，努力让人民群众获得更多更好更可持续的幸福感、安全感。

（一）加快产业转型升级，培植养老产业新业态新模式

针对当前养老服务业痛点，必须加快产业转型升级，以新技术、新业态、新模式赋予传统养老产业新动能，为老年人提供更高质量、更有品质、更多温度的服务。一是改造提升传统养老服务业，积极利用互联网、大数据、人工智能、区块链等新一代信息技术产品，加快康养行业的数字化转型，拓展养老应用场景，将适老产品与服务有机融入老年人的衣食住行、医疗救助、社会交往等诸多方面，提升养老服务的精准性、安全性。二是培育壮大嵌入式养老、家庭养老床位、互助养老、"时间银行"等养老服务新模式，智慧养老、房产养老、物业养

老等养老服务新业态，充分利用河南文化资源丰厚的天然优势，推进养老产业与文化、旅游、生态农业、地产等融合发展，逐步形成多元化、多业态的养老服务业发展新格局。三是立足国家大健康产业发展战略，建设一批养老健康产业基地，强化产学研合作机制，与河南高新技术、金融、生命健康、新型基础设施等有机融合，形成养老健康产业发展的规模效应。

（二）加强市场主体培育，扩大养老服务业的有效供给

一是在充分认识到河南省1亿人口的特大消费市场优势的基础上，加强规划引导，增强养老服务企业的市场主体地位，形成老年服务市场的多元供给体系。二是加快养老服务品牌建设，支持养老机构规模化、连锁化、品牌化发展，培育一批产业链长、带动力强、品质优良的"豫字号"养老行业龙头企业，做强一批精细化、特色化发展的中小微养老服务企业。三是大力培育养老服务创新主体，鼓励新兴养老科技企业面向高龄、失能失智、长期慢性病等特殊老人的刚需，加大对养老智能技术的研究开发，拓展智慧养老场景应用，同时也要注重产品的适老性，使科技创新与人文关怀有机结合，实现全链条的养老服务。四是搭建技术创新平台，促进成果转化与应用，鼓励支持企业利用新技术、新工艺、新材料和新装备开发食品、药品及器械、健康管理产品、电子电器等老年产品用品，繁荣老年用品市场，促使养老服务和产品有效供给能力大幅提升，供给结构更加合理。

（三）促进产业创新发展，打造完整养老服务业产业链

一是整合现有的养老资源，从衣食住行医等核心养老服务，扩展到健康管理、修身养性、养老用品、修复保健、生活方式体验和养生文化体验等方面，延伸到养老地产业、养老金融业、养老保险业、养老医疗保健业、康复护理业、托管托养服务业、养老陪老家政业、养老投资咨询业等，推动上下游良性互动，形成一个从上到下的多类型、多层次、多样化现代养老服务业。二是创新推动"医康养护"深度融合，整合养老服务产业链，推动产业链不同环节间互动。三是搭建养老服务业平台，加速城市间与城乡间生产要素流通、养老产业联动，开展有利于产业协同、技术引进、人才共享、品牌增值等方面的产业区域合作，为老年人提供异地养老、旅居养老等特色服务，形成产业互动、产业互补的养老服务产业链。

（四）营造优良营商环境，深度激发养老业市场活力

养老服务业高质量发展离不开良好的营商环境。一是要进一步提升政府管理效能，建立养老服务业清单，加快补齐农村养老服务业短板，注重发挥价格机制

对养老服务市场各种要素配置的主导作用，保障各类要素公平合理有效配置。二是继续加大对养老服务业的财税政策支持力度，分类施策、精准施策，防止"大水漫灌"，同时要保持政策的持续性和长期稳定性，从而吸引社会资本愿意进入养老服务业领域。三是拓宽养老服务业融资渠道，重点破解"融资难融资贵"难题，培育养老服务业和金融业融合的新业态，坚持竞争中性原则，以更开放的姿态引导民营企业进入养老服务市场，鼓励引进国外优质养老资源，使长期资本能够更好进入养老服务业。四是着力解决好政策落地"最后一公里"难题，推动土地、税费、水电费、建设补贴等扶持养老企业的各项优惠政策真正落到实处，为养老服务业高质量发展营造更好的政策环境、市场环境、法治环境。

（五）深化体制机制改革，增强养老服务业人才供给

专业化人才是实现养老服务业高质量发展的根本保障。一是从体制机制的改革创新入手增强养老服务业人才供给。在政策上继续加大对养老服务人才的投入，建立从中职、高职到本科等一系列完善的养老人才培养体系，完善培养老年病医学、康复医学、营养师、健康管理师等多层次的养老服务领域人才的配套措施，吸引更多人员进入养老服务业中。二是统筹社会资源，设立养老服务培训专项基金，对参加养老服务培训和继续教育的给予补贴，鼓励和支持养老从业人员自我提升。三是鼓励养老企业深度参与到养老人才培养中来，通过共建养老学院、养老服务联盟等方式，共同培养养老服务业急需的人才。四是在待遇地位上提升养老服务业人员收入，制定相应的薪酬标准，完善养老服务人才职称晋升渠道，提高国家职业资格鉴定率，提高养老服务人员的积极性。五是加大对养老服务业人才的宣传，明确其职业前景，增强其荣誉感，使养老从业人员得到应有的尊重和地位。

参考文献

［1］关于河南省养老服务体系建设的调查［N］．河南日报，2021-11-29.

［2］河南养老服务工作回眸"十三五"亮点纷呈与展望"十四五"［EB/OL］．河南省人民政府官网，http：//mzt.henan.gov.cn/2021/01-20/2082550.html，2021-01-20.

［3］年度盘点：2021年中国养老服务业大局与大势回顾［EB/OL］．腾讯网，https：//xw.qq.com/cmsid/20211225A092w200？f=newdc，2021-12-25.

［4］天眼查数据研究院．大健康时代新机遇：未来生活的前置思考［EB/OL］．http：//www.shujuju.cn/lecture/detail/8473，2021-11-29.

［5］张岩松．养老服务业人才创新培养与优化配置研究［M］．大连：东北财经大学出版社，2021.

B.13 "六普"到"七普"河南省人口迁移流动的新特征、新变化、新挑战

张原震　陆　薇　张　敏[*]

摘　要：本文通过对"六普"和"七普"数据进行对比分析，发现河南省迁移流动人口数量多、增速快，结构呈年轻化、家庭化，并且省内流动不均衡、跨省流动渐分散。同时，河南省人口迁移流动还呈现出新的特点和变化——流动形式出现逆转，以省内流动为主；流动时间较长，稳定性较强；经济型流动相对减少；高学历人群比例增加；市辖区内人户分离人口规模快速增长。为了促进河南省人口合理有序地迁移流动，笔者建议构建流动人口公共服务体系，创新管理方式，稳定流动人口就业，加强社会保障，同时高度关注流动人口特殊群体。

关键词：人口迁移流动；新特征；新变化；新挑战

随着时代的进步、经济的发展和城镇化水平的提升，人口迁移流动活动更加活跃。人口迁移流动是当前我国新型城镇化进程中一个重要的社会现象，对改善人口空间分布、促进资源优化配置和经济生产要素合理流动都具有重要意义。2020年第七次人口普查数据显示，河南省常住人口9936.55万人，人口总量在全国各省排名中位列第三，河南流出到外省的人口达1610万人，是全国流出人口最多的省份，人口流动频繁，人口状况和变化复杂。经查阅相关文献可知，虽然已有学者对河南省的人口迁移流动进行了研究，但是缺乏系统的现状分析，且数据较为陈旧，最新研究所采用的数据是2015年的1%人口抽样调查数据，难以描绘迁移流动人口的新特点和变化。2021年，全面三孩时代到来，城镇化程度进一步加深，加之近几年来各地的人才引进政策相继出台，河南省的流动人口发展呈现出了新的形势。因此，本文将通过比较分析2010年第六次人口普查数据

---

[*] 张原震，教授，河南卫生健康干部学院副院长，河南省人口学会会长；陆薇，河南卫生健康干部学院讲师；张敏，河南卫生健康干部学院讲师。

（以下简称"六普"数据）和2020年第七次人口普查数据（以下简称"七普"数据），对河南人口迁移流动的现状进行分析，进而总结人口迁移流动的新特征、新变化，分析人口迁移流动面临的新挑战与问题，并提出具有针对性的政策建议。

一、河南省人口迁移流动现状

（一）流动人口规模：数量多，增速快

"七普"数据显示，河南省流动人口为2120.17万人，占河南省总人口的21.34%，也就是说五个人当中就有一个是流动人口，流动人口规模巨大。与"六普"相比，河南省流动人口增加1316.37万人，增长率为163.77%。全国流动人口37581.68万人，比2010年第六次人口普查增加15439.01万人，增长率为69.73%，河南省流动人口增长率比全国高约100个百分点，高于全国平均水平。从所占比重来看，2010年河南省流动人口占总人口的8.55%，占全国流动人口的3.63%，2020年比重分别增加12.79个和2.01个百分点（见表1）。

表1　河南和全国流动人口规模和占比变化

年份	河南流动人口规模（万人）	全国流动人口规模（万人）	河南流动人口占总人口比重（%）	河南流动人口占全国流动人口比重（%）
2010	803.80	22142.67	8.55	3.63
2020	2120.17	37581.68	21.34	5.64
增长率（%）	163.77	69.73		

资料来源：河南省和全国第六次、第七次人口普查数据。

（二）流动人口结构：年轻化、家庭化

从年龄结构来看，河南省流动人口呈现出以下特点：一是劳动年龄段的流动人口占主体。2020年，15~64岁流动人口为1605万人，占总流动人口的75.68%（见图1），占总劳动年龄人口的25.48%，说明每四个流动人口中有三个都是处在劳动年龄阶段，每四个劳动年龄人口中就有一个是流动人口。二是流动人口呈年轻化。1980年后出生的新生代流动人口为1475万人，占总流动人口的69.58%，比2021年增加846万人，增长率高达134.61%，新生代流动人口急速

增长。三是流动人口家庭化特征显现。段成荣等（2013）指出，人口流动的家庭化过程包括四个阶段：单个个人外出流动阶段、夫妻共同流动阶段、核心家庭化阶段、扩展家庭化阶段。夫妻共同流动阶段势必会伴随着女性流动人口的增加，而核心家庭化阶段流动儿童的比例会增加，扩展家庭化阶段老年流动人口的比例也会一定程度上有所提升。从性别结构来看，2020年流动人口中男性和女性占总流动人口的比例大体相当，分别是51.07%、48.93%，仅相差2.14个百分点，其中女性流动人口比2010年第六次人口普查增长0.77%。2020年，0~14岁流动人口392万人，占流动人口总量的18.51%，比2010年增加6.56个百分点；65岁及以上流动人口123万人，占流动人口总量的5.81%，比2010年增加2.46个百分点；少儿和老年流动人口大幅度增加。由此可以看出，河南流动人口已迈向扩展家庭化阶段。

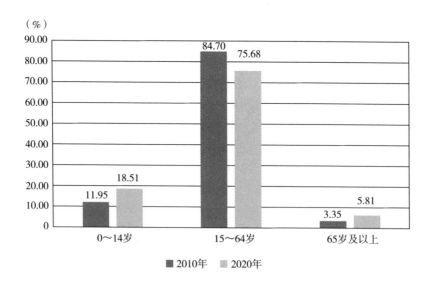

图1 2010年和2020年流动人口年龄段分布情况
资料来源：河南省第六次、第七次人口普查数据。

（三）流动人口分布：不均衡、渐分散

从全省范围来看，郑州市作为我省唯一一个常住人口超过1000万的城市，承载了河南省12.68%的人口，流动人口576万，占全省总流动人口的27.19%，比其他地市均高近20个百分点，吸纳了大部分流入人口，远超其他各市，使得河南省流入人口总量呈现明显的"单极化"趋势。一个地区对流动人口的吸引力可以看出这个地区的人口集聚能力，本文将用地区的流入人口占常住人口的比

重来衡量其流动人口吸引度。从省内流动来看，郑州市、济源市和洛阳市的流动人口吸引度最高，分别是45.75%、39.83%、22.64%，超过了河南省21.34%的平均水平。与"六普"相比，全省18个地级市的流动人口吸引度均有提升，济源市提升最快，增长了24.91个百分点，提升最慢的许昌市也增加了7.06个百分点。但是，各地市的流动人口吸引度又呈现出了一定的不均衡性，周口市的流动人口吸引度仅有12.15%，比吸引度最高的郑州市低了33.60个百分点（见表2）。

表2 2010年和2020年河南省各地市流动人口吸引度变化情况

地区	2020年流动人口总量（万人）	2010年流动人口总量（万人）	2020年流动人口吸引度（%）	2010年流动人口吸引度（%）	变化（%）
郑州	576.46	225.96	45.75	26.19	19.55
开封	63.65	22.49	13.19	4.81	8.38
洛阳	159.74	65.71	22.64	10.03	12.60
平顶山	82.47	36.37	16.54	7.42	9.12
安阳	95.77	33.92	17.48	6.56	10.93
鹤壁	19.59	6.48	12.51	4.13	8.38
新乡	124.40	36.18	19.90	6.34	13.56
焦作	65.46	30.08	18.59	8.50	10.09
濮阳	75.06	22.01	19.90	6.12	13.78
许昌	72.00	40.39	16.44	9.38	7.06
漯河	30.14	14.10	12.73	5.54	7.19
三门峡	35.15	17.80	17.27	7.97	9.31
南阳	199.74	73.66	20.56	7.18	13.39
商丘	117.75	27.25	15.06	3.70	11.36
信阳	131.69	56.17	21.12	9.20	11.93
周口	109.65	36.60	12.15	4.09	8.06
驻马店	132.48	47.67	18.90	6.59	12.31
济源	28.97	10.09	39.83	14.93	24.91
全省	2120.17	803.80	21.34	8.55	12.79

资料来源：河南省第六次、第七次人口普查数据。

从跨省流动来看，河南省人口总体呈现"孔雀东南飞"的趋势，跨省流出人口流向广东的人数最多，其次是浙江、江苏、上海和北京，分别为277万、247万、220万、134万、127万人，占跨省流出人口的62.44%。与2010年第六次人口普查相比，河南省跨省流出人口的流向有分散的趋势，表现为流出人口开始向内陆扩展，逐步在"胡焕庸线"上聚集，流向内蒙古、甘肃、四川、云南的河南人均跨越 10 万大关。

二、河南省人口迁移流动的新特征、新变化

（一）流动形式逆转：省内流动占主导

2020 年，河南省流动人口中省内流动人口为 1992.81 万人，比 2010 年增加 1248.22 万人，增长 167.64%，外省流入人口 127.37 万人，比 2010 年增加 68.16 万人，增长 115.12%。省内流动增长比省外流入高约 50 个百分点，表明省内流动更加活跃。从跨省流动来看，河南省外出到省外半年以上的人口有 1610.09 万人，是全国流出人口最多的省份，比 2010 年相比增加了 595.45 万人，增长 58.69%；全省净流出 1482.72 万人，比 2010 年相比增加了 527.29 万人，增长 55.19%，人口净流出量依然庞大。对比省内流动人口和跨省流动人口发现，2010 年跨省流出人口比省内流动人口多 270.05 万人，而 2020 年省内流动人口比跨省流出人口多 382.72 万人（见表 3）。省内流动和跨省流动的逆转说明随着国家产业结构布局的调整和工业化、城镇化进程的加快，大量流动人口开始返乡回流。

表3 河南省不同形式的流动人口规模变化

年份	省内流动人口（万人）	外省流入人口（万人）	跨省流出人口（万人）	净流出（万人）
2010	744.59	59.21	1014.64	955.43
2020	1992.81	127.37	1610.09	1482.72
增长率（%）	167.64	115.12	58.69	55.19

资料来源：河南省第六次、第七次人口普查数据。

（二）流动时间较长：流动人口稳定性较强

流动人口的流动时间可用离开户口登记地时间来衡量。2020 年，流动人口的流动时间在三年以上的占总流动人口的 45.72%，也就是说，有将近一半的流动人口长期流动在外。与 2010 年相比，流动人口在 3 年以上的增长 6.41 个百分

点（见图2）。这说明流动人口越来越倾向于长期流动。在对离开户口登记地原因为务工经商的人口的住房来源进行分析时，发现仅有27.40%的务工经商流动人口为租赁住房，大部分已拥有自己的住宅。由此可以看出，部分流动人口已在流入地定居，稳定性较强。与改革开放之初的流动人口"频繁流动"现象相比，现今的流动人口"流动性"越来越弱，他们在流入地的居住和就业都比较稳定（段成荣等，2013）。

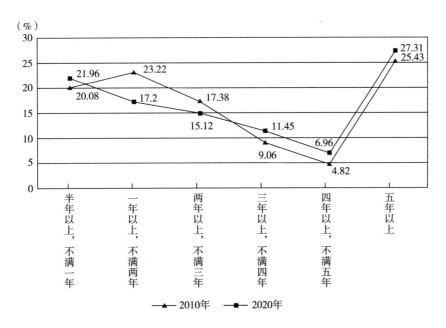

图2 2010年和2020年河南流动人口离开户口登记地时间分布

资料来源：河南省第六次、第七次人口普查数据。

（三）流动原因多元：经济型流动相对减少

常见的引发人口流动的因素主要有三种：一是经济因素，比如就业机会、工资条件、生活成本等；二是社会政治因素，包括家庭冲突与团聚，追求独立，民族、宗教、种族和文化方面的因素，战事或冲突的威胁，以及其他会引起流动的因素；三是生态因素，比如天气、资源、环境等。

普查数据中对流动人口的迁移原因仅有经济因素和社会因素，所以将流动人口根据流动原因划分为经济型流动人口和社会型流动人口两类。2010年"六普"将经济原因划分为"工作调动""务工经商""学习培训"三类，"七普"将"工作调动"和"务工经商"合并为"工作就业"。社会型流动原因方面，"七普"在"六普"的"随迁与投亲靠友""寄挂户口""婚姻嫁娶""拆迁/搬家"
"其他"原因基础上增加了"照料孙子女""为子女就学""养老/康养"三方面
的因素。整体来看，经济原因仍然是流动的主要原因，但是占所有流动原因的比
例有所下降，相对应的社会原因比例有所上升（见表4）。

表4 2010年和2020年河南省人户分离人口迁移原因变化　　　单位：%

流动原因	2010年			2020年		
	合计	男	女	合计	男	女
经济原因	54.76	59.08	50.20	49.00	52.16	45.75
社会原因	34.93	29.79	40.35	40.60	37.25	44.05

注：由于2010年普查数据对于流动原因的统计没有区分流动人口和市辖区内人户分离人口，故为了
方便对比，本表中数据是指全部的人户分离人口。

资料来源：河南省第六次、第七次人口普查数据。

进一步分析2020年流动人口各种迁移原因的分布情况（见表5）发现：
①人口流动仍以经济型为主。52.39%的流动人口是因为经济因素而流动，而社
会型流动仅占37.53%，相差14.86个百分点。其中工作就业是最主要的流动原
因，占比31.24%，相当于三个流动人口中就有一个是因为工作就业而流动。
②流动原因存在性别差异。55.64%的男性流动人口是经济型流动，49.00%的女
性流动人口是经济型流动，二者相差6.64个百分点；而在社会型流动方面，女
性流动人口占41.13%，男性流动人口占34.12%，女性比男性多7.01%。由此可
以看出，男性主要是为了生计和个人价值的实现而奔波，女性更多是因为家庭原
因而发生流动行为。③"一老一小"的流动关注度提升。2.12%的流动人口流动
原因是为照护孙子女，为子女就学的流动原因占比2.13%，在这两个因素中，女
性比例均高于男性，这主要是由于传统的"男主外，女主内"的家庭分工造成
的。值得一提的是，随着老龄化程度的加深，有1.11%的老年人因为养老或者康
养选择流动，这部分老年人在流入地的社会融入、晚年生活和社会保障等问题需
要引起关注。

表5 2020年河南省流动人口迁移原因分布　　　单位：%

具体流动原因	小计	男	女
工作就业	31.24	34.38	27.96
学习培训	21.15	21.25	21.05
小计	52.39	55.64	49.00

续表

具体流动原因	小计	男	女
随迁与投亲靠友	13.06	12.33	13.83
拆迁/搬家	15.47	15.62	15.33
寄挂户口	1.30	1.46	1.13
婚姻嫁娶	2.34	0.65	4.12
照料孙子女	2.12	1.40	2.87
为子女就学	2.13	1.61	2.68
养老/康养	1.11	1.05	1.17
小计	37.53	34.12	41.13
其他	10.07	10.25	9.88
合计	100.00	100.00	100.00

注：本表中数据仅指流动人口（不含市辖区内人户分离人口）。

资料来源：河南省第六次、第七次人口普查数据。

（四）人员素质提升：高学历人群比例增加

2010年到2020年，河南省流动人口的整体素质有所提升，主要表现在以下两个方面：一是未上过学的流动人口占比减少。相比2010年，2020年未上过学的流动人口占比1.08%，降低0.36个百分点。二是大专及以上的高学历水平流动人口占比增加。2020年大专及以上水平的流动人口比例达24.6%，也就是说，四个流动人口中就有一个是大专及以上学历，比2010年增加2.77个百分点。其中，大学专科、大学本科和研究生学历的流动人口占比分别增加了0.14个、2.31个、0.32个百分点（见图3）。

（五）市内流动凸显：规模快速增长

市辖区内人户分离人口主要是指一个直辖市或地级市所辖的区内和区与区之间，居住地和户口登记地不在同一乡镇街道的人口。由于只是在城市内部近距离的流动，所以并未列入流动人口的范围，但也不可忽视。2020年，河南省市辖区内人户分离人口443.79万人，占总人口的4.47%，全国市辖区内人户分离人口占总人口的8.28%，河南省比全国水平低3.81个百分点。仅从城市人口来看，河南省市辖区内人户分离人口占城市人口的17.09%，比全国水平高4.12个百分点。也就是说，城市中不到6个人中就有1个是人户分离人口。与2010年相比，河南省市辖区内人户分离人口增加了2711829万人，增长率为157.11%。市辖区内人户分离人口规模的快速增长，可能与建成区不断扩展、人民居住条件不断改善、子女教育随迁、与户籍相联系的各种社会福利与支持体系未发生根本性改变等有密切关系（周浩，2021）。

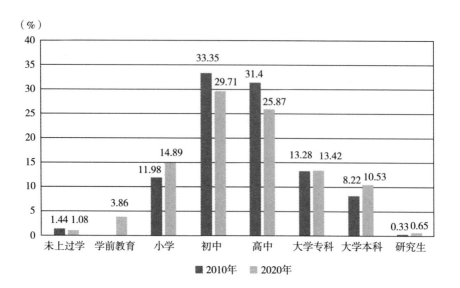

图3　2010年和2020年河南流动人口受教育程度变化

资料来源：河南省第六次、第七次人口普查数据。

三、河南省人口迁移流动面临的新挑战与问题

（一）流动管理难度大，乡村振兴受影响

从流入地来看，流动人口现象虽然逐渐常态化，但是流动人口的管理和服务还未完全到位，管理难度较大，仍然存在以下三个方面的问题：一是服务意识淡薄。流动人口管理部门在制定文件时存在"重管理轻服务"的情况，颁布的法律文件大多明晰如何管理流动人口而缺乏如何服务好流动人口这方面的内容（孙健等，2020）。二是流动人口管理部门之间缺乏统一协调性。作为一项系统性工程，流动人口的管理牵涉到卫健、教育、人社和公安等部门，目前各个部门分域管理，缺少合并统筹，不利于工作的开展。三是社区管理不到位。与单位制管理和社会组织管理相比，社区管理具有集约性、区域性、多元性、参与性、社会性

等优点(高晓萍,2019),但目前政府与工作单位、出租屋房东、社区居委会等方面齐抓共管的局面尚未形成。从流出地来看,河南许多农村都成了名副其实的"空心村",剩下的大都是"留守老人"和"留守儿童",给当地社会治安、青少年教育和老年人赡养带来了一系列难题。人员的大量外流尤其是青壮年的外流还加速了农村劳动力的老龄化,使得农村经济的发展成本逐渐上升,不利于乡村振兴建设。有些定居流入地的流动人口家庭甚至放弃了耕地,部分返乡人口改善生活条件时会占用耕地改建住宅,不可避免地影响到整个社会的发展。

(二)职业发展阻碍多,劳动权益缺保障

"七普"数据显示,近1/3的人员因为工作就业发生流动行为。但现实情况中流动人口的职业发展却面临许多障碍。郑州大学社会治理河南省协同创新中心2019年开展的"城市流动人口调查"显示,城市流动人员中56.5%的职业是工厂工人,建筑工人占比3.1%,近60%的流动人口从事体力劳动,职业地位相对较低,缺少技术含量,可替代性较高。56.7%的流动人口在过去一年里没有换过工作,说明大多数流动人员的工作相对稳定,但是其工作时间整体较长,日工作时间11~12小时相当普遍,而且节假日经常得不到保障。笔者对部分私营企业员工进行访谈得知,大多数的私企实行单休或者单双休轮休制,较少有私企会实行双休,而私企恰恰是流动人口较为主要的工作阵地。从工资方面来看,河南省的外来务工人员年收入大多中等偏下,在1万~5万,还有将近50%的城市流动人口不能按时领取工资,40.1%的流动人员没有签订劳动合同,60.8%的流动人口没有接受过相关技能培训。整体来看,流动人口的职业发展空间较小,工作强度大且劳动权益缺乏保障。

(三)参保情况不乐观,卫生服务压力大

社会保险是社会保障的重要组成部分,对于现代人的生活具有十分重要的作用,但目前河南省的流动人口参保情况不容乐观。"城市流动人口调查"显示,没有参加城镇职工医疗保险、养老保险、失业保险、商业保险的城市流动人员均超过60%,城市流动人口的社会保障状况堪忧。据笔者了解,流动人口中从事脑力劳动工作的缴纳"五险一金"较为普遍,但是从事体力劳动和服务行业的由于其流动性较大往往很难享受到缴纳社会保险的福利。虽然80.7%的城市流动人口享有农村合作医疗保险,但是农村医疗保险在城市报销比例低且执行手续复杂,根本满足不了城市流动人口在流入地的医疗需求。公共卫生服务的充分利用对流动人口疾病的预防和控制具有积极作用,但与户籍人口相比,流动人口各项公共卫生服务项目的利用现状不容乐观(段成荣等,2017)。"全面三孩"政策

的实施势必会对人口生育率造成一定的影响，虽然可能对提升流动人口的生育率作用有限，但是流动人口中育龄妇女的产前检查或者生育极有可能发生在流入地，所以会对流入地的公共卫生服务增加一定的压力，因此需要适当加以相关的政策倾斜。

（四）社会融入不顺畅，流动老人需关注

流动人口"流动性"的相对稳定推动着流动人口与流入地的社会融合发展。张宇等（2020）指出河南省流动人口社会融合度仍处于中等偏低水平。流动人口的社会融入目前仍存在不少问题，主要表现在以下五个方面：一是流动人口对流入地的认同度低。"城市流动人口调查"显示，虽然在流入地打工就业甚至生活，但是仅有 5.5% 的流动人口认为流入地是理想之地。二是流动人口与流入地当地居民交流少。流动人口的社会交往大多还是局限在亲缘、同乡等社会关系，当遇到困难时，他们也是最先求助于家人和老乡，42.6% 的受访者认为当地政府给予的帮助和服务很少。三是流动人口定居意愿受住房成本所限。在高房价的市场环境下，流动人口无论是购房还是租房都存在着巨大的经济压力，工资的涨幅远远及不过住房成本的增幅，此种情况逼退了一部分想在流入地定居的人群，从而导致这部分人返乡回流。四是随迁子女教育资源面临巨大挑战。许多研究表明，流动人口能稳定地在流入地生活的主要原因是考虑到随迁子女的教育问题，目前随迁子女的义务教育基本能得到保障，但是仍存在许多流动儿童难以在公办学校就读的现象。尤其是现今必须在户籍地参加高考的制度导致许多随迁子女面临异地高考问题，这不仅会影响一个人及其家庭的发展，也关系到国家的社会稳定和长远发展，需要尽快稳妥解决。五是老年流动人口需关注。随着流动人口的扩展家庭化，老年流动人口比例上升，他们的社会融入、养老、医疗和精神慰藉问题也日渐突出，需要引起重视。

（五）市内流动现象多，相关研究极缺乏

大规模且增速极快的市辖区内人户分离现象是"七普"中人口流动方面出现的最重要的新现象，但是相关研究极度缺乏。查阅相关文献可知，仅有几篇针对北上广三大城市的市辖区内人户分离人口的文献。相较于流动人口，市辖区内人户分离人口在来源、年龄结构、受教育程度、分布、特征及原因等方面都有着明显的区别，比如市辖区内人户分离人口以青壮年为主且受教育程度较高，人户分离时间长，人户分离为城市发展更新、家属随迁、子女入学及务工经商所致等。虽然目前流动人口的统计口径中并不包含市辖区内人户分离人口，但是它必然会带来一定的社会经济问题，在进行城市社会经济发展规划、公共资源合理配置及行政管理与决策过程中必须高度重视，善加安排。如果人口流动是由于生存及经济原因造成的，那么造成市辖区内人户分离的重要原因就是城市内部的公共资源配置与人口分布之间的错位，这种错位同时也造成了城市各种公共资源与服务的浪费（周皓，2021）。市辖区内人户分离现象的快速增加，不仅存在于我省城市化发展及扩张过程中的各类城市中，更普遍发生在全国其他超大或特大城市，亟待学者进一步深入研究。

四、促进河南省人口有序迁移流动的对策建议

（一）立足需求，构建流动人口公共服务体系

为了维护流动人口长期稳定的发展，要尽快构建适应流动人口新形势的公共服务体系。首先，要构建以大数据为基础的需求表达机制。只有建立完善的需求表达机制，才能真正实现公共服务的精准化。要充分结合大数据时代的互联网优势，拓宽流动人口的诉求表达渠道。其次，要尽快实现流动人口公共服务对象由流动个体向流动家庭的转变。流动人口公共服务体系应将流动家庭作为服务对象，制定满足流动个体、随迁子女和家属等需求的促进家庭发展的政策措施。最后，要进一步实施和完善居住证制度，保障居住证持有者和当地居民享受平等的待遇、分享同等的利益和资源、享有相同的城市基本公共服务，最终形成与户籍人口平等的权益体系（段成荣等，2017）。

（二）创新管理，引导人口合理有序迁移流动

针对流动人口管理的系统性、复杂性，要建立全方位多层次的长效管理机制。统筹区域和城乡发展的新形势，加快推动流动人口管理体制创新，要做到以下两点：一是加强部门联动。各管理部门应明确职责，建立综合治理机制，通过有效协作共同搭建统一的流动人口信息数据管理平台，实时掌握流动人口动态。建立健全流入与流出双向管理机制，做到信息交流共享、无缝对接，构建流动人口管理服务"一盘棋"格局。二是深化社区管理。社区要对辖区流动人口进行实时登记、定期回访，掌握流动人口的第一手资料。在体制上，要将流动人口纳入社区管理范围；在保障上，考虑流动人口利益，将流动人口纳入社会救助体系和再就业体系；在社区参与上，鼓励流动人口积极参与社区事务和公益服务，为社区发展积极建言献策（张莹莹，2012）。此外，人口合理有序迁移流动不能忽

视流出地的建设发展。结合现今已有部分年轻人返乡创业的新局面，流出地应制定相应的支持政策留住人才，结合自身特色创造创新就业机会吸引人员返流，进而振兴地区发展。

（三）多策并行，稳定流动人口就业良好局面

稳定的发展需要稳定的生活，稳定的生活离不开稳定的工作。为了保证流动人口长期稳定的就业发展，就要创造良好的就业局面。从国家层面来看，要健全各种劳动保障制度和法律法规，规范企业管理，畅通劳动者维权渠道，增加技能培训机会，充分保障流动人口的相关工作权益。从企业层面来看，一方面要做到规范自身管理，落实劳动者的待遇、福利等；另一方面要建设企业文化，加强劳动者的归属感，提升劳动者的工作幸福指数。从流动人口自身来说，一方面要加强知识学习和技能培训，提升自身能力和素质，增加自己的"含金量"和竞争力；另一方面可以结合自身优势，寻找创业机会。在国家大力提倡"大众创业、万众创新"的政策支持下，时下年轻人创业热情高涨，为自己谋前途的同时也为社会提供了更多的就业机会。

（四）加强保障，推动流动人口的全方面融入

社会保障关乎流动人口的生存发展，对流动人口的管理和市民化有着至关重要的作用。因此，要加快脚步推动流动人口社会保障相关制度的建立，提高常住人口和流动人口的融合度。一方面要坚持"广覆盖、低标准、可持续"的原则，完善流动人口相关社会保险制度；另一方面可针对流动人口的特殊属性，建立多阶段的大病重病医疗、工伤和养老保险机制。在教育方面，要完善制度设计，努力提供给流动人口的子女与城市常住人口平等的接受教育的机会，比如提高学前教育的供给度、尽快出台全国统一覆盖的异地高考相关政策等。此外，还要格外关注流动人口的心理融入问题，通过解决住房、丰富业余生活、加强居民交流等方式增加流动人口的归属感。

（五）高度关注，保障流动人口特殊群体权益

在近几年的人口流动过程中，有三类群体比较特殊，分别是新生代流动人口、市辖区内人户分离人口和老年流动人口。在以后的流动人口管理中，应着重关注流动人口的特殊群体。具体来说，要做到以下三个方面：一是采取有针对性的措施，解决新生代流动人口长期定居意愿与现实定居面临的各种问题的矛盾、社会融入意愿与现实社会交往有限的矛盾以及未能与户籍人口享受一致的城市公共服务的矛盾。二是积极关注市辖区内人户分离现象。随着人们生活水平的提高

和住房条件的改善、城市经济活跃度的提高、产业集聚性的加强，市辖区内人户分离人口规模将进一步增长。只有充分了解市辖区内人户分离人口在城市内部分布的原因及规律，才能为其提供适合的公共服务。三是重点关注老年流动人口服务管理，加快推进城乡养老、医疗保险一体化，将老年流动人口纳入城市和社区养老体系，加强对流动老年人的心理慰藉，保障其享有和流入地老年人同等的服务和权益。

参考文献

［1］段成荣，刘涛，吕利丹．当前我国人口流动形势及其影响研究［J］．山东社会科学，2017（9）：63-69．

［2］段成荣，吕利丹，邹湘江．当前我国流动人口面临的主要问题和对策——基于2010年第六次全国人口普查数据的分析［J］．人口研究，2013，37（2）：17-24．

［3］高晓萍．城市社区流动人口管理问题的对策［J］．辽宁警察学院学报，2019，21（5）：67-71．

［4］鲁雁．我国城市流动人口公共服务供给存在的问题及对策［J］．长春市委党校学报，2018（6）：27-29．

［5］孙健，苏泽南．城市流动人口管理问题研究［J］．河北农机，2020（10）：32+34．

［6］张莹莹．社区化管理：中国流动人口管理体制创新研究［D］．长春：吉林大学硕士学位论文，2012．

［7］张宇，傅端香，周清．河南省流动人口社会融合及影响因素研究［J］．中国储运，2020（12）：166-168．

［8］郑永扣．河南社会治理发展报告（2019）［M］．北京：社会科学文献出版社，2019．

［9］周皓．中国人口流动模式的稳定性及启示——基于第七次全国人口普查公报数据的思考［J］．中国人口科学，2021（3）：28-41+126-127．

B.14 河南省农村老年人健康状况及其社会支持研究

张　勃　刘聪慧　刘怡均　罗子怡[*]

摘　要：本文基于 2018 年中国健康与养老追踪调查（CHARLS）数据，运用定量研究方法分析了河南省农村老年人健康和社会支持状况。研究发现，低龄老年人的健康状况和健康检查意识均高于高龄老年人；男性老年人健康状况较好，而女性老年人健康检查意识较强；与配偶同住老年人相比于无配偶或未同住老年人健康状况更好；社会支持对老年人健康状况有显著影响；社会支持对老年人健康状况的影响存在年龄、性别、婚姻差异。基于此，本文为改善河南省农村老年人健康水平及其社会支持提出了针对性的建议。

关键词：农村老年人；健康状况；社会支持

一、引言

健康问题已经成为国家关注的重点。2016 年国务院颁布的《"健康中国2030"规划纲要》提出"把健康摆在优先发展的地位"，并且"以农村和基层为重点，推动健康领域基本公共服务均等化"。2018 年河南省开始实施《"健康中原"2030 规划纲要》。河南省作为人口大省，老年人数量远高于其他省份，农村老年人数量高于城镇，而且农村老年人慢性病发病率高于城镇老年人。总体上，

---

[*] 张勃，河南农业大学社会治理创新研究中心讲师；刘聪慧，河南农业大学文法学院社会工作专业硕士研究生；刘怡均，河南农业大学文法学院社会工作专业本科生；罗子怡，河南农业大学文法学院社会工作专业本科生。

农村老年人的健康状况较差。① 目前学界关于老年人健康状况影响因素中的社会支持的研究包括很多方面，大致可以总结为以家庭支持为核心的非正式支持与制度及政府提供的正式社会支持。然而随着城市化的推进，家庭结构发生了翻天覆地的变化，原来以家庭支持为核心的非正式社会支持不断削弱。② 这意味着农村老年人对正式社会支持的需求会越来越多，这对目前农村正式社会支持体系提出了巨大挑战。农村老年人的健康问题不仅影响老年人的老年生活，而且成为国家实施健康中国战略和河南省推进健康中原建设亟待解决的难题。本文探讨农村老年人的健康和正式社会支持状况并提出针对性的政策建议，具有较强的现实意义。

已有研究较多侧重从代际支持、收入、居住方式等非正式的社会支持方面分析影响农村老年人健康的因素。从社会保障制度、健康检查、社区活动设施等由政府提供的社会支持方面分析影响农村老年人健康的因素的相关研究不多。这类由政府提供的社会支持与农村老年人健康状况存在什么样的关系？不同群体的健康状况和社会支持是否存在差异？如何完善农村老年人的社会支持体系以提高其健康状况？针对这些问题，本文根据 2018 年中国健康与养老追踪调查（CHARLS）数据，运用定量研究方法对河南省农村老年人健康状况和社会支持情况进行描述性分析，并从不同性别、不同年龄群体和不同婚姻状况分析农村老年人健康水平和社会支持的关系及其差异，据此为改善河南省农村老年人健康水平提出有价值的建议。

二、相关概念的界定与研究综述

（一）健康水平

1. 健康的定义

传统意义上的健康指的是"躯体的完好无损，没有残疾，没有病痛"，随着人类文明的进步，身体健康的内涵得到了扩展和外延。世界卫生组织（WHO）将健康定义加以修改后认为："健康不仅仅是躯体没有残疾，而且是身体、精神

---

① 刘威，刘昌平. 社会保险与农村老年人健康：参保会提升老年人健康水平吗？——基于多元有序 Logistic 模型的实证研究 [J]. 社会保障研究，2018（2）：47–53.

② 方黎明. 社会支持与农村老年人的主观幸福感 [J]. 华中师范大学（人文社会科学版），2016，55（1）：54–63.

和社会适应的完好状态。"

2. 健康的测量

健康指标是多维度、多方面的。对健康的测量通常主要从生理健康和心理健康两个维度进行。对于心理健康的测量，目前还没有统一的标准，在陶裕春和申昱的研究中，心理健康指标主要由老年人生活满意度自评、认知和抑郁三个方面组成。[①] 刘昊等认为心理健康主要通过抑郁水平来测量，[②] 并借用流行病学研究中心抑郁量表（CES-D）中的 10 道问题来测量老年人抑郁情况。还有学者根据衡量范围的大小将健康指标分为微观健康指标和宏观健康指标，其中微观健康指标主要是用来反映个人的实时健康状态，主要包括了生理测量指数、总体健康状况（GHS）等具体指标。[③④] 在之后的研究中健康指标有了新的划分标准，即主观衡量指标和客观衡量指标。最常见的主观衡量指标是自评健康指标，一些学者也将其称为自评一般健康。[⑤] 基于已有研究和实际情况，本文将使用总体健康、生理健康、心理健康和自评健康四个指标来测量健康水平。

3. 健康的研究综述

随着老龄化程度的加深，学界中出现了越来越多关于老年人健康及其影响因素的研究。根据中国老年社会追踪调查数据显示，农村老年人的健康状况主要体现在以下三个方面：一是总体健康状况和心理健康呈现较低水平，只有一半以下的农村老年人认为自己身体很健康或比较健康，而农村老年人的抑郁水平平均分值高于全国老年人的平均水平，更高于城市老年人；二是慢性疾病患病率高，例如糖尿病、心脑血管病、颈椎病等发病率较高；三是大多数的农村老年人具有基本的自理能力和自由活动的能力，但是随着年龄的增长、身体机能的退化，各方面的能力也在逐步退化。[⑥] 在之后持续的研究中学者们发现，从多角度分析老年人的健康水平和影响因素更有利于改善农村老年人的健康状况。有研究发现，老年人健康与情感、物质密切相关，且会受到家人、亲邻以及社会政策的影响，这些都属于社会支持的范畴。社会支持对于老年人健康状况的影响在越来越多的研究中得以体现。郑智丹等（2017）发现家庭的经济支持对高龄老年人的身体健康

① 陶裕春，申昱.社会支持对农村老年人身心健康的影响［J］.人口与经济，2014（3）：3-14.

② 刘昊，李强，薛兴利.双向代际支持对农村老年人身心健康的影响——基于山东省的调查数据［J］.湖南农业大学学报（社会科学版），2019，20（4）：49-56.

③ 董希望，王弟海.经济学中的"健康"：定义和度量——学科比较的视角［J］.福建论坛（人文社会科学版），2014（12）：19-26.

④ 高红.中国人个人健康评价指标体系研究［D］.武汉：华中科技大学硕士学位论文，2011.

⑤ 牛建林.社会科学视阈下的人口健康：指标与测量［N］.中国社会科学报，2019-01-09（006）.

⑥ 王承强.为农村老年人健康养老提供支撑［N］.中国人口报，2021-11-24（003）.

发挥了增益作用。刘昊等（2019）的研究发现不同方向与不同方式的代际支持对农村老年人身心健康产生了不同影响，双向代际支持中亲代与子代情感支持以及亲代照料支持能显著提高农村老年人自评健康水平，但子代经济支持会降低老年人自评健康的水平。杜旻（2017）认为来自于公共财政、集体补贴的收入对老年人的心理健康有促进作用，亲人的精神支持具有积极影响。陶裕春等（2014）认为正式社会支持对农村老年人身心健康发挥了"缓冲器模型"效应。由此可见，正式社会支持与非正式社会支持均对老年人健康有助力作用。

（二）社会支持

1. 社会支持的定义

到目前为止，学界对社会支持尚未有一致化的界定，一部分学者认为社会支持包括物质支持和精神支持，还有部分学者将社会支持分为正式支持和非正式支持，但绝大部分人认为社会支持就是指个体从社会关系中获得的各种物质支持和精神支持。

2. 社会支持的测量

社会支持的测量可以分为报告法和问卷法两种方法。

（1）报告法。报告法可分为他人报告和自我报告。[①] 他人报告法是通过个体身边的其他人来阐述个体受到的支持，一般适用于儿童。自我报告法是个人回忆自己受到的支持，如寻求过哪些支持，受到过哪些支持等。但是个体记忆可能会出现偏差，进而导致调查结果的不准确性。为了弥补这种不足，有学者发明了日记法，即让个体来记录自己每天受到的支持内容以及提供者，这样就减小了误差。

（2）问卷法。学界关于社会支持的量表较多，其中国内运用较为广泛的就是肖水源的社会支持评定量表[②]，该量表在参考国外相关资料的基础上，自行设计了只有10个条目的《社会支持评定量表》，该量表包括客观支持（3条）、主观支持（1条）和对社会支持的利用度（3条）三个维度。此外，国外还有一些学者制定的其他量表，[③] 由 Norbeck 等（1983）的社会支持概念为基础发展而来的包括功能支持、网络支持和支持的丧失三个方面的 NSSQ 量表，Cutrona 和 Russell（1989）编制的"社会支持量表"（SPS），Zimet 等（1990）编制的"领悟

---

① 刘晓，黄希庭. 社会支持及其对心理健康的作用机制［J］. 心理研究，2010，3（1）：3-8+15.

② 肖水源.《社会支持评定量表》的理论基础与研究应用［J］. 临床精神医学杂志，1994（2）：98-100.

③ Weinert C，Brandt P A. Measuring Social Support with the Personal Resource Questionnaire［J］. Western Journal of Nursing Research，1987，9（4）：589-602.

社会支持多维量表"（MSPSS）[①] 等。

3. 社会支持研究综述

关于社会支持的定义，运用最广泛的是学者肖水源（1987）的分类，他将社会支持分为客观支持、主观支持、社会支持的利用度。客观支持即实际的或可见的支持，包括物质上的直接帮助和社会网络；主观支持即体验到的或情绪上的支持，指的是个体感到在社会中被尊重、被支持、被理解的情绪体验和满意程度。程虹娟（2004）将社会支持的定义划分为三类：一是从社会互动关系来定义社会支持，认为社会支持不是单向的支持，而是双向的；二是从社会行为性质来定义社会支持，认为社会支持是一种在社会环境中促进人类发展的力量或因素；三是从社会资源作用来定义社会支持，认为社会支持是两个有意识的个体进行资源交换。李强（1998）认为社会支持应该被定义为一个人通过社会联系所获得的能减缓心理应激反应、缓解精神紧张状态、提高社会适应能力的影响。国外学者Wallston 等（1983）认为社会支持是个人与他人或群体为了获取信息、安慰和保障而进行的正式或非正式的交流和联系。Cobb（1976）将社会支持定义为一些信息，这些信息可以让个人觉得自己被关心、被爱和被尊重，同时让个人认为自己是存在于一个相互承担责任的社交网络的一员。关于社会支持的分类，Barrera 和 Ainlay（1983）把社会支持分为六类，即物质的帮助、行为的援助、亲密的交往行为、指导、反馈和积极的交往。刘晓等（2010）从两个角度对社会支持进行分类：一是从内容方面分类，包括工具性支持、情感性支持、信息性支持和同伴性支持。其中，工具性支持也就是提供物质帮助；情感性支持可以理解为提供关怀和爱意等情感性帮助；信息性支持即提供意见等信息；同伴性支持即给予个体接触他人的需要，帮助发泄情绪、减缓压力。二是从性质上分类，分为实际的支持、行动的支持和知觉的支持。

三、研究方法

（一）问卷情况

本文采用"2018 年中国健康与养老追踪调查（CHARLS）"问卷，选取 60

① Haden S C, Scarpa A, Jones R T, et al. Posttraumatic Stress Disorder Symptoms and Injury: The Moderating Role of Perceived Social Support and Coping for Young Adults [J]. Personality & Individual Differences, 2007, 42 (7): 1187-1198.

· 194 ·

岁及以上河南省农村老年人数据，最终得到682个老年人数据作为研究对象。本文从总体健康、自评健康、心理健康、生理健康四个维度描述农村老年人健康状况，从社会保障、健康检查、村活动设施三个维度描述社会支持情况。

（二）样本信息

表1主要描述了河南省60岁及以上老年人的基本信息。沿用已有研究对老年人的划分标准，本文将60~79岁的老年人定义为"低龄老年人"，80岁及以上的老年人定义为"高龄老年人"。① 在年龄分布方面，可以看出样本以低龄老年人为主，低龄老年人占调查总人数的94.72%，高龄老年人仅占比5.28%。在性别方面，男女性别比例基本均衡，男性336人，女性346人。在婚姻状况方面，分两类情况——与配偶同住和无配偶或未与配偶同住，其中与配偶同住的有537人，占比78.74%；而无配偶或未同住的有145人，占全部调查对象的21.26%，可以看出研究对象大多是与配偶同住的状态。

表1 河南省农村老年人样本统计性描述

项目	样本量（个）	百分比（%）
年龄（岁）		
60~79岁	646	94.72
80岁及以上	36	5.28
样本量	682	
性别		
男	336	49.27
女	346	50.73
样本量	682	
婚姻状况		
与配偶同住	537	78.74
无配偶或未同住	145	21.26
样本量	682	

资料来源：2018年中国健康与养老追踪调查（CHARLS）数据。

（三）变量描述

对于老年人的健康状况，本文从总体健康、自评健康、心理健康和生理健康

---

① 吴捷. 城市低龄老年人的需要、社会支持和心理健康关系的研究［D］. 天津. 南开大学博士学位论文，2010.

四个维度进行测量。首先，通过构建虚弱指数以反映老年人总体健康状况。虚弱指数通过测量不健康指标占所有指标的比重来确定，我们以50个变量为基础建构河南省农村老年人的虚弱指数，包括1个健康自评指标、6个日常生活能力（ADL）指标、6个工具性生活能力（IADL）指标、1个认知能力指标、5个功能性障碍指标、7个其他功能受限指标、14个慢性病指标、10个抑郁程度指标，采用加拿大Rockwood等（2002）的方法对变量进行赋值，即存在健康问题为1，否则为0。例如，老年人自评健康和老年人的自我认知能力好的赋值为0，否则赋值为1；功能性障碍测量老年人是否有躯体残疾、大脑受损或智力缺陷、失明或半失明、哑或口吃、聋或半聋，共5个变量，本文将无障碍赋值为0，有障碍赋值为1；其他功能受限测量老年人的肢体功能，包括走100米、久坐站起、连续爬楼、弯腰下蹲、手臂向上伸展、提10斤重物、捡起一枚硬币7个变量，独立完成上述变量赋值为0，存在困难赋值为1。其中工具性生活能力、日常生活能力等为生理健康的测量指标，抑郁程度指标用于心理健康测量。50个变量的理论总分为50，最后得分之和与总分之比就是其虚弱指数。虚弱指数取值范围为0~1，取值为0时代表老人处于完全健康状态，取值为1时表示老人处于完全不健康状态，取值越大表示老年人总体健康情况越差。其次，自评健康采用李克特量表，自评健康标准分为"非常好""好""一般""差""非常差"五个等级，调查对象通过主观的感受判断自己的健康状况，进而得到自评健康的数据。再次，心理健康采用的抑郁量表为流调中心抑郁水平评定10条目量表（CESD-10），该量表的10个条目包括因一些小事而烦恼、做事很难集中注意力、感到情绪低落、觉得做任何事情都很费力、对未来充满希望、感到害怕、睡眠不好、很愉快、感到孤独、觉得无法继续生活。量表采用4级评分法，"很少或者根本没有（<1天）""不太多（1~2天）""有时或者说有一半时间（3~4天）""大多数时间（5~7天）"分别按1、2、3、4计分，条目5和条目8反向计分，分值范围是1~30分，得分≥20分表示老年人存在明显抑郁，反之则心理健康。①最后，生理健康测量则采用包含工具性生活能力（IADL）、日常生活能力（ADL）、是否有残疾和是否有慢性病在内的23个指标，其中日常生活能力指标包括做家务、做饭、起床、如厕、走100米、久坐站起、连续爬楼、弯腰下蹲等，设定为"独立""需要部分帮助""需要极大帮助""完全依赖"四个选项，将"是否有残疾"设定为"是"和"否"两个选项；将"是否有慢性病"也分为"是"和"否"两种情况。生理健康的取值范围是21~86分，分值越大，说明健康状况越差。

---

① Boey K W. Cross-validation of a short form of the CES-D in Chinese elderly ［J］. International Journal of Geriatric Psychiatry, 1999, 14（8）: 608-617.

在社会支持方面，本文从社会保障、健康检查、村活动设施三个维度进行描述。其中，社会保障包括养老保险和医疗保险两个测量指标。首先，关于养老保险问卷设计的问题是"您是否正在领取，预计将来可以领取或目前正在缴费养老保险？如果是，那么您现在正在领取，预计将来可以领取或目前正在缴费的是以下哪种养老保险？"答案方面，本文将"政府机关事业单位退休金""职工养老保险""补充养老保险（年金）""城乡居民社会养老保险""城镇居民养老保险""新型农村社会养老保险""征地养老保险""人寿保险""商业养老保险（人寿保险除外）"9种情况整合为了"政府机关事业单位退休金和职工养老保险""城乡居民养老保险"以及"未参与或其他"三个选项。其次，关于医疗保险问卷设计的问题是"您本人以前是否参加过以下医疗保险？"答案方面，本文将"城镇职工医疗保险""城乡居民医疗保险""城镇居民医疗保险""新型农村合作医疗保险""公费医疗""医疗救助""商业医疗保险（单位购买）""商业医疗保险（个人购买）""城镇无业居民大病医疗保险""长期护理保险""其他医疗保险""没有保险"12种情况整合为了"城镇职工医疗保险和公费医疗""城乡居民医疗保险""未参加或其他"三个选项。在健康检查方面，本文通过设计两个问题来收集数据，即"过去一年内是否有社区医生/村医经常为农村老年人检查血压？""过去一年内是否有社区医生/村医经常为农村老年人糖尿病检查？"将健康检查情况设为"是"和"否"两个选项，以"否"作为参考项。在村活动设施方面，设计了一个问题，即"您所在的村是否有村活动设施？"将答案设为"有"和"没有"两个选项，以"没有"作为参考项。

本文主要运用定量分析方法对老年人健康状况各个指标样本量的分布比例、均值及标准差进行描述，并运用卡方检验和 ANOVA 从性别、年龄、婚姻状况三个方面对老年人健康和社会支持进行差异分析，运用方差分析和 t 检验对老年人健康状况与社会支持进行差异性检验。

四、健康状况与社会支持分析

（一）河南省农村老年人健康差异分析

1. 农村老年人健康现状

表2描述了河南省农村老年人健康状况。总体健康状况方面，测得的老年人

总体健康的均值是 0.22，数值小说明老年人的总体健康状况较好；自评健康状况方面，老年人自评健康状况较好，健康状况在"一般及以上"的占比为67.48%，说明一半以上老年人对自己的健康评价水平较高；心理健康状况方面，老年人心理健康状况一般，其中心理健康的老年人占比 59.09%，"抑郁"和"健康"大约各占一半；生理健康状况方面，生理健康的取值范围是 21~86 分，本次研究中老年人生理健康均值为 30.88，分值较小，说明健康状况较好。

表 2　河南省农村老年人健康状况

项目	样本量（个）	百分比（%）
总体健康		
均值	0.22	
标准差	0.14	
自评健康		
非常好	54	8.70
好	64	10.31
一般	301	48.47
差	167	26.89
非常差	35	5.64
心理健康		
健康	403	59.09
抑郁	279	40.91
生理健康		
均值	30.88	
标准差	11.37	

资料来源：2018 年中国健康与养老追踪调查（CHARLS）数据。

2. 农村老年人健康状况差异分析

（1）年龄差异。表 3 呈现了年龄视角下河南省农村老年人健康差异。总体来看，在总体健康、生理健康两个方面均呈现显著差异，在自评健康和心理健康方面不存在显著差异。低龄老年人群体与高龄老年人群体在总体健康方面存在显著的年龄差异，低龄老年人总体健康的均值小于高龄老年人，说明低龄老年人群体总体健康水平较好。两个年龄段的人群在生理健康方面存在显著差异，低龄老年人生理健康的均值小于高龄老年人，说明低龄老年人群体生理健康水平较好。然而，两个年龄段老年人在心理健康方面不存在显著差异，总体来说，低龄和高龄老年人心理健康状况处于"健康"和"抑郁"的各占一半。农村老年人自评健康状况也不存在年龄方面的显著差异，两个年龄段群体的老年人自评健康多在"一般"水平。但是相比较来说，自评健康在"好"和"差"这两个水平层面上的老年人中高龄老年人群体均多于低龄老年人群体。

表3　河南省农村老年人健康的年龄差异分析

项目	60~79 岁（%）	80 岁及以上（%）	卡方检验/ANOVA 分析
总体健康			
均值	0. 22	0. 29	＊＊＊
标准差	0. 14	0. 14	
自评健康			
非常好	8. 89	4. 00	
好	10. 07	16. 00	
一般	48. 66	44. 00	
差	26. 68	32. 00	
非常差	5. 70	4. 00	
心理健康			
健康	59. 60	50. 00	
抑郁	40. 40	50. 00	
生理健康			
均值	30. 22	42. 67	＊＊＊
标准差	10. 77	15. 06	

注：＊＊＊表示 P<0.01。

资料来源：2018 年中国健康与养老追踪调查（CHARLS）数据。

（2）性别差异。表4呈现了性别视角下河南省农村老年人健康差异。总体来看，在总体健康、心理健康、生理健康三方面均呈现显著差异，在自评健康方面差异不显著。男性和女性老年人在总体健康方面存在显著差异，女性老年人总体健康的均值小于男性老年人，说明其总体健康状况较好。男性和女性老年人在心理健康方面存在显著差异，67.26%的男性处于心理"健康"状态，远高于女性（51.16%），而处于"抑郁"状态的男性（32.74%）远少于处于"抑郁"状态的女性（48.84%），说明男性心理健康比例高于女性。然而，农村老年人自评健康状况不存在性别方面的显著差异，男性和女性老年人自评健康均在"一般"水平。但是相比较来说，自评健康在"非常好"和"好"这两个水平层面上的老年人中男性群体多于女性；在"一般"水平以下的老年人中女性的比例高于男性。

表4　河南省农村老年人健康的性别差异分析

项目	男性（%）	女性（%）	卡方检验/ANOVA 分析
总体健康			
均值	0.19	0.25	***
标准差	0.12	0.14	
自评健康			
非常好	10.68	6.73	
好	10.68	9.94	
一般	50.16	46.79	
差	22.98	30.77	
非常差	5.50	5.77	
心理健康			
健康	67.26	51.16	***
抑郁	32.74	48.84	
生理健康			
均值	28.64	33.05	***
标准差	10.15	12.07	

注：*** 表示 P<0.01。

资料来源：2018 年中国健康与养老追踪调查（CHARLS）数据。

（3）婚姻差异。表5呈现了婚姻视角下河南省农村老年人健康差异。总体来看，在总体健康、心理健康、生理健康三方面均呈现显著差异，在自评健康方面差异不显著。两种婚姻状态的老年人在总体健康方面存在显著差异，"与配偶同住"的老年人总体健康的均值小于"无配偶或未同住"的老年人，说明其健康水平较好。两种婚姻状态的老年人在心理健康方面存在显著差异，"与配偶同住"的农村老年人心理健康状况更好一些。其中，62.01%"与配偶同住"的农村老年人心理处于"健康"水平，其占比高于"无配偶或未同住"群体（48.28%），同时其"抑郁"比例低于"无配偶或未同住"的群体。两种婚姻状态的人群在生理健康方面也存在显著差异，"与配偶同住"的老年人生理健康的均值小于"无配偶或未同住"的老年人，说明其健康水平较好。然而，两种婚姻状态的老年人在自评健康方面不存在显著差异，均有近乎一半的人自评健康为"一般",而自评健康在"非常好""好"这两个水平层面上的老年人中"与配偶同住"的群体占比大于"无配偶或未同住"的群体。

表5 河南省农村老年人健康的婚姻差异分析

项目	与配偶同住（%）	无配偶或未同住（%）	卡方检验/ANOVA 分析
总体健康			
均值	0.21	0.25	***
标准差	0.14	0.14	
自评健康			
非常好	9.44	5.69	
好	10.84	8.13	
一般	47.79	51.22	
差	25.70	31.71	
非常差	6.22	3.25	
心理健康			
健康	62.01	48.28	***
抑郁	37.99	51.72	
生理健康			
均值	30.10	33.76	***
标准差	10.71	13.20	

注：*** 表示 P<0.01。

资料来源：2018 年中国健康与养老追踪调查（CHARLS）数据。

（二）河南省农村老年人社会支持分析

1. 社会支持现状

如表6所示,本文将从社会保障、健康检查、村活动设施三个方面对农村老年人社会支持现状进行分析。社会保障中使用养老保险和医疗保险来分析河南省农村老年人的制度支持状况。养老保险险种种类多样,本文将其分为三类来分析。首先是政府机关事业单位退休金、职工基本养老保险,这两个险种由于有资格条件限制,参与人数少,只占总人数的9.24%。其次是城乡居民养老保险,是专门针对居民的养老保险,没有资格条件限制,参保人数为591人,占比最多(86.66%)。最后是未参与或其他,占比4.11%。总体来看,养老保险基本实现全覆盖。医疗保险方面，我们也将其分为三类：第一类是城镇职工医疗保险、公费医疗，由于有资格条件限制，占比较少（7.33%），参保人数为50人。第二类是城乡居民医疗保险，参保人数为621人，占比达到91.06%。第三类是未参与或其他，占比最低，为1.61%。总体来看，医疗保险也基本实现全覆盖，农村老年人因生病遭受的风险降低。由于社会保障是针对不同群体的特征设计不同的险种，农村老年人基本都是参与的居民保险，且基本实现全覆盖，而村活动设施是政府根据财力或者其他方面考虑建设的。因此，本文所讲的养老保险和医疗保险以及村活动设施没有年龄、性别、婚姻的差异，不具有统计学上的意义。健康检查方面，有健康检查的农村老年人数为136，占比19.94%，而没有健康检查的农村老年人数是546，占比80.06%，表明多数农村老年人没有健康检查，检查意识不强。村活动设施方面，拥有村活动设施的占大多数，占比为70.53%，而没有村活动设施的仅占29.47%，表明村委较为注重村民健康。

表6 河南省农村老年人社会支持状况

项目	样本量（个）	百分比（%）
养老保险		
政府机关事业单位退休金、职工基本养老保险	63	9.24
城乡居民养老保险	591	86.66
未参加或其他	28	4.11
医疗保险		
城镇职工医疗保险、公费医疗	50	7.33
城乡居民医疗保险	621	91.06
未参与或其他	11	1.61
健康检查		
有	136	19.94
没有	546	80.06
村活动设施		
有	481	70.53
没有	201	29.47
样本量	682	

资料来源：2018年中国健康与养老追踪调查（CHARLS）数据。

2. 农村老年人健康检查差异分析

（1）年龄差异。从年龄视角看，农村老年人健康检查在年龄上具有显著差异。如表7所示，低龄老人进行健康检查的占比（20.6%）要远高于高龄老人的占比（8.3%），而高龄老人没有健康检查的比例（91.7%）则高于低龄老人比例（79.4%）。总体来看，两个年龄段群体大部分都没有进行健康检查，健康检查意识较差。但是相比较而言，低龄老人健康检查意识较强。

表7　河南省农村老年人健康检查的年龄差异分析

项目	60~79 岁（%）	80 岁及以上（%）	卡方检验
健康检查			
有	20.6	8.3	*
没有	79.4	91.7	

注：* 表示 P<0.1。

资料来源：2018 年中国健康与养老追踪调查（CHARLS）数据。

（2）性别差异。从性别视角看，农村老年人健康检查呈现显著性差异。如表8所示，女性老年人进行健康检查的占比（23.1%）明显高于男性老年人进行健康检查的占比（16.7%）。总体来看，男女性老年人进行健康检查的占比都没超过30%，健康检查意识较差。但是相比较而言，女性农村老年人健康检查意识较强。

表8　河南省农村老年人健康检查的性别差异分析

项目	男（%）	女（%）	卡方检验
健康检查			
有	16.7	23.1	**
没有	83.3	76.9	

注：** 表示 P<0.05。

资料来源：2018 年中国健康与养老追踪调查（CHARLS）数据。

（3）婚姻差异。从婚姻视角看，农村老年人在婚姻上没有显著差异。如表9所示，两种婚姻状态的农村老年人进行健康检查的占比均较小，其中无配偶或未同住的农村老年人占比（22.8%）高于与配偶同住的老年人（19.2%），而80.8%的与配偶同住老年群体与77.2%的无配偶或未同住群体都没有健康检查，健康检查意识普遍较差。

表 9　河南省农村老年人健康检查的婚姻差异分析

项目	与配偶同住（%）	无配偶或未同住（%）	卡方检验
健康检查			
有	19.2	22.8	
没有	80.8	77.2	

资料来源：2018 年中国健康与养老追踪调查（CHARLS）数据。

（三）河南省农村老年人健康状况与社会支持差异分析

1. 农村老年人健康状况与社会支持差异分析

从表 10 可以看出，农村老年人总体健康状况在养老保险、医疗保险、村活动设施上有显著性差异，表明参与不同养老保险、医疗保险险种和是否有村活动设施的老年人总体健康状况不同。农村老年人自评健康状况在健康检查上有显著性差异，表明是否参加健康检查的老年人自评健康状况不同。农村老年人心理健康状况在社会支持上不存在显著性差异。农村老年人生理健康状况在养老保险、医疗保险、健康检查、村活动设施上都存在显著性差异，表明不同养老保险、医疗保险、健康检查、村活动设施水平下的老年人生理健康状况存在差异。

表 10　河南省农村老年人健康状况与社会支持差异分析

变量	总体健康	自评健康	心理健康	生理健康
养老保险	0.00***	0.165	0.354	0.00***
医疗保险	0.00***	0.711	0.509	0.00***
健康检查	0.174	0.00***	0.103	0.00***
村活动设施	0.00***	0.146	0.415	0.00***

注：*** 表示 P<0.01。

资料来源：2018 年中国健康与养老追踪调查（CHARLS）数据。

2. 不同年龄段的老年人健康状况与社会支持差异分析

将农村老年人的健康状况根据年龄进行划分，然后同社会支持进行差异性检验。检验结果显示（见表 11），低龄老年人和高龄老年人的总体健康状况都在养老保险、医疗保险、村活动设施上存在显著性差异，表明不论年龄高低，参与不同养老保险、医疗保险险种和是否有村活动设施的老年人总体健康状况不同。低龄老年人和高龄老年人的自评健康状况都在健康检查上存在显著性差异，表明不论年龄高低，是否进行健康检查的老年人自评健康状况不同。低龄老年人和高龄老年人的心理健康状况在社会支持上不存在显著性差异。低龄老年人和高龄老年人生理健康状况在养老保险、医疗保险、健康检查、村活动设施上存在显著性差异，表明不论年龄高低，不同养老保险、医疗保险、健康检查、村活动设施水平下的老年人生理健康状况不同。

表 11　不同年龄段的老年人健康状况与社会支持差异分析

社会支持	低龄				高龄			
	总体健康	自评健康	心理健康	生理健康	总体健康	自评健康	心理健康	生理健康
养老保险	0.00***	0.105	0.362	0.00***	0.00***	0.931	0.505	0.00***
医疗保险	0.00***	0.744	0.759	0.00***	0.00***	0.825	0.220	0.00***
健康检查	0.227	0.00***	0.101	0.00***	0.162	0.01**	0.546	0.00***
村活动设施	0.00***	0.245	0.341	0.00***	0.00***	0.281	0.700	0.00***

注：*** 表示 P<0.01；** 表示 P<0.05。

资料来源：2018 年中国健康与养老追踪调查（CHARLS）数据。

3. 不同性别的老年人健康状况与社会支持差异分析

将农村老年人的健康状况根据性别进行划分，然后同社会支持进行差异性检验。检验结果显示（见表 12）男性老年人的总体健康在养老保险、医疗保险、村活动设施上存在显著性差异，表明参与不同养老保险、医疗保险险种和是否有村活动设施的男性老年人总体健康状况不同；而女性老年人的总体健康状况在养老保险、医疗保险、健康检查、村活动设施上存在显著性差异，表明不同养老保险、医疗保险、健康检查、村活动设施水平下的女性老年人的总体健康状况不同。男性老年人的自评健康状况在社会支持上不存在显著性差异，而女性老年人的自评健康状况在健康检查上存在显著性差异，表明是否参与健康检查的女性老年人的自评健康状况不同。男性和女性老年人的心理健康状况在社会支持上不存在显著性差异。男性和女性老年人的生理健康状况在养老保险、医疗保险、健康检查、村活动设施上都存在显著性差异，表明不同养老保险、医疗保险、村活动设施、健康检查水平下的老年人的生理健康状况不同。

表 12　不同性别的老年人健康状况与社会支持差异分析

社会支持	男				女			
	总体健康	自评健康	心理健康	生理健康	总体健康	自评健康	心理健康	生理健康
养老保险	0.00***	0.730	0.946	0.00***	0.00***	0.279	0.397	0.00***

社会支持	男				女			
	总体健康	自评健康	心理健康	生理健康	总体健康	自评健康	心理健康	生理健康
医疗保险	0.00***	0.921	0.585	0.00***	0.00***	0.728	0.426	0.00***
健康检查	0.768	0.252	0.835	0.00***	0.0252**	0.009***	0.131	0.00***
村活动设施	0.00***	0.538	0.456	0.00***	0.00***	0.084*	0.691	0.00***

注：***表示P<0.01；**表示P<0.05；*表示P<0.1。

资料来源：2018年中国健康与养老追踪调查（CHARLS）数据。

4. 不同婚姻的老年人健康状况与社会支持差异分析

将农村老年人的健康状况根据婚姻状况进行划分，然后同社会支持进行差异性检验。检验结果表明（见表13），与配偶同住和无配偶或未同住的老年人总体健康都在养老保险、医疗保险、村活动设施上存在显著性差异，表明不论婚姻状况如何，参与不同养老保险、医疗保险险种和是否有村活动设施的老年人总体健康状况不同。与配偶同住的老年人自评健康状况在健康检查上存在显著性差异，表明与配偶同住的老年人是否进行健康检查的自评健康状况不一样。而无配偶或未同住的老年人自评健康状况在养老保险和村活动设施上存在显著性差异，表明无配偶或未同住的老年人在不同的养老保险险种及是否有村活动设施的自评健康状况不同。不论婚姻状况如何，老年人的心理健康在社会支持上不存在显著性差异。与配偶同住和无配偶或未同住的老年人的生理健康状况在养老保险、医疗保险、健康检查、村活动设施上存在显著性差异，表明不论婚姻状况如何，不同养老保险、医疗保险、健康检查、村活动设施水平下的老年人的生理健康状况不同。

表13　不同婚姻的老年人健康状况与社会支持差异分析

社会支持	与配偶同住				无配偶或未同住			
	总体健康	自评健康	心理健康	生理健康	总体健康	自评健康	心理健康	生理健康
养老保险	0.00***	0.288	0.270	0.00***	0.00***	0.088*	0.897	0.00***
医疗保险	0.00***	0.884	0.454	0.00***	0.00***	0.226	0.955	0.00***
健康检查	0.415	0.015**	0.185	0.00***	0.1452	0.140	0.444	0.00***
村活动设施	0.00***	0.290	0.236	0.00***	0.00***	0.345*	0.978	0.00***

注：***表示P<0.01；**表示P<0.05；*表示P<0.1。

资料来源：2018年中国健康与养老追踪调查（CHARLS）数据。

五、研究结论

通过上文对河南省农村老年人社会支持和健康状况进行描述和分析后得出以下结论：

（一）低龄老年人的健康状况和健康检查意识都优于高龄老年人

在健康状况方面，低龄老年人的健康状况要优于高龄老年人。随着年龄的增长，老年人的身体机能逐渐下降，抗风险能力随之减弱。高龄老年人比低龄老年人患病概率更高，且恢复速度慢，失能问题更加严重。低龄老年人尚且可以通过运动健身提高抵抗力，但是高龄老年人骨质疏松更加严重，运动不是更好的预防方式。

在健康检查方面，低龄老年人的健康检查意识较强。高龄老年人相对于低龄老年人腿脚不便利，所以很少出门，而且出门需要家人陪同，高龄老年人为了减少家人负担很少去做健康检查。而低龄老年人具备独立出行的条件，健康检查意识较强。

（二）男性老年人健康状况较好，而女性老年人健康检查意识较强

在健康状况方面，男性老年人健康状况要优于女性老年人。现在的老年人大多生于20世纪四五十年代或者更早，当时女性不仅要承担烦琐沉重的家务负担，而且也要参与和男性同样的农业生产。男女性别分工的不平等导致男女在老年时有不同的健康状况。

在健康检查方面，女性老年人健康检查意识比男性强。其原因在于性格特征方面，女性心思较为敏感细腻，容易察觉出身体上的不适并及时检查医治。而男性不同，其对身体关注度低，通常会忽视小病小痛，不去做健康检查。

（三）与配偶同住的老年人健康状况较好

在健康状况方面，与配偶同住的老年人较为健康。老年人与配偶同住时，幸福指数较高，心理健康状况较好。而心理健康状况也会影响生理健康，与配偶同住的老年人会一起散步或者参加活动，有益于健康。无配偶或未同住的老年人时常会产生孤独感，影响心理健康，而且无配偶或未同住的老年人缺少陪伴，因此不经常参加社区活动，所以健康状况较差。

（四）社会支持对老年人健康状况有显著性影响

不同健康状况下的老年人其养老保险、医疗保险、健康检查、村活动设施都呈现明显差异，这表明社会支持对老年人的健康状况有影响。参与养老保险和医疗保险的老年人健康状况较好，其给予了老年人心理上的保障。健康检查有利于老年人及时发现疾病并治疗，降低患慢性病的风险。有村活动设施的老年人可以经常锻炼，增加身体的抵抗力。

（五）社会支持对老年人健康状况的影响存在年龄、性别、婚姻差异

将老年人的健康水平根据年龄进行划分，发现不同健康状况的低龄老年人在健康检查方面的结果不同，不同健康状况的高龄老年人在健康检查和村活动设施方面的结果不同，将老年人的健康状况根据性别进行划分，发现不同健康状况下的女性老年人在健康检查和村活动设施方面的结果不同，不同健康状况的男性老年人在健康检查方面结果不同，将老年人的健康状况根据婚姻进行划分，发现不同健康状况下的与配偶同住老年人在健康检查方面的结果不同，不同健康状况下的无配偶或未同住老年人在养老保险、健康检查、村活动设施方面的结果不同。

六、政策建议

（一）多元主体参与提供差异性养老服务

由于不同年龄、性别、婚姻的老年人有着不同的需求，多元主体的参与能够满足老年人差异化需求。家庭应给予无配偶的老年人足够的情感关怀，鼓励老年人结交好友，满足老年人的心理需求，同时照护好独居老年人的日常生活，可以给老年人配备家庭保洁和生活护理人员，以保证老年人的生活质量。社区应积极进行适老化改造，并组织活动，加强邻里好友的联系，多与老年人讨论生活中的各种事情，并鼓励老年人参与社区活动，培养老年人兴趣爱好。社会组织应根据不同老年人差异化的需求，设计针对性的养老方案，解决老年健康服务的供需不匹配问题，满足老年人的不同需求，提高老年人的健康满意度。企业应建设个性化养老机构，让老年人的选择更丰富，满足不同健康状况和不同经济状况的老年人需求。

（二）引导老年人培养健康意识

随着老年人年龄的增长，身体机能的逐渐衰弱，动脉硬化、骨质疏松、记忆力下降等问题都是不可避免的，为了尽可能地提高老年人的健康水平，可以从培养老年人健康意识入手。家庭成员需要实时劝导老年人摒弃不良的生活习惯，引导老年人养成健康的生活方式，不抽烟、少喝酒、多运动。社区加大对老年人健康生活方式的宣传并普及健康常识，潜移默化地影响他们。村卫生室为老年人免费测量血压、检测血糖，并为其普及健康常识，督促老年人参与健康检查。

（三）加强社区文化娱乐基础设施建设

老年人缺乏运动和感到孤独都会影响其健康状况，而社区文化娱乐基础设施建设能够给予老年人锻炼和交流的机会，增加社会黏性，从而提高其健康水平。社区应该建设老年活动中心和老年图书馆，提供老年人交流、锻炼、继续学习的平台。同时，整合社区既有养老服务资源，尤其是文化娱乐设施资源，对于闲置、废弃的物质资源充分再利用，提高资源利用率。

（四）提高医疗服务的可及性、可得性

本文研究结论显示，只有少部分的老年人参与健康检查，这不利于预防疾病。提高医疗服务的可及性、可得性有利于老年人的健康。老年人经济来源少，经济压力成为了老年人获得医疗服务的重要影响因素。因此，除了提高老年人经济收入以外，政府也要健全医疗保险、医疗救助等保障制度，提高老年人医疗服务的经济可及性和可得性。由于偏远地区医疗服务机构较远，影响老年人及时就医，不利于老年人健康，政府可以适当加大对偏远地区的财政转移支付，增加医疗机构的密度，提高医疗服务人员数量，同时鼓励老年人积极体检，提升老年人健康意识，提高医疗服务的利用率。

（五）完善老年人社会保障制度

根据本文的研究结论，老年人的养老保险、医疗保险虽然基本实现全覆盖，但是其保障水平仍需提高。一方面，政府应该根据实际情况，适当加大对养老金的补贴力度，构建多元主体联动的社会养老服务供给体系，利用政策导向和资金支持，健全养老服务供给体系，满足老年人日益多元化的养老需求。另一方面，政府应加大对农村养老事业的扶持力度，加强对农村养老保险资金的管理，完善农村养老体系，缩小城乡差距。此外，政府和社会要加强对专业养老人才和医护人员的培养力度，提高相关岗位的资金待遇，吸引更多专业人才，调动专业人才

投身养老服务行业的积极性。

参考文献

［1］Barrera Jr M, Ainlay S L. The structure of social support: A conceptual and empirical analysis［J］. Journal of Community Psychology, 1983, 11（2）: 133-143.

［2］Boey K W. Cross-validation of a short form of the CES-D in Chinese elderly［J］. International Journal of Geriatric Psychiatry, 1999, 14（8）: 608-617.

［3］Cobb, Sidney. Social support as a moderator of life stress［J］. Psychosomatic Medicine, 1976, 38（5）: 300-314.

［4］Cutrona, Carolyn E. Ratings of social support by adolescents and adult informants: Degree of correspondence and prediction of depressive symptoms［J］. Journal of Personality & Social Psychology, 1989, 57（4）: 723.

［5］Haden S C, Scarpa A, Jones R T, et al. Posttraumatic stress disorder symptoms and injury: The moderating role of perceived social support and coping for young adults［J］. Personality & Individual Differences, 2007, 42（7）: 1187-1198.

［6］Norbeck J S, Lindsey A M, Carrieri V L. Further development of the norbeck social support questionnaire: Normative data and validity testing［J］. Nursing Research, 1983, 32（1）: 4-9.

［7］Rockwood K, Mitnitski A B, Macknight C. Some mathematical models of frailty and their clinical implications［J］. Reviews in Clinical Gerontology, 2002, 12（2）: 109-117.

［8］Wallston B S, Alagna S W, Devellis B M, et al. Social support and physical health［J］. Health Psychology, 1983, 2（4）: 367-391.

［9］Weinert C, Brandt P A. Measuring social support with the personal resource questionnaire［J］. Western Journal of Nursing Research, 1987, 9（4）: 589-602.

［10］Zimet G D, Powell S S, Farley G K, et al. Psychometric characteristics of the multidimensional scale of perceived social support［J］. Journal of Personality Assessment, 1990, 55（3-4）: 610-617.

［11］程虹娟, 张春和, 龚永辉. 大学生社会支持的研究综述［J］. 成都理工大学学报（社会科学版）, 2004, 12（1）: 88-91.

［12］董希望, 王弟海. 经济学中的"健康"：定义和度量——学科比较的视角［J］. 福建论坛（人文社会科学版）, 2014（12）: 19-26.

［13］杜旻. 社会支持对老年人心理健康的影响研究［J］. 人口与社会, 2017, 33（4）: 12-19.

［14］方黎明. 社会支持与农村老年人的主观幸福感［J］. 华中师范大学学报（人文社会科学版）, 2016, 55（1）: 54-63.

［15］高红. 中国人个人健康评价指标体系研究［D］. 武汉：华中科技大学硕士学位论文, 2011.

［16］李强. 社会支持与个体心理健康［J］. 天津社会科学, 1998（1）: 67-70.

［17］刘昊，李强，薛兴利.双向代际支持对农村老年人身心健康的影响——基于山东省的调查数据［J］.湖南农业大学学报（社会科学版），2019，20（4）：49-56.

［18］刘威，刘昌平.社会保险与农村老年人健康：参保会提升老年人健康水平吗？——基于多元有序 Logistic 模型的实证研究［J］.社会保障研究，2018（2）：47-53.

［19］刘晓，黄希庭.社会支持及其对心理健康的作用机制［J］.心理研究，2010，3（1）：3-8+15.

［20］牛建林.社会科学视阈下的人口健康：指标与测量［N］.中国社会科学报，2019-01-09（006）.

［21］陶裕春，申昱.社会支持对农村老年人身心健康的影响［J］.人口与经济，2014（3）：3-14.

［22］王承强.为农村老年人健康养老提供支撑［N］.中国人口报，2021-11-24（003）.

［23］吴捷.城市低龄老年人的需要、社会支持和心理健康关系的研究［D］.天津：南开大学博士学位论文，2010.

［24］肖水源.《社会支持评定量表》的理论基础与研究应用［J］.临床精神医学杂志，1994（2）：98-100.

［25］肖水源.社会支持对身心健康的影响［J］.中国心理卫生杂志，1987（4）：23-25.

［26］郑志丹，郑研辉.社会支持对老年人身体健康和生活满意度的影响——基于代际经济支持内生性视角的再检验［J］.人口与经济，2017（4）：63-76.

B.15 河南省家庭结构变迁分析*

行红芳 刘 磊**

摘 要：本文对河南省家庭结构的现状及其变迁情况进行了分析与探讨，认为河南省家庭结构呈现出小型化、扁平化、老化、核心化的发展趋势；性别比失衡虽有缓解，但青少年阶段性别比偏高，高龄老人性别比增加；社会抚养比增加，家庭负担加重；人口流动规模大、距离远，流动原因呈现出明显的年龄与性别差异；家庭人均收入持续增长，城乡差距、地区差距和阶层差距拉大。在此基础上，本文提出如下建议：大力促进县域经济发展和乡村振兴，缓解地区差距和城乡差距；关注人口流动对于城乡和区域社会经济发展的影响；综合考虑养老和育幼问题，促进代际公平；加强宣传和政策支持，促进性别公平。

关键词：家庭结构；家庭变迁；家庭支持政策

一、研究背景及问题的提出

改革开放以来，随着中国社会经济的迅速发展，家庭结构出现了巨大的改变，主要表现在以下三个方面：第一，家庭形式的多元化。随着我国经济的迅速发展，人们受教育程度的提高，婚姻家庭观念也发生了变化，晚婚、丁克家庭、空巢家庭出现，对于传统的家庭观念形成了巨大冲击。第二，家庭功能的弱化。随着第一代独生子女进行婚育阶段，我国城市家庭模式呈现出"421"家庭模式，即四个老人、一对夫妻、一个孩子。这种"倒金字塔"的家庭结构对原有的家

---

* 基金项目：河南省教育厅高等学校哲学社会科学应用研究重大项目"生态系统视域下困境家庭福利体系建构研究"（项目编号：2020-YYZD-15）的阶段性成果。

** 行红芳，女，郑州轻工业学院社会发展研究中心副主任、教授、博士，主要研究方向为社会政策、社会工作；刘磊，男，郑州轻工业大学政法学院研究生。

庭功能形成了巨大的挑战。第三，随着大规模的人口流动，家庭成员在空间方面的相互分离、家庭功能在地域和城乡之间的相互分离成为一种常态，这对于传统的家庭模式形成了巨大的挑战。

家庭是社会的细胞，也是个人社会化的最初场所，家庭不仅促进了家庭成员人格的形成、人际关系的建立和发展，而且对家庭成员提供情感支持，满足家庭成员的心理和日常照顾方面的需要。家庭的重要性受到了国际社会的认可。1993年，联合国大会决议确立5月15日为国际家庭日。2021年第28个国际家庭日中国纪念活动在深圳举行，十一届全国政协副主席、中国人口福利基金会会长李金华在致辞中表示，"家和之道"是中华民族传统文化继承发展的特色和符号，是支撑中华民族薪火相传、生生不息的精神力量。① 国家也不断出台相关政策及措施，强调家庭的重要性，加强对家庭的支持。2020年10月通过的《关于制定国民经济和社会发展第十四个五年规划和二〇三五年远景目标的建议》中提出"实施积极应对人口老龄化国家战略。优化生育政策，增强生育政策包容性，提高优生优育服务水平，发展普惠托育服务体系，降低生育、养育、教育成本，促进人口长期均衡发展，提高人口素质"。② 2021年6月26日，中共中央、国务院出台《关于优化生育政策促进人口长期均衡发展的决定》，取消原有的社会抚养费，代之以优化生育政策，并配套实施积极生育支持措施。2021年10月23日，第十三届全国人民代表大会常务委员会第三十一次会议通过《中华人民共和国家庭教育促进法》，对于家庭教育的内容、家庭、国家与社会的责任作出了详细的规定。2021年11月18日，中共中央、国务院出台了《关于加强新时代老龄工作的意见》，提出了完善社会服务体系和健康支持体系，促进老年人的社会参与，着力构建老年友好型社会。

因此，加强对河南省家庭结构和家庭变迁的研究，对于制定合理的家庭支持政策，促进人口结构的优化，促进河南省的经济社会可持续发展，具有重要意义。

二、河南省家庭结构变迁趋势分析

本部分结合相关统计资料及相关数据，分析河南省家庭结构变迁的趋势，并

---

① 2021年"国际家庭日"中国宣传纪念活动在深圳举行［EB/OL］．中国日报网，https：//sz. chinadaily. com. cn/a/202105/17/WS60a2337da3101e7ce974fde8. html，2015－05－17.

② 关于制定国民经济和社会发展第十四个五年规划和二〇三五年远景目标的建议［EB/OL］．中国政府网，http：//www. gov. cn/zhengce/2020－11/03/content_ 5556991. htm，2021－11－27.

对其实际状况进行分析。在家庭结构方面，本文对河南省的家庭规模、家庭代际、家庭经济来源、家庭性别关系以及人口流动情况的现状和变迁进行了分析和探讨，进而提出有针对性的对策与建议。

（一）家庭规模小型化

1. 家庭总户数增加，户均人数迅速下降

截至 2020 年底，河南全省户籍人口总数 1.15 亿，总户数 3311 万户。其中常住人口 9941 万，常住人口中男性 4985 万，女性 4956 万。纵向来看，全省家庭户数由 2000 年的 2424.8 万户上升至 2010 年的 2592.9 万户，又上升至 2020 年的 3178.3 万户，呈现出先慢后快的上升趋势；户均人数由 2000 年的 3.68 人下降至 2010 年的 3.47 人和 2020 年的 2.86 人，其速度也呈现先慢后快的趋势（见表1）。

表1　2000~2020 年河南省家庭户类型变化情况　　　　单位：万

年份	一人户	两人户	三人户	四人户	五人户	六人户	七人及以上户	总户数	户均人数
2000	157.4	326.6	638.1	660.6	409.3	155.9	77.2	2424.8	3.68
2010	264.4	497.2	609.3	614.3	343.8	171.3	92.9	2592.9	3.47
2020	698.6	849.7	650.3	511.1	255.1	142.5	71.4	3178.3	2.86

注：本表数据为常住人口。

资料来源：历年《河南统计年鉴》。

全省户均人数以三人户和四人户为主，一人户和两人户规模迅速上升，而五人户和六人户及以上户所占比重明显下降。家庭规模的缩小可能与流动人口的增加、住房条件的改善以及年轻人婚后独立居住等因素有关。

2. 家庭代际数量减少，家庭日益扁平化

家庭户类别中一代户所占比重为 42.99%，二代户 39.95%，三代户 16.42%，四代及以上户 0.64%。可以看出，家庭户类别以一代户和二代户为主，家庭结构日趋简单。这给家庭成员带来了更大的自由，但原有的建立在传统大家庭基础上的照顾体系受到了极大的挑战。

（二）儿童和青少年性别比失衡有所缓解，高龄老人性别比上升

河南省男性人口为 4983.2 万人，占 50.15%；女性人口为 4953.3 万人，占 49.85%。常住人口性别比（以女性为 100，男性对女性的比例）为 100.60，比 2010 年的 102.06 降低了 1.46。河南省的人口性别比表现出以下特征：

1. 人口性别比随年龄变化，呈现先升、中间趋稳、后端下降的趋势

分年龄段来看，儿童和青少年组的性别比居高不下，尤以 10~19 岁年龄段

最为突出，达到 119.92，居各年龄段最高。由于男性人数远超于同年龄段女性，这可能会导致未来的 5～10 年内，男性（尤其是偏远农村地区男性）结婚难的状况将进一步恶化。而在劳动年龄阶段，性别比处于相对均衡状态，性别比的小高峰出现在 40～49 岁年龄段，达到 97.89。在老年阶段，人口性别比迅速下降，从 60～69 岁年龄段的 96.09 下降至 70～79 岁年龄段的 91.74，再下降到 80～89 岁的 70.17，90～99 岁的 45.07，直至 100 岁及以上组的 26.14。如表 2 所示。

表 2　河南省不同年龄段性别比情况　　　　　　　　单位：人

年份 年龄	2020			2010		
	男	女	性别比	男	女	性别比
0～9	7680547	6896260	111.37	7606644	5980435	127.19
10～19	8035466	6700415	119.92	7275967	6303162	115.43
20～29	5268095	5094598	103.41	7576166	8160455	92.84
30～39	6982665	7336200	95.18	6631946	6739733	98.40
40～49	6299500	6435148	97.89	7416450	7774878	95.39
50～59	7049054	7623523	92.46	5254842	5341051	98.39
60～69	4829559	5026108	96.09	3462378	3449508	100.37
70～79	2736625	2983120	91.74	1736025	1928601	90.01
80～89	851117	1212982	70.17	494702	758095	65.26
90～99	97509	216355	45.07	37089	98691	37.58
100 及以上	2212	8461	26.14	674	2267	29.73
合计	49832349	49533170	100.60	47493033	46536876	102.06

资料来源：历年《河南统计年鉴》。

2. 儿童和青少年性别比失衡有所缓解，高龄老人性别比上升

与"六普"相比，儿童和青少年阶段的性别比失衡状况均有缓解，这可能与近年来政府加强对胎儿性别检测的管理，男女平等观念日趋深入人心，家庭减少对新出生婴儿的性别干预有重要关系。但也需要注意到，由于过去普查手段的限制或者其他因素的影响，10 岁以下人口的漏报状况突出，致使 2020 年的 10～19 岁年龄段的男女数量比 2010 年的 0～9 岁的年龄组有了巨大增长。

高龄老人的性别比增长明显，80～89 岁年龄段的性别比从 2010 年的 65.26 上升到 2020 年的 70.17，90～99 岁年龄段的性别比从 2010 年的 37.58 上升到 2020 年的 45.07（见表 2），这显示出近十年来医疗卫生条件的改善带来了男性高龄老人寿命的增长，一定程度上缓解了这两个年龄段的性别比失衡状况。

（三）家庭老化，空巢家庭比例增加

1. 老年人口比重增加，家庭老化加速

河南省家庭"老化"现象不断加剧，主要表现为有老年人的家庭比重上升和家庭中老年人口比重增加。2020年全省60岁及以上人口为1796.4万人，占比18.08%（其中65岁及以上人口为1340.2万人，占比13.49%），约2/3的家庭户中有1个老年人。与2010年相比，上升5.35%（其中65岁及以上人口比重上升5.13%）。与2000年相比，上升7.91%（其中65岁及以上人口比重上升6.39%）。

横向来看，河南省老龄化程度最高的是漯河市，60岁及以上老年人占总人口的比重达到了21.03%，相当于五个人里面有一个老年人；最低的是郑州市，60岁及以上老年人占总人口的比重为12.84%。出生人口数量的差异和人口流动改变了不同地区之间的老龄化水平。由于流动人口以青壮年居多，大规模的人口流动降低了流入地的人口老龄化水平，增加了流出地的人口老龄化水平。

2. 生育率下降，新出生人口减少

近十年来，河南省的出生人口数量在2014~2017年有一个小高峰，之后出生人口数量持续下降至2020年的92万，人口出生率也从2016年的13.26‰降至2020年的9.24‰（见图1）。应该认识到，2014~2017年的出生人口小高峰受到了2013年开始实行的"单独二孩"政策和2015年开始实行的"全面二孩"政策的影响。但政策效应释放出来的生育数量比较有限，其时间集中在政策出台后的一到两年，之后恢复正常。需要注意的是，由于育龄期妇女数量减少，规模变小，加上其观念变化和生育、养育压力增大，出生人口进入下降趋势，难以避免。如果这一状况持续，将对未来全省的经济、社会发展造成重大影响。

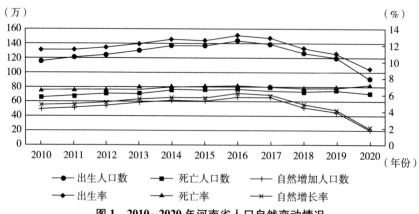

图1　2010~2020年河南省人口自然变动情况

资料来源：历年《河南统计年鉴》。

（四）社会抚养比增加，家庭负担加重

截至 2020 年底，河南省总抚养系数为 57.8%，其中少儿抚养系数为 36.5%，老年抚养系数为 21.3%。[①] 从河南省社会抚养系数发展变化情况来看，1953~2020 年河南省的总社会抚养系数与少儿抚养系数的变化高度一致；老人抚养系数方面，1953~2010 年呈平缓上升状态，2010 年后则呈现出快速上升态势（见图 2）。

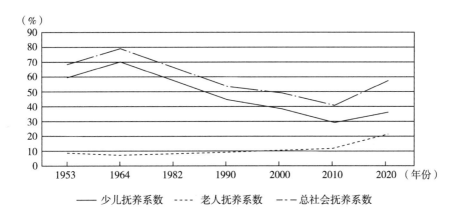

图 2　1953~2020 年河南省社会抚养系数变化趋势

资料来源：历年《河南统计年鉴》。

截至 2020 年底，全国少儿抚养系数为 26.2%，老人抚养系数为 19.7%，总抚养系数为 45.9%。与全国相比，河南省的社会抚养系数、老人抚养系数、少儿抚养系数均显著高于全国，尤其是其中的少儿抚养系数高于全国的程度更多。这说明：①与全国相比，河南在赡养和育幼方面的负担相对较重，高于全国平均水平，尤其是育幼方面的压力比较大；②河南的青壮年向省外流动提高了家庭收入，同时增加了河南的养老压力；③与全国其他地区相比，河南省的生育情况相对乐观，给人口结构的调整留下了宝贵的时间窗口。

（五）人口流动规模大、流动距离远，流动原因呈现年龄和性别差异

（1）人口的省际流动规模大，以大规模流出为主。全省流动总人口达 1610.09 万人，流向多为经济发达省份，经济拉力显著。人口的省内流动多流向郑州，郑州的人口集聚效应突出，其他地级市与郑州相比差距巨大。在省内跨市流动

---

① 河南省统计局，国家统计局河南调查总队．河南统计年鉴 2021 [EB/OL]．http：//oss.henan.gov.cn/sbgt-wztipt/attachment/hntjj/hntj/lib/tjnj/2021nj/zk/indexch.htm，2021-01-05．

人口中，流入郑州的人口数量占省内跨市流动总人口数（620万人）的58.9%。

（2）人口流出地以南阳、周口、信阳、驻马店、商丘这五个经济欠发达的人口大市为主（见图3）。这既与这些地区人口数量众多、基数大有重要关系，也与当地二三产业不发达、就业机会少、难以吸纳大量的剩余人口有重要关系。

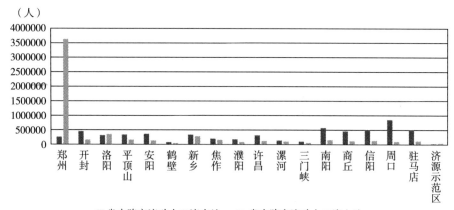

图3 河南省内跨市流动情况

资料来源：历年《河南统计年鉴》。

（3）人口流动的城—城流动与乡—城流动相互交织，农村男性跨省流动突出，各地市在市、镇、村三级的跨省流动规模方面呈现出较大差异。在城市人口跨省流动中，除了郑州居首位之外，第二到第五名分别是洛阳、新乡、商丘、开封；而在镇级跨省流动人口中，除了郑州居首位之外，第二到第五名分别是南阳、洛阳、濮阳、商丘；在村级人口的跨省流动中，除了郑州居首位之外，第二到第五名分别是南阳、信阳、周口、驻马店（见表3）。从这里可以看出，在跨省流动人口中，洛阳、开封、新乡的城—城流动特色更突出；而南阳、信阳、商丘、周口、驻马店等地区的乡—城流动特色更为突出。此外，男性尤其是农村男性跨省流动数量远高于女性，市级、镇、村三级跨省流动人口的性别比分别为1.33∶1.26∶1.48。这既缓解了人口流出地的性别比失衡状况，同时也加剧了人口流出地的社会抚养压力。

表3 河南省分地市人口流动的性别与流动规模 单位：人

地区	城市			镇			村		
	合计	男	女	合计	男	女	合计	男	女
郑州	318064	196768	121296	156824	93444	63380	73445	51553	21892

续表

地区	城市			镇			村		
	合计	男	女	合计	男	女	合计	男	女
开封	25044	12493	12551	8552	4893	3659	3485	1497	1988
洛阳	81815	46729	35086	26517	14496	12021	7348	4817	2531
平顶山	14729	8448	6281	14270	7568	6702	5495	2220	3275
安阳	24969	12642	12327	18994	9393	9601	5821	2658	3163
鹤壁	5247	2675	2572	3105	1823	1282	2102	1198	904
新乡	31552	16479	15073	17201	9905	7296	4967	2505	2462
焦作	21726	11410	10316	16779	10560	6219	4427	2417	2010
濮阳	21389	10841	10548	21256	11728	9528	4913	2251	2662
许昌	18041	9942	8099	4220	2416	1804	3969	2058	1911
漯河	7594	4008	3586	3417	1801	1616	1429	544	885
三门峡	19487	10986	8501	7012	3682	3330	4080	2620	1460
南阳	20809	9938	10871	37315	19837	17478	11249	6136	5113
商丘	31221	16460	14761	21041	10623	10418	5881	3041	2840
信阳	18636	9041	9595	20983	10141	10842	9503	4352	5151
周口	16981	7792	9189	19660	10007	9653	8355	3981	4374
驻马店	4795	2463	2332	16813	8641	8172	7475	3798	3677
合计	692311	394548	297763	415633	231918	183715	165702	98776	66926

（4）流动原因呈现出明显的年龄与性别差异。流动原因在工作就业、婚姻嫁娶、为子女入学和照料孙子女方面存在较大的性别差异。其中，工作就业方面男性明显高于女性，其他几类女性显著高于男性。男性流动的时间相对集中，主要集中在青壮年阶段，主要由于工作、就业原因而流动；而女性的流动原因更为复杂，在生命历程的不同阶段其流动原因有较大差异。女性在20~34岁，主要由于婚姻嫁娶而流动；在34~44岁，主要由于子女入学而流动；55岁以后则主要因照顾孙子女而流动（见表4）。

表4 人口流动的年龄、性别与流动原因 单位：人

原因 年龄	工作就业		婚姻嫁娶		子女入学		照顾孙子女	
	男	女	男	女	男	女	男	女
20~24岁			1748	43727				
25~29岁	550609	469594	10039	113609				

原因 年龄	工作就业		婚姻嫁娶		子女入学		照顾孙子女	
	男	女	男	女	男	女	男	女
30~34 岁	858279	716467	21890	163950	43386	79006		
35~39 岁	542614	444939	14543	72171	42840	68926		
40~44 岁	459436	378722	11386	46625	41207	60308		
45~49 岁	473210	365701			33775	46120	3919	9858
50~54 岁					18262	25232	19521	53196
55~59 岁							36459	91776
60~64 岁							41971	73401
65 岁及以上							72218	107398

综上可知，女性在维系家庭关系、促进家庭发展方面承担了更大的责任，并且这种责任贯穿到了女性成家的生命历程中。这也启示政策制定者设计家庭相关政策时要考虑流动家庭的流动特点，平衡男女在家庭中的责任分配。

（六）家庭人均收入持续增长，城乡差距、地区差距和阶层差距变大

1. 城乡居民家庭人均可支配收入呈上升趋势，但增速降低

改革开放以来，河南省城乡居民的生活水平有了较大的提高，城市家庭人均可支配收入从 1980 年的 365 元增长到 2020 年的 34750.34 元，增长了近 95 倍；消费支出从 1980 年的 335.02 元增长到 2020 年的 20644.91 元，增长了近 61 倍。农村可支配收入从 1980 年的 160.78 元增长到 2020 年的 16107.93 元；消费支出从 1980 年的 135.51 元增长到 2020 年的 12201.10 元（见表5）。从可支配收入指数的变化情况来看，不论是城市还是农村，除了 2020 年受新冠肺炎疫情影响外，其他年份的可支配收入指数均超过了 100，这说明城乡家庭可支配收入一直呈上涨趋势。

2. 家庭人均可支配收入的城乡差距和地区差距大

河南省家庭可支配收入的城乡差距呈现出先扩大后缩小的变化趋势。河南省城乡可支配收入比从 1980 年的 2.27 上升至 1990 年的 2.41、2000 年的 2.40，又上涨至 2010 年的 2.88，之后于 2020 年降至 2.16（见表5）。

表5　1980~2020 年河南城乡居民家庭人均可支配收入情况　　单位：元

地区 年份	城市			农村		
	可支配收入	指数	消费支出	可支配收入	指数	消费支出
1980	365	108.1	335.02	160.78	120.5	135.51

续表

地区 年份	城市			农村		
	可支配收入	指数	消费支出	可支配收入	指数	消费支出
1990	1267.73	113.5	1067.67	526.95	105.5	437.72
2000	4766.26	106.1	3830.71	1985.82	103.9	1315.83
2010	15930.26	107.2	10838.49	5523.73	111.0	3682.21
2020	34750.34	99.1	20644.91	16107.93	102.8	12201.10

注：指数是以上年为100，按照可比价格计算。
资料来源：历年《河南统计年鉴》。

河南省不同地市居民家庭人均可支配收入差距较大，周口最低，为19143元；郑州最高，为37275元。分地市来看，居民家庭人均可支配收入较高的五个地市分别是郑州、济源、焦作、洛阳、鹤壁；居民家庭人均可支配收入较低的五个地市分别是濮阳、信阳、商丘、驻马店、周口。如果分城镇和农村来看，各地市的情况又有所变化。从城镇居民家庭人均可支配收入来看，郑州最高，为42887元；周口最低，为28864元；其他地市城镇居民人均可支配收入均在30000~40000元。从农村居民家庭人均可支配收入来看，除了郑州、济源、焦作在20000元以上，其他地市均在10000~20000元。其中，周口最低，为12950元；最高与最低的地市之间差距将近1倍（见图4）。

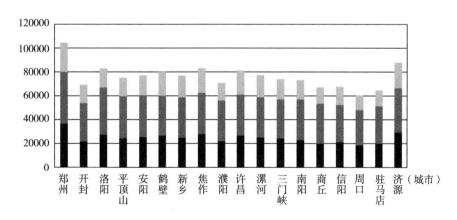

图4 2020年河南省各地市居民家庭人均可支配收入

3. 社会阶层间收入差距较大

由表6可以看出，城镇居民家庭人均可支配收入的平均数为34750元。但从低收入户、中低收入户、中等收入户、中高收入户、高收入户五个阶层的数据来看，人均可支配收入的平均数稍高于中等收入户，低于中高收入户的数据。从人均可支配收入的结构来看，各个阶层之间的财产性收入部分差异不大，其区别主要在于：①高收入户的经营净收入占比最大；②中高收入户和高收入户的工资性收入占比较低；③中高收入户的转移净收入占比最高。

表6　2020年河南省城镇居民家庭收支结构

指标	城镇平均	低收入户	中低收入户	中等收入户	中高收入户	高收入户
人均可支配收入（元）	34750	14111	22624	30799	42068	77118
城镇家庭人均可支配收入结构						
工资性收入（%）	56.5	65.3	67.2	59.7	54.4	51.6
经营净收入（%）	14.7	10.8	8.5	10	11.6	22
财产净收入（%）	8.9	9.1	8.4	9.7	8.9	8.7
转移净收入（%）	20	14.8	15.9	20.6	25.1	17.6
人均总支出（元）	26517	15100	18097	24455	31537	48522
家庭人均总支出结构						
消费支出（%）	77.9	78.4	83.8	80.2	79.3	72.9
生产经营费用支出（%）	3	4.2	1.5	1.7	2.3	5.8
财产净支出（%）	0.5	0.3	0.4	0.5	0.6	0.6
转移净支出（%）	5.1	4.5	4.3	4.9	4.6	6.2
部分商业保险支出（%）	1.6	0.5	0.7	1	0.6	1.4
购置资产及非常性转移支出（%）	8.4	10	6.5	8	10	8.1
借贷性支出（%）	3.6	2.2	2.8	3.7	2.6	5

　　2020年河南省家庭平均人均总支出为26517元，比中等收入户稍高，低于中高收入户的水平。不同阶层的家庭人均总支出结构表现出较大差异：①城镇低收入户入不敷出，需要通过借贷来维持家庭经济的运转；②家庭收入的增加带来了家庭消费支出占比的下降；③随着家庭收入的增加，商业保险支出、借贷性支出呈现出先升、后降、再升的趋势；④购置资产及非常性转移支出与借贷性支出结构的变化相反，呈现出先降、后升、再降的发展趋势；⑤随着收入的增加，转移性支出占比增加。

　　对于居民转移净收入影响最大的是离退休金。而退休职工所能够领到的退休金数量与其在职时的工作性质、行业差别、工作待遇等因素有重要关系。由于低收入群体在职时多在次级劳动力市场工作，其能够拿到的退休金（养老金）数量相对有限；而城镇的中高收入群体由于离退休金水平较高，形成了低收入家庭与中高收入家庭的重大差别；而高收入群体由于经营净收入占比上升，工资性收入和转移净收入的占比都相对下降。

农民家庭收入主要来源于工资性收入、经营净收入和转移净收入（见表7）。从低收入户到高收入户，工资性收入和转移净收入的数额上升，同时比例下降；而经营净收入的数额上升，比例上升。高收入户的收入主要来源于经营净收入，尤其是来自第一产业的经营净收入。在所有五个类别中，来源于第一产业和第三产业的收入占了绝大多数（来源于第一产业的经营净收入占经营净收入总量的比重从低收入家庭的74%到高收入家庭的69%），来源于第二产业的几乎可以忽略不计（在五个群体中，均不到10%）。而在外出从业人员寄回或带回的收入方面，从低收入户到高收入户的数额变化不大，但所占总收入的比例降低。从低收入家庭的20.4%、中低收入家庭的22.1%降至高收入家庭的9.6%。

表7 2020年河南省农民家庭人均收入结构 　　　　　　单位：元

	全省平均	低收入户	中低收入户	中等收入户	中高收入户	高收入户
可支配收入	16108	7385	11078	14453	19232	33248
工资性收入	6153	2653	4662	5944	8494	10791
经营净收入	5175	1543	2553	3697	5254	15437
第一产业	3419	1126	2002	2719	3881	9553
第二产业	400	29	41	88	151	1685
第三产业	1355	388	510	891	1222	4199
财产净收入	238	117	122	170	267	633
转移净收入	4542	3071	3742	4642	5217	6387
＊	3172	2082	2904	3583	3477	3877

注：＊指家庭外出从业人员寄回带回的收入。

资料来源：《河南统计年鉴2021》。

三、相关对策建议

（一）大力促进县域经济发展和乡村振兴，缓解地区差距和城乡差距

改革开放以来，河南省的家庭人均收入有了较大的增长，但城乡之间、地区之间和阶层之间的差距还比较大，需要采取切实有效的应对措施。首先，促进县

域经济的发展，创造更多的就业岗位，通过城市化和工业化来促进农村剩余劳动力的转移，提升农民家庭的收入水平；其次，通过乡村振兴战略的实施，促进农村经济的发展，提升农民家庭的收入水平；最后，通过税收、社会保障、转移支付等手段，控制过大的贫富差距，为城乡低收入和中低收入家庭提供更多的保障，使其能够共享社会文明与进步的成果。

（二）关注人口流动对城乡和区域社会经济发展的影响

城乡之间和地区之间的经济社会发展水平的差异导致了大规模的人口流动，给流入地和流出地带来了不同影响。大规模的青壮年流动人口给流入地提供了宝贵的人力资源，降低了其劳动力成本和老龄化进程，但加剧了流出地的人口老龄化进程，产生了大量的留守老人、留守妇女和留守儿童，增加了其赡养压力，产生了更多的社会问题。这些因素与经济因素的相互叠加，又会导致流出地和流入地经济差距扩大并强化。在这种情况下，需要提前研判、及早干预，将城乡之间、区域之间的经济、社会差距控制在合理的范围内。

（三）综合考虑养老和育幼问题，促进代际公平

人口预期寿命的延长和老年人规模的扩大，给整个社会提出了巨大的挑战。整个社会需要提供养老、医疗方面的资源来满足老年群体的需要。与此同时，生育率的持续下降也加剧了全社会的老龄化进程。在这种情况下，需要针对老年人群体和儿童群体采取不同的措施。一方面，针对日益扩大的老年人群体，需要从理念、措施和服务方面着手，保障老年人的合法权益。在理念方面，要加强宣传，推动积极老龄化的理念深入人心，鼓励老年人积极发挥作用，做到老有所用、老有所乐；在措施方面，要考虑老年人口的规模、经济承受能力，合理测算，进而确定老年福利的内容、水平，为老年人提供适度的福利；在服务方面，要考虑老年人的年龄、健康状况和自理能力，聚焦重点人群，精准支持，促进老年福利的发展。

另一方面，针对日益降低的生育率，需要整个社会以家庭为中心，对生育提供更多的支持，缓解人口老龄化进程。这种支持涉及公共政策和社会服务，要从这两个方面采取措施来减少家庭在育儿方面的压力。而这两方面都要求社会提供资源，如何平衡这两方面的需要成为当务之急。

（四）加强宣传和政策支持，促进性别公平

随着女性教育程度的提高、经济状况的改善和个人意识的觉醒，性别平等观念逐渐深入人心，原有的以女性为主体的家庭照顾模式难以为继。在这种情况

下，需要从宣传、政策和社会服务三个层面入手，促进性别平等的实现。在宣传层面，鼓励和支持男性参与到育儿和家务劳动中，增强家庭凝聚力；在政策层面，实施积极的公共政策，去除阻碍性别平等实现的藩篱，为两性提供公平的教育、就业、社会参与机会；在服务层面，建立更多的普惠型托儿所、幼儿园，提高其质量和可及性，以减轻家庭压力。

参考文献

［1］Hammel E. A. Demographic dynamics and kinship in anthropological populations ［J］. Proceedings of the National Academy of Sciences of the United States of America, 2005, 102 （6）: 2248-2253.

［2］Jiang Leiwen, O'Neill B C. Impacts of demographic trends on US household size and structure ［J］. Population and Development Review, 2007, 33 （3）: 567-591.

［3］段成荣，程梦瑶，秦敏. 剧变中的我国留守妻子及其学术与公共政策含义 ［J］. 中国农业大学学报（社会科学版），2017 （6）: 19.

［4］费孝通. 论中国家庭结构的变动 ［J］. 天津社会科学，1982 （3）: 2-6.

［5］彭希哲，胡湛. 当代中国家庭变迁与家庭政策重构 ［J］. 中国社会科学，2015 （12）: 113-132.

［6］汪建华. 小型化还是核心化——新中国 70 年家庭结构变迁 ［J］. 中国社会科学评价，2019 （2）: 118-130.

［7］王跃生. 家庭结构转化和变动的理论分析——以中国农村的历史和现实经验为基础 ［J］. 社会科学，2008 （7）: 90-103+191.

［8］王跃生. 制度变迁与当代城市家庭户结构变动分析 ［J］. 人口研究，2020 （1）: 54-69.

［9］王跃生. 中国城乡家庭结构变动分析——基于 2010 年人口普查数据 ［J］. 中国社会科学，2013 （12）: 60-77.

［10］王跃生. 中国当代家庭结构变动分析——立足于社会时代变革的农村 ［M］. 北京: 中国社会科学出版社，2009.

［11］周福林. 我国家庭结构变迁的社会影响与政策建议 ［J］. 中州学刊，2014 （9）: 83-86.

B.16　郑州市青年流动人口社会融入现状和影响因素分析*

苏慧丽**

摘　要：本文使用分层抽样和便利抽样相结合的抽样方法收集到 303 份有效调查问卷，进而探究了郑州市青年流动人口社会融入现状和影响因素。运用探索性因子分析方法对社会融入指标进行主成分分析，发现郑州市青年流动人口的社会融入包含心理融入、社会融入和经济融入三个维度。采用极值化方法计算郑州市青年流动人口社会融入各维度和总体社会融入的分值，结果发现郑州市青年流动人口总体水平偏低，社会融入、心理融入和经济融入呈现逐渐降低的趋势。比较已有相关研究，本文提出了流动人口社会融入的本体性维度和拓展性维度之分。在社会融入的影响因素方面，研究发现郑州市青年流动人口社会融入主要受居住满意度、工作年限、工作保障和福利以及政府提供的职业技能培训等因素影响。需要注意的是，青年流动人口经济融入水平的提升并不必然会伴随着心理融入的增强，因此要提升青年流动人口的心理融入需要从非经济因素上寻找突破。

关键词：青年流动人口；社会融入；影响因素

《半月谈》杂志针对"青年流动人口尊严感"的调查研究（2011）认为，青年流动人口的生活和工作环境改善较大，相对来说对情感、精神生活的需求更加强烈，而在影响尊严感的因素中，城市融入的实现超过了与亲人朋友的关系。因此，青年流动人口的社会融入需求更加强烈。青年流动人口的数量在 2018 年已经达到流动人口总量的 67%，成为我国流动人口的主体。《2018 年河南省人口发展报告》指出，跨省流动速度放缓，郑州市的流动人口吸纳力持续增强，而以县

---

　*　基金项目：河南省哲学社会科学规划一般项目"韧性视角下非常住老年人身心健康的影响机制与干预研究"（2021BSH021）、河南省高校人文社会科学研究一般项目"代际关系对老漂族心理健康的影响机制及干预研究"（2022-ZZJH-090）。

　**　苏慧丽，郑州轻工业大学社会工作系讲师，研究领域：社会心理学、家庭社会学。

内流动为主的流动人口分布结构基本稳定。在所有省辖市中，郑州市常住人口最多，增长也最快，城镇化率最高。郑州市作为国家中心城市，人口的吸纳力持续增强，外省流入河南的人口中有 36.8% 流入郑州市，而省内流动人口中有 59.8% 流入郑州市，流动人口的增长促进了郑州市经济的快速发展。鉴于此，本文主要考察郑州市青年流动人口的社会融入现状及影响因素。

一、相关研究概述

对社会融入的探讨始于西方学者对于国际移民的研究，在西方的社会融合理论中融合论、多元文化论和区隔融合论的影响较大（Hirschman，1983；Alba and Nee，2003），主要操作化测量指标有经济收入、社会文化、居民态度和社会认同等几个方面，为我国学者对流动人口的社会融入进行研究提供了理论借鉴。

国内学者普遍是在借鉴西方社会融合理论和操作化测量指标的基础上，结合我国流动人口的实际情况进行本土化检验和解释，主要有维度说和阶段说。在维度说方面，田凯（1995）提出了三维度的社会化说，包含经济、社会和心理三个维度；张文宏和雷开春（2008）提出了四维度递进说，包含心理、身份、文化和经济四个维度，且呈现依次降低趋势；杨菊华（2009）提出了四维度的融入互动说，包含经济、文化、社会和身份四个维度；周皓（2012）提出了五维度说，在融入互动的四维度说基础上增添了结构融合。在阶段说方面，马西恒和童星（2008）提出的三阶段说包含"二元社区""敦睦他者""同质认同"三个阶段；叶俊焘等（2014）提出城市社会融合要经历生存融合、社会交往融合和心理认同融合三个阶段。学者们对社会融合存在不同解释，但基本的共识是经济融合是基础，社会文化融合是广度，心理融合是深度。

关于社会融合现状，已有的研究发现，流动人口的社会融合水平总体不高，但文化和心理融合水平相对较高，社会和经济整合水平相对较低（杨菊华，2012；杨高、周春山，2019）；在类型差别上，城—城流动人口比乡—城流动人口的社会融合水平要高（赵海涛、刘乃全，2018）；在区域差别上，东北地区社会融合度最高，中部次之，西部最低（李荣彬、喻贞，2018）。流动人口社会融合的影响因素方面，经济因素的作用具有短期效应，社会和制度因素则具有长期作用，即经济因素影响流动人口的工作地选择，社会和制度因素则对流动人口的社会融合起着越来越重要的影响（张新等，2018）。对于流动人口而言，社会融入是社会融合的动态过程，社会融合是社会融入的最终目标，因此社会融入更能准确地表达流动人口现阶段的发展情况（杨菊华，2015）。到目前为止，关于社会融入的考察指标学界并没有统一标准。在具体的研究中，研究者往往根据研究特点选择有代表性的考察指标表达流动人口社会融入情况（李培林、田丰，2012；王毅杰、丁百仁，2019）。

流动人口的社会融入是多种因素综合作用的结果，已有的研究主要从制度和个体两个方面进行了深入考察。已有的研究认为，户籍制度以及所附带的公共服务和社会保障是社会融入的最大障碍（何炤华、杨菊华，2013）。从个人角度来说，流动人口的性别、年龄、婚姻、个人资本、社会资本和心理资本等显著影响流动人口的社会融入（钱泽森、朱嘉晔，2018；薛艳，2016）。以人为核心的新型城镇化的关键在于解决乐业和安居两大问题（韩俊，2013），目前流动人口在城市基本实现了由生存型向发展型转变的前提下，流动人口的社会融入困境也主要受到工作和居住的双重影响（徐水源，2019），因此青年流动人口社会融入的影响因素则主要从职业和居住两个方面考察。

二、数据收集与变量

（一）数据收集

本文采用问卷调查的方法收集相关数据。针对青年流动人口的界定，将研究对象确定为1980年以后出生、在郑州市工作6个月以上的流动人口。将郑州市青年流动人口作为样本总体，涵盖高新区、二七区、中原区、金水区、郑东新区、管城区和经开区七个区；在每个区域内使用方便抽样的方法随机选择调研地点（主要选择在流动人口比较集中的工厂、公寓、广场、公园等地方）进行问卷调查，每个区域收集45~50份问卷。调查时间集中在下班和周末等空闲时间，培训4名社会工作专业的大四本科生以及8名其他年级的本科生作为调查员，每份问卷都由调查者进行面对面一对一的详尽调查。每份问卷正式答题之前调查员按照指导语告知被调查者如何答题，并使用样例说明题目的回答原则，且告知被调查者调查结果仅用于研究，强调回答内容的保密性以及真实回答对于研究的重要性。被调查者填答结束后当场收回，同时赠送礼品。共发放调查问卷320份，剔除无效问卷后回收302份。剔除问卷所依据的标准如下：①问卷通篇不完整（遗漏题目不作为删除问卷的指标）；②答案明显呈规律性（比如答案选择一致分数、答案呈有规律波动）；③调查员发现被调查者没有认真作答的问卷。调查所得的样本基本信息如表 1 所示。

表 1　样本的基本变量描述性分析

指标	频数	指标	频数
性别（N＝302）		子女情况（N＝302）	
男	208（68.9%）	无子女	149（49.5%）
女	94（31.1%）	1 个子女	103（34%）
婚姻（N302）		2 个子女	46（15.2%）
未婚	129（42.9%）	3 个子女	4（1.3%）
已婚	173（57.1%）	省内外来源（N＝302）	
民族（N＝302）		省内	258（85.4%）
汉族	297（98.3%）	省外	44（14.6%）
少数民族	5（1.7%）	迁移方式（N＝302）	
教育（N＝302）		个体迁移	169（56%）
初中及以下	18（5.9%）	家庭迁移	133（44%）
高中/技校/中专/职高	83（27.4%）	职业（N＝302）	
大学专科	90（30.0%）	工人	120（39.7%）
大学本科	105（34.7%）	管理	20（6.6%）
研究生及以上	6（2%）	普通白领	83（27.5%）
平均受教育年限（N＝302）	14.23（2.17）	专业技术	55（18.2%）
均龄（N＝302）	27.33（4.9）	私营业主	9（3%）
出生地（N＝302）		其他	15（4.9%）
农村	259（85.8%）	单位性质（N＝302）	
城市	43（14.2）	党政机关	3（1%）
居住（N＝302）		国有或集体企业	76（25.2%）
员工宿舍	147（48.7%）	国有事业	27（8.9%）
自主住房	155（51.3%）	私民营、外资企业	158（52.3%）
		其他	48（12.6）

（二）基本变量

1. 结构测量指标

正如文献分析所述，学界对社会融入的考察指标并没有统一标准，研究者往往根据具体研究特点选择有代表性的考察指标。本文试图采用探索性因子分析法确定郑州市青年流动人口的社会融入结构。在选取指标时，考察已有社会融入的指标体系以及郑州市流动人口自身的特殊性问题。最终选取的指标主要包含个人年收入、主观生活水平层次、主观社会经济地位、职业劳动合同、社会关注和活动参与等主客观评估指标。

具体来说，个体年收入主要是指过去一年的收入总和，不足一年按照推算进行计算。主观生活水平使用五点量表评分，下层、中下层、中层、中上层和上层分别赋值1~5。主观社会经济地位使用五点量表评分，下层、中下层、中层、中上层和上层分别赋值1~5。职业劳动合同方面，没有签订劳动合同赋值1，签订了固定期限劳动合同赋值2，签订了无固定期限劳动合同赋值3。社会关注则包含对工作单位事情的关心程度、对居住社区事情的关心程度、对本市事情的关心程度、对国家大政方针的关心程度四个项目，均采用五点量表评分，从不关心、较少关心、一般、较关心和很关心分别赋值1~5，总分越高则表示社会关注越高。社会关注变量Cronbach's α系数为0.815，使用因子分析结果4个项目能够解释社会关注总方差的64.48%。社会参与包含经常参加同乡、校友或战友的聚会，经常参加居委会或物业等组织的活动，经常参加兴趣群体的活动和经常参加志愿者活动4个项目，均采用5点量表评分，从未、较少、一般、较常和经常分别赋值1~5，总分越高则表示社会参与越高。社会参与变量的Cronbach's α系数为0.798，使用因子分析4个项目能解释社会关注总方差的62.35%。本次调查发现，没有签订劳动合同的有86人（28.5%），签订了固定期限劳动合同的有163人（54%），签订了无固定期限劳动合同有53人（17.5%），其他社会融入变量的描述性分析见表2。

表2　社会融入指标的描述性分析

项目名称	最小值	最大值	平均值	标准差
个人年收入	0	220000	58016.89	37809.99
主观生活水平	1	4	2.01	0.76
主观社会经济地位	1	5	2.12	0.79
社会关注	4	20	13.50	3.22
活动参与	4	20	7.75	4.37

2. 居住和职业等影响因素变量

关于居住情况的相关变量主要包含居住场所周围公共服务、居住满意度及居住费用与月收入占比等方面。关于职业情况的相关变量主要包含就业身份、目前工作从事年限、工作保障和福利、政府是否提供技能培训和单位是否提供技能培训等方面。

三、郑州市青年流动人口的社会融入现状

（一）郑州青年流动人口社会融入的因子结构

运用探索性因子分析方法对 6 项社会融入指标进行主成分分析，采用最大方法差对因子负荷进行正交旋转，结果见碎石图（见图 1）。从图 1 可以看出，有 3 个主要成分的特征值大于 1，分别用 F1、F2、F3 来表示（见表 3）。从表 3 可以看出，6 项指标的共同度（公因子方差）都达到了 0.5 以上。3 个因子累计方差贡献率达到了 73.082%，KMO 检验值为 0.703，巴特利特球形检验值近似卡方值为 858.825（P<0.000），说明这些指标适合做因子分析。

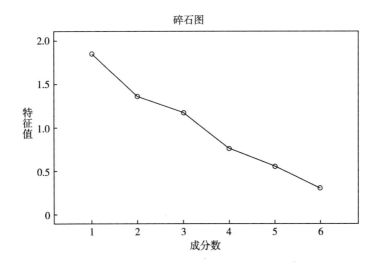

图 1　运用探索性因子分析后的碎石图

主观生活水平和主观社会经济地位两项指标对 F1 因子负荷值最高，分别达到了 0.898 和 0.910，说明此 2 项指标较好地代表了 F1。从指标所涉及的内容来看，主观生活水平和主观社会经济地位都是心理方面的主观感受，因此我们将 F1 命名为"心理融入"因子。

F2 主要由社会关注和活动参与两项指标代表，其负荷值分别为 0.804 和 0.843，这两项指标主要体现了流动青年的社会融入状况，因此将 F2 命名为"社

会融入"因子。

个人年收入与签订劳动合同情况两项指标主要用来说明 F3，其负荷值分别为 0.758 和 0.764，收入和职业是社会经济地位的客观操作性指标，因此我们将 F3 命名为"经济融入"。

表 3　郑州市青年流动人口社会融入的旋转后因子分析结果

自变量	新因子命名			共同度
	F1 心理融入	F2 社会融入	F3 经济融入	
个人年收入	0.227	−0.038	0.758	0.652
主观生活水平	0.898	0.091	0.107	0.826
主观社会经济地位	0.910	0.018	−0.042	0.830
签订劳动合同情况	−0.167	0.101	0.764	0.621
社会关注	−0.025	0.804	0.242	0.706
活动参与	0.125	0.843	−0.152	0.749
特征值	1.755	1.377	1.253	
方差贡献率	29.246%	22.202%	20.880%	
累计方差贡献率	29.246%	52.202%	73.082%	

注：提取方法：主成分分析法。旋转法：具有 Kaiser 标准化的正交旋转法。KMO 检验值为 0.703，巴特利特球形检验值近似卡方值为 858.825（P<0.000）。

（二）郑州市青年流动人口的社会融入现状的研究结果

社会融入程度分值以 3 项新因子的方差贡献率为权数，采用极值化方法对各指标数值进行标准化，以解决各指标数值不可综合性问题（张文宏、雷开春，2008；肖子华等，2019）。将逆向指标转换为正向指标后，对所有正向指标按照 $y_{ij} = \dfrac{x_{ij} - \min x_j}{\max x_j - \min x_j}$ 进行标准化，其中 $\max x_j$、$\min x_j$ 分别表示第 j 个指标下样本的最大值和最小值。在计算得到标准化的一级指标分值基础上，采用专家赋值权重的方法进行加权和，合成各个维度，其公式为 $Z_{il} = \sum_j Z_{ilj}$，其中 Z_{il} 表示各一级指标，Z_{ilj} 表示各二级指标。在得到各维度分值的基础上，采用按 3 项新因子的方差贡献率为权重加和的方法，得出郑州青年流动人口社会融入评估综合分数，其公式为 $Z = \sum_i w_i Z_i$，其中 Z 表示评估综合分数，Z_i 表示各个维度分值，w_i 表示各个维度权重。郑州市青年流动人口的社会融入基本情况见表 4。

表4　郑州市青年流动人口的社会融入现状

	心理融入	社会融入	经济融入	总体社会融入
Mean	39.40	49.21	35.59	40.93
SD	26.49	17.23	20.17	14.17

由表4可以看出，郑州市青年流动人口社会融入的总体水平偏低（M=40.93，SD=14.17），其中心理融入、社会融入和经济融入的程度分别为39.40（SD=26.49）、49.21（SD=17.23）、35.59（SD=20.17）。这一结果表明，郑州市青年流动人口总体社会融入水平较低，其中社会融入相对较高，且离散性最小；心理融入和经济融入相对较低，且离散性较大；融入程度由高到低依次是社会融入、心理融入、经济融入。

（三）分析与讨论

1. 郑州市青年流动人口基本情况分析

在婚姻状况方面，在郑州市的青年流动人口中，已婚占到样本总数的57.1%，未婚占42.9%，未婚比例仍占有较大比重。在受教育年限方面，郑州市青年流动人口的受教育程度集中在大专和本科水平，大专以上占到样本量的66.7%，初中及以下仅占5.9%，平均受教育年限达到14.23，可见郑州市青年流动人口受教育水平较高，城市具有较大的发展潜力。在省内省外来源方面，85.4%的青年流动人口来自河南省内，如何吸引更多省外流动人口的流入需要政府整体考虑。在居住方式方面，48.7%的青年流动人口选择居住在集体宿舍，过半的青年流动人口选择自己租房居住。在迁移方式方面，56%的青年流动人口仍然是个体迁移，44%的青年流动人口是家庭迁移，与已有家庭迁移相关研究相比较发现，郑州市青年流动人口的家庭迁移比例偏低（王文刚等，2017）。

2. 郑州市青年流动人口社会融入的结构组成

本文的统计分析结果显示，郑州市青年流动人口的社会融入由心理融入、社会融入和经济融入三个维度组成。国际和国内关于移民或流动人口的社会融合研究中，主要从移民应对主流文化和传统文化之间的态度和策略入手，因此文化融合或身份融合是社会融合中的重要组成成分。由于郑州市青年流动人口具有自身的特殊性，85.4%的青年流动人口来自省内，流入地和流出地之间的文化差异较小，因此郑州市青年流动人口社会融入结构中并没有包含文化融入或身份融入的成分。在实际数据结构分析中，城市认同也并没有被纳入因子结构中。综上可知，郑州市青年流动人口社会融入更强调心理融入、社会融入和经济融入。

3. 社会融入的本体性维度和拓展性维度

已有研究主要通过维度说和阶段说两种不同解释来理解我国流动人口的社会

融入，不管是三维度论、四维度递进论、四维度融入互动论还是五维度说，研究结果并没有得出共识性结论。然而本文发现，流动人口社会融入的维度类型具有本体性维度和拓展性维度两种不同的维度特质，本体性维度强调了我国流动人口社会融入的共有特征，拓展性维度强调了我国流动人口因区域和年龄等文化差异较大而特有的维度内容。本文以郑州市青年流动人口为研究对象，使用探索性因子分析的主成分分析法进行因子分析，结果发现郑州市青年流动人口的社会融入包含经济融入、社会融入和心理融入三个维度。再次对研究对象进行审查，发现303个有效样本中来自河南省内的占85.4%，来自河南省外的仅占14.6%，且大部分集中在河南省周边地区，研究对象的地域同质性较高。此外，由于本文的研究对象均是1980年以后出生的青年流动人口，因此研究对象的年龄同质性也较高。因此，本文认为流动人口社会融入的本体性维度包含经济融入、社会融入和心理融入三个维度。分析已有的社会融入四维度说和五维度说的相关研究，发现研究对象的异质性程度越高，社会融入的拓展性维度呈现越复杂的趋势。

4. 郑州市青年流动人口社会融入偏低

本文统计结果显示，郑州市青年流动人口总体社会融入程度偏低，其中社会融入相对较高，心理融入和经济融入相对较低，融入程度由高到低依次是社会融入、心理融入、经济融入。这反映出郑州市青年流动人口与其他一线城市一样，在社会融入、心理融入和经济融入等方面存在较大的差距，而这种差距需要经过长时间的社会互动与社会适应才能缩小或缓和。经济融入水平相对较低的主要原因包括个人收入水平和签订劳动合同情况两个方面。郑州市青年流动人口的个人年收入约为58016.89元，青年流动人口作为家庭经济的顶梁柱，有可能还是家中唯一的经济来源，个人年收入的情况限制了其经济融入水平；28.5%的青年流动人口没有与用人单位签订劳动合同，从另一个方面限制了其经济融入水平。心理融入水平相对较低的主要原因包括主观生活水平和主观社会经济地位两个方面。郑州市青年流动人口的主观生活水平和主观社会经济地位平均值分别为2.01和2.12，处于中下层的水平，限制了其心理融入程度。社会融入水平相对较高的主要原因是郑州市青年流动人口的社会关注水平较高（Mean = 13.50，SD = 3.22），对工作单位的事情、居住小区的事情、本市的事情以及国家的大政方针等关注水平较高。而活动参与相对来说较低，说明了郑州青年流动人口在认知上非常关心社会环境但是在行为上却较少参与其中，因而解决这个矛盾能够提升青年流动人口社会融入程度。

四、郑州市青年流动人口社会融入的影响因素

为了进一步探讨影响郑州市青年流动人口社会融入的具体因素，我们将性别、是否有子女和受教育年限等人口统计学变量，居所公共服务和居住方式满意度等居住情况变量，以及从事目前工作年限、工作社会保障和福利、政府是否提供技能培训、单位是否提供技能培训等职业情况变量运用分层回归的方法分别引入各融入因子和总体融入的线性回归方程，回归结果如表5所示。

表5　郑州市青年流动人口社会融入的影响因素

	相关变量	心理融入	社会融入	经济融入	总社会融入
基本信息	性别 a	-0.238**	0.185**	0.016	-0.133
	是否有子女 b	0.170**	-0.027	0.040	0.120
	受教育年限	0.067	0.018	0.015	0.070
居住情况	居所公共服务	0.160**	-0.030	-0.122	0.093
	居住满意度	0.247**	0.187**	-0.100	0.261**
职业情况	从事目前工作年限	0.097	-0.062	0.341**	0.203**
	工作保障和福利	0.012	0.071	0.362**	0.216**
	政府提供技能培训 c	0.145*	0.210**	0.014	0.178**
	单位提供技能培训 d	0.167**	0.061	-0.005	0.101
	调整后的 R^2	0.255	0.111	0.337	0.284
	N	303	303	303	303

注：* 表示 $P<0.05$，** 表示 $P<0.01$；a 以女生为参照对象；b 以有子女为参照对象；c 以政府没有提供技能培训为参照对象；d 以单位没有提供技能培训为参照对象。

资料来源：河南省哲学社会科学青年项目"流动人口分类融入研究"（2016CSH021）2018 年度的问卷数据。

（一）结果与分析

从表5可以看出，自变量对总体社会融入程度的解释力达到了显著水平（$R^2 = 0.284$，$P<0.01$）。从具体因子来看，对经济融入的解释力最大（$R^2 = 0.337$，$P<0.01$），对社会融入的解释力最小（$R^2 = 0.111$，$P<0.01$）。

从性别变量来看，性别对总体社会融入程度的回归系数为 -0.133（P>

0.05），说明男生比女生的总体社会融入程度要低，但是并没有达到统计上的显著水平。从对具体融入因素的影响来看，性别对心理融入和社会融入的回归系数为 -0.238（P<0.01）、0.185（P<0.01），说明男性的心理融入程度显著低于女性的心理融入。然而，男性的社会融入程度显著高于女性的社会融入，说明男性在社会关注和社会参与方面显著高于女性，但是主观生活水平和主观社会经济地位方面感知方面则显著低于女性。

从是否有子女情况来看，是否有子女对总体社会融入以及经济融入和社会融入影响均不显著，仅对心理融入影响显著，回归系数为 0.170（P<0.01），说明相对于有子女来说，没有子女能够显著提升主观生活水平和主观社会经济地位。

从受教育年限来看，受教育年限对心理融入、社会融入和经济融入以及总体社会融入影响均不显著。也就是说，对郑州市的青年流动人口来说，受教育年限并不是影响其社会融入的关键因素。

在居住情况方面，居所周围公共服务的便利情况对心理融入影响显著，回归系数为 0.160（P<0.01），对社会融入、经济融入以及总体社会融入影响均不显著。居住满意度对心理融入、社会融入和总体社会融入影响均显著，回归系数分别为 0.247（P<0.01）、0.187（P<0.01）、0.261（P<0.01），而居住满意度对经济融入影响不显著。

在职业情况方面，从事目前工作年限对经济融入和总体社会融入影响显著，回归系数分别为 0.341（P<0.01）和 0.203（P<0.01）。工作保障和福利对经济融入和总体社会融入影响显著，回归系数分别为 0.362（P<0.01）和 0.216（P<0.01）。相对于政府没有提供技能培训来说，政府提供技能培训对心理融入、社会融入和总体社会融入影响显著，回归系数分别为 0.145（P<0.05）、0.210（P<0.01）、0.178（P<0.01），对经济融入则影响不显著。相对于工作单位没有提供技能培训来说，工作单位提供技能培训对心理融入影响显著，回归系数为 0.167（P<0.01），而对社会融入、经济融入和总体社会融入的影响均不显著。

（二）讨论与建议

第一，影响经济融入的因素主要包括从事目前工作年限与工作保障和福利两个职业相关因素。46.6%的青年流动人口职业为普通工人，从事目前工作年限为 3.91（SD=3.61）相对较短，对个人经济收入的影响较大。河南省哲学社会科学青年项目"流动人口分类融入研究（2016CSH021）" 2018 年度问卷数据中的工作保障和福利方面，共涉及包含养老保险、医疗保险和失业保险等 10 个方面的保障和福利类型，71.5%享受养老保险、74.2%享受医疗保险、63.9%享受失业保险、71.9%享受工伤保险、56.3%享受生育保险、56%享受公积金、54%享受节假日福利、72.5%享受年底奖励、46%享受免费住宿和47.7%享受免费餐待遇。其中一项工作保障和福利都没有的占7.9%，有一项占比4.6%，有两项占比7.6%，有三项占比4.6%，有四项占比4.3%，有五项占比7.0%，有六项占比7.3%，有七项占比10.3%，有八项占比21.5%，有九项占比14.6%，全部都有占比10.3%，也就是说保障和福利越多的青年流动人口其经济融入越高。

第二，影响心理融入的因素主要包括性别、是否有子女、居所公共服务、居住满意度、政府是否提供技能培训以及单位是否提供技能培训六个方面。相对于女生来说，男生的心理融入水平更低。而相对于有子女的青年流动人口来说，没有子女的青年流动人口心理融入水平更高。在居住情况方面，居所周围公共服务的便利情况和居所满意程度两个方面对心理融入影响显著。在职业情况方面，政府和单位提供技能培训均对心理融入影响显著。从影响因素整体来看，经济融入和心理融入的影响因素有很大差别，对经济融入影响显著的从事目前工作年限与工作保障和福利这两个职业相关因素对心理融入影响均不显著，而对心理融入影响显著的6个因素对经济融入影响均不显著。也就是说，青年流动人口经济融入水平的提升并不必然会伴随着心理融入的增强，因此要提升青年流动人口的心理融入需要从非经济因素上寻找突破。

第三，影响社会融入的主要因素包括性别、居住满意度和政府是否提供技能培训三个方面。相对于心理融入，性别对社会融入的影响效果与心理融入完全相反，说明相对于女性来说，男性的社会融入水平更高，心理融入水平更低。在居住情况方面，居住满意度对社会融入影响显著。在职业情况方面，政府提供技能培训对社会融入影响显著。

第四，总体社会融入程度的影响因素主要包括居住满意度、从事目前工作年限、工作保障和福利以及政府是否提供技能培训四个方面。郑州市青年流动人口的职业情况能够显著影响总体社会融入，居住情况方面只有居住满意度可以显著影响总体社会融入，人口统计学相关因素对总体社会融入的影响则均不显著。因此，从总体上提升郑州市青年流动人口的社会融入水平需要从提升整体职业待遇、增加政府提供技能培训的机会以及提高居住满意度等方面着手。

五、小结

综上所述，郑州市青年流动人口的总体社会融入水平偏低，且出现了社会融入、心理融入和经济融入依次下降的倾向。即使郑州市青年流动人口绝大多数来自于省内，但总体社会融入水平仍然偏低，这反映出郑州市青年流动人口与国内其他大城市一样，需要政府进一步关注其总体社会融入状况。在构成总体社会融入的三个因子中，社会融入的水平相对较高，说明了郑州市青年流动人口对工作单位、居住小区、本市以及国家大政方针的关心和关注，反映出了郑州市青年流动人口的积极社会态度；而心理融入和经济融入的水平相对较低，则反映出郑州青年流动人口在心理层面主观自我感知相对较低以及在经济层面个人收入相对较低的现实。在影响因素方面，总体社会融入的影响因素主要包括居住满意度、从事目前工作年限、工作保障和福利以及政府是否提供技能培训四个方面。需要注意的是，青年流动人口经济融入水平的提升并不必然会伴随着心理融入的增强，要提升青年流动人口的心理融入需要从非经济因素上寻找突破。因此，郑州市要想吸引更多青年流动人口并促使其融入本地生活，需要在提高居住满意度、增加政府提供技能培训的机会等方面下大功夫。

参考文献

［1］Alba R，Nee V. Remaking the American mainstream：Assimilation and contemporary immigration［M］. Cambridge：Harvard University Press，2003.

［2］Hirschman C. America's melting pot reconsidered［J］. Annual Review of Sociology，1983，9（3）：397-423.

［3］韩俊. 城镇化关键：农民工市民化［J］. 中国经济报告，2013（1）：14-19.

［4］何炤华，杨菊华. 安居还是寄居？不同户籍身份流动人口居住状况研究［J］. 人口研究，2013，37（6）：17-34.

［5］李培林，田丰. 中国农民工社会融入的代际比较［J］. 社会，2012，32（5）：1-24.

［6］李荣彬，喻贞. 禀赋特征、生活满意度与流动人口社会融合——基于不同地区、城市规模的比较分析［J］. 城市规划，2018，42（8）：21-28.

［7］马西恒，童星. 敦睦他者：城市新移民的社会融合之路——对上海市 Y 社区的个案考察［J］. 学海，2008（2）：15-22.

［8］钱泽森，朱嘉晔. 农民工的城市融入：现状、变化趋势与影响因素——基于2011—2015年29省农民工家庭调查数据的研究［J］. 农业经济问题，2018（6）：74-86.

［9］田凯. 关于农民工的城市适应性的调查分析与思考［J］. 社会科学研究，1995（5）：90-95.

［10］王毅杰，丁百仁. 流动人口的社会融入、相对剥夺与获得感研究［J］. 社会建设，2019，6（1）：16-29.

［11］肖子华，徐水源，刘金伟. 中国城市流动人口社会融合评估——以50个主要人口

流入地城市为对象［J］．人口研究，2019，43（5）：96-111.

［12］徐水源．推动新时代流动人口社会融合［J］．民生周刊，2019（12）：68-70.

［13］薛艳．基于分层线性模型的流动人口社会融合影响因素研究［J］．人口与经济，2016（3）：62-72.

［14］杨高，周春山．深圳不同类型农民工聚居区的社会融合及影响因素［J］．地理研究，2019，38（2）：297-312.

［15］杨菊华．从隔离、选择融入到融合：流动人口社会融入问题的理论思考［J］．人口研究，2009，33（1）：17-29.

［16］杨菊华．社会排斥与青年乡—城流动人口经济融入的三重弱势［J］．人口研究，2012，36（5）：69-83.

［17］杨菊华．中国流动人口的社会融入研究［J］．中国社会科学，2015（2）：61-79+203-204.

［18］叶俊焘，钱文荣，米松华．农民工城市融合路径及影响因素研究——基于三阶段Ordinal Logit模型的实证［J］．浙江社会科学，2014（4）：86-97+158.

［19］张文宏，雷开春．城市新移民社会融合的结构、现状与影响因素分析［J］．社会学研究，2008（5）：117-141+244-245.

［20］张新，周绍杰，姚金伟．居留决策落户意愿与社会融合度——基于城乡流动人口的实证研究［J］．人文杂志，2018（4）：39-48.

［21］赵海涛，刘乃全．家庭视角下流动人口社会融合差异性研究［J］．人口与发展，2018，24（4）：2-13.

［22］周皓．流动人口社会融合的测量及理论思考［J］．人口研究，2012，36（3）：27-37.

B.17 河南省妇女生育变动状况与发展趋势分析[*]

——基于"七普"数据的分析

陈 宁 何树人[**]

摘 要：本文基于河南省第七次全国人口普查数据，利用时期分析和队列分析方法，通过出生率、总和生育率、生育模式和队列生育率等指标的变化和对比，考察了近年来河南省妇女的生育水平变动特征及发展趋势。研究发现：河南省已经陷入"低生育率陷阱"困境中，未来依然面临下行风险；妇女生育模式出现转变，低龄组妇女生育推迟明显；河南省城市、镇和乡村地区生育水平呈现"梯度递增"的台阶式差异特点；未来几年河南省出生人口持续减少将是基本态势。因此，提升优生优育服务水平，构建积极生育支持体系，推动婚育观念再转变应该成为提升生育水平、促进人口长期均衡发展的政策选择。

关键词：生育水平；生育模式；低生育率陷阱

一、引言

人口问题是决定经济社会发展的基础性、全局性和战略性问题，在死亡率已经长期维持在低水平的情形下，生育状况则是认识和判断人口发展态势的基础。自20世纪90年代后，在经济发展步入快车道和严格的人口政策等社会环境的影

---

　　* 基金项目：国家社会科学基金青年项目"全面二孩背景下妇女生育率的群体差异与政策供给精准化研究"（20CRK023）、中国博士后科学基金面上项目"全面二孩政策下妇女生育率的群体差异及其形成机制研究"（2020M682319）。

　　** 陈宁，博士，郑州大学政治与公共管理学院讲师，硕士生导师；何树人，郑州大学政治与公共管理学院研究生。

响下，我国总和生育率一直处于较低水平。近年来，为应对长期持续的低生育水平和快速推进的人口老龄化进程，我国不断完善生育政策。2021 年 6 月 26 日，中共中央、国务院印发了《关于优化生育政策促进人口长期均衡发展的决定》，明确提出实施三孩生育政策及配套支持措施，推动实现适度生育水平。河南省作为我国第一户籍人口大省，人口基数大，生育状况对全国影响较大。自生育政策调整放宽以来，尚缺乏对河南省生育变动状况的系统分析。因此，本文将依托2020 年河南省第七次人口普查数据，从育龄妇女的时期生育水平和队列生育水平两个方面出发分析河南省生育水平变化特征和发展趋势，并结合低生育陷阱理论对河南省未来生育态势进行科学研判，进而基于对河南省生育水平的系统分析以及对未来生育趋势的研判，为河南省落实三孩政策，保持适度生育水平，促进人口长期均衡发展提供理论支撑和决策依据。

二、研究设计与分析策略

（一）数据来源

本报告使用的数据主要来源于河南省第五次、第六次、第七次全国人口普查数据以及历年《河南统计年鉴》。根据本研究的研究目的，利用各类生育相关数据系统分析河南省妇女的生育水平与生育模式变动状况。

（二）研究方法

本研究利用人口学的时期分析和队列分析方法，深度计算河南省妇女的时期生育水平、队列生育水平和生育模式。时期分析方法主要利用总和生育率指标和分年龄生育率指标计算生育水平，队列分析方法主要利用活产子女数计算终身生育率。具体的计算公式如下：

（1）年龄别生育率的计算。这一指标用以反映各年龄妇女的生育水平，因为妇女的生育能力和生育孩子的数量往往是随年龄而变化的。通常以 1 年为单位，指在 1 年中每千名某一年龄或年龄组妇女所生育的孩子数，是一系列指标。计算公式为：

$$f_a = \frac{B_a}{W_a} \times 1000\%o$$

（2）总和生育率的计算。总和生育率是指一定时期内各年龄别妇女生育率的合计数。在年龄为 5 岁组情况下，总和生育率等于年龄别生育率之和与组距 5 的乘积。总和生育率是反映某一时期妇女总体生育水平的综合指标，是一种年龄标准化的指标。总和生育率的计算公式为：

$$TFR = 5 \sum_{i=1}^{7} f(i)$$

（3）终身生育率的计算。实际同时出生的一批妇女，将她们一生中在各年龄的生育率加总，获得终身生育率，反映妇女一生的生育状况和生育结果。计算公式为：

$$LFR = \sum_{a=15}^{49} f_a^{T+a} = \frac{B_T}{W_T}$$

三、河南省妇女生育水平变动状况及特征

（一）出生人口数量和出生率变动状况

出生人数和出生率是人口统计中最基础、最重要的指标，也是世界各国人口普查中最重要的指标之一。分析生育水平首先要进行出生人数和出生率的分析。

1. 出生人口数量和出生率呈下降态势

2010~2015 年，河南省出生人口呈现出平稳增长态势，"全面二孩"政策实施之后，河南省因政策约束被抑制的"生育潜能"在 2016 年和 2017 年得到了较为集中的释放，出生人口总量出现了较为明显的"政策性反弹"。但是，从 2018 年开始，出生人口数量持续减少，尤其是 2020 年出现"断崖式"下跌，与 2019 年相比出生人口锐减约 29 万人，与 2016 年相比减少约 50 万人。2016 年以来，人口出生率亦持续下降，2020 年人口出生率仅为 9.24‰，首次跌破了 10‰（见表 1）。

表 1 2010~2020 年河南省出生人口数量与出生率变动情况

年份	出生数（万人）	出生率（‰）
2010	117	11.52
2011	121	11.56
2012	125	11.87
2013	130	12.27

续表

年份	出生数（万人）	出生率（‰）
2014	136	12.8
2015	135.79	12.07
2016	142.61	13.26
2017	140.13	12.95
2018	127	11.72
2019	120	11.02
2020	91	9.24

资料来源：历年《河南统计年鉴》和2020年"七普"数据。

2. 一孩出生人口比重下降，二孩和多孩比重上升

从出生人口孩次比例指标来看，2010年以来，全省一孩出生人口占比下降，二孩和多孩占比上升。第六次人口普查数据显示，全省出生人口中一孩占54.37%，二孩和三孩分别占37.16%和8.48%；第七次人口普查数据显示，全省出生人口中一孩比重为40.69%，相比"六普"下降13.68个百分点，二孩和三孩比重分别为44.17%和15.14%，分别比"六普"上升7.01个和6.66个百分点。分城市、镇和村来看，孩次比例变化和全省一样，呈现出一孩比重下降，二孩和三孩比重上升的特征。2010年，城市、镇和村的一孩比重分别为68.87%、52.93%和50.78%，到2020年城市、镇和村的一孩比重分别下降至46.60%、40.88%和36.74%。而2020年城市、镇和村的二孩和三孩比重相比2010年都有所上升（见表2）。

表2 河南省"六普""七普"出生各孩次比例   单位：%

年份	一孩				二孩				三孩及以上			
	全省	城市	镇	村	全省	城市	镇	村	全省	城市	镇	村
2010	54.37	68.87	52.93	50.78	37.16	28.14	39.48	39.01	8.48	2.98	7.59	10.21
2020	40.69	46.60	40.88	36.74	44.17	46.13	44.84	42.43	15.14	7.27	14.28	20.83

资料来源：根据普查数据计算得到。

（二）时期生育水平现状及变动

1. 总和生育率长期处于1.5以下的超低水平

低生育率陷阱理论是由 Lutz 等（2005）提出的，它指的是当总和生育率降

至1.5以下后，低生育率会自我强化，如同掉入陷阱，扭转生育率下降趋势将会变得很困难甚至不可能。从河南省来看，在生育政策不断调整以及人口惯性的影响下，河南省妇女总和生育率呈现出一种波动之中的轻微上升态势。基于河南省近三次人口普查数据计算发现，2000年以来河南省总和生育率基本维持在1.2~1.5（见表3），距离2.1的人口更替水平尚有较大的提升空间。因此，基于历次普查数据可以判断河南省已经陷入"低生育率陷阱"风险中。

表3　河南省"五普""六普""七普"总和生育率

地区	"五普"	"六普"	"七普"
全省	1.44	1.30	1.41
城市	1.01	1.06	1.20
镇	1.32	1.18	1.32
村	1.56	1.43	1.67

资料来源：根据历次普查数据计算得到。

2. 一孩生育率波动下降，二孩和多孩生育率持续提升

分孩次总和生育率可以进一步揭示河南省近年来生育率变动的特点。由图1可以看出，2010~2020年河南省总和生育率呈现出以下特点：第一，一孩总和生育率自2013年以后持续走低。一孩总和生育率持续下降，一定程度上削减了总和生育率的抬升，弱化的生育政策调整的效果呈现。第二，二孩总和生育率与一孩总和生育率呈现变动方向相反的趋势，并且持续反弹。河南省二孩总和生育率自2015年开始持续提升，2016年至2020年一度超过一孩生育率，呈现出生育水平变动的"非常态现象"。这一方面表明生育推迟的"进度效应"明显，另一方面则表明政策调整后二孩生育的"堆积效应"显著。但是，到2020年随着全面二孩政策"出生堆积"效应的逐渐释放完成，二孩生育率开始回归常态。河南省在2016年和2017年一孩生育率处于较低水平的情况下，总和生育率仍然保持稳定并出现回升，原因主要在于二孩总和生育率提高所带来的抬升效应，这也表明了生育政策调整对时期生育水平的影响较大。

3. 城市、镇和乡村地区的总和生育率呈现"梯度递增"的特点

历次普查数据显示，河南省生育状况存在明显的城乡结构性差异。以七普数据为例，2020年河南省城市地区妇女的总和生育率为1.204，镇地区妇女的总和生育率为1.328，乡村地区妇女的总和生育率最高，达到1.676（见图2）。城市、镇和乡村的总和生育率呈现出"城市总和生育率<镇总和生育率<农村总和生育率"的梯度递增特点。"五普"数据和"六普"数据亦呈现此特点。同时，

从差异变动的视角来看，随着时间推移，城市与镇的生育率差异趋于收敛，而城市与乡村的生育率差异进一步扩张。

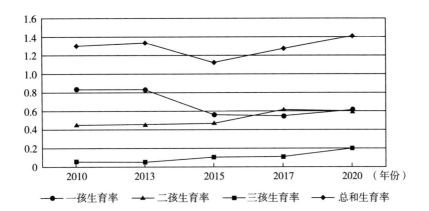

图1 2010~2020年河南省总和生育率及分孩次生育率变动状况

资料来源：根据河南省第六次和第七次全国人口普查数据以及历年河南人口抽样调查数据计算得到。

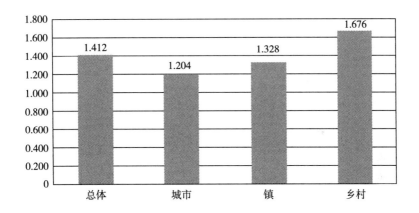

图2 2020年河南省城市、镇、乡村地区总和生育率分布

资料来源：根据河南省第七次全国人口普查数据计算得到。

4. 河南省十八地市总和生育率呈现三种类型

人口学界一般以2.1作为人口更替水平，以1.5、1.3和2.1为分界线，可以将生育率分为适度水平（大于2.1）、低生育水平（大于1.5小于2.1）、超低生育水平（大于1.3小于1.5）、极低生育水平（小于1.3）。按照上述分类标准，可以将河南省十八地市分为适度生育水平型、低生育水平型、超低生育水平型、极低生育水平型四种类型。以2020年数据为例，河南省所有地市的总和生育率都低于2.1的更替水平，因此都属于低生育水平型，主要区别在于低到什么程度。首先是低生育水平型。平顶山市、濮阳市、周口市、济源市4市的总和生育率分别为1.557、1.584、1.655、1.549，处于1.5以上、2.1以下的水平，属于低生育水平型地市。其次是超低生育水平型。开封市、洛阳市、安阳市、鹤壁市、新乡市、焦作市、许昌市、漯河市、三门峡市、南阳市、商丘市、信阳市、驻马店市13市的总和生育率处于1.3～1.5，属于超低生育水平型。最后是极低生育水平型。郑州市作为特大城市，生育水平极低，总和生育率仅为1.220，属于极低生育水平型（见表4）。

表4 2010年和2020年河南省十八地市总和生育率分布

地区	2010年	2020年
河南省	1.301	1.412
郑州市	1.192	1.220
开封市	1.274	1.439
洛阳市	1.461	1.448
平顶山市	1.399	1.557
安阳市	1.442	1.444
鹤壁市	1.402	1.382
新乡市	1.208	1.371
焦作市	1.369	1.369
濮阳市	1.327	1.584
许昌市	1.254	1.392
漯河市	1.348	1.304
三门峡市	1.217	1.339
南阳市	1.375	1.496
商丘市	1.127	1.429
信阳市	1.595	1.349
周口市	1.155	1.655
驻马店市	1.248	1.474
济源市	1.459	1.549

资料来源：根据历次普查数据计算得到。

5. 低龄组妇女生育推迟明显，育龄妇女平均生育年龄有所增加

图3刻画了河南省总的生育模式变动曲线，从中可以发现以下三个显著特点：第一，年龄别生育率曲线整体"向右偏移"。近年来河南省20～24岁低龄组

育龄妇女的生育率相对下降，25~39岁组育龄妇女生育率提升比较明显。年龄别生育率的"一降一升"至少反映了两个问题：一是低龄组育龄妇女生育推迟比较明显；二是生育政策调整后育龄妇女平均生育年龄有所增加。第二，年龄别生育曲线的峰值水平显著提高。自生育政策调整放宽以来，河南省年龄别生育率的峰值水平显著提升，这表明在生育政策调整的"机会窗口"下，中高年龄组育龄妇女出现"补偿性生育"，原本被生育政策限制的生育潜能得到了进一步释放。第三，2020年生育率曲线峰值水平最高，且高龄组生育率曲线明显后移，表明生育的峰值年龄进一步增加。

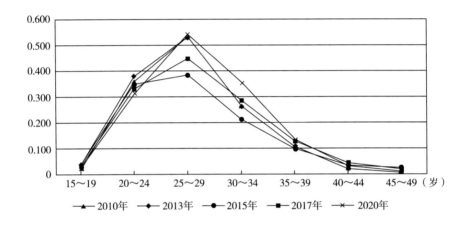

图3 2010~2020年河南省主要年份生育模式变动

资料来源：根据河南省第六次和第七次全国人口普查数据以及历年河南人口抽样调查数据计算得到。

6. 城乡生育模式存在显著差异

2010年第六次人口普查时河南省城市、镇、乡村育龄妇女的年龄别生育率如图4所示。从中可以看出，城市、镇和乡村地区育龄妇女的生育高峰都集中在25~29岁年龄组。乡村20~24岁年龄组的生育水平比镇和城市的同龄人口高，且超过城市25~29岁年龄组的生育高峰值。总体上，乡村、镇、城市育龄妇女的生育水平呈现从高到低的台阶式关系。

2020年第七次人口普查时河南省城市、镇、乡村育龄妇女的年龄别生育率如图5所示。从中可以看出，城市、镇和乡村地区育龄妇女的生育高峰依然都集中在25~29岁年龄组。但是相比2010年有一个明显的变化：城市地区30~34岁组、35~39岁组、40~44岁组的年龄别生育率都超过了镇和农村地区。这表明生育政策的调整对城市地区女性影响更大，在城市地区被计划生育政策约束压抑已久的生育潜能得到释放后，城市地区的平均生育年龄有明显增加。而乡村20~24

岁年龄组的生育水平明显高于镇和城市的同龄人口，这表明农村地区妇女婚育年龄整体早于城镇地区。

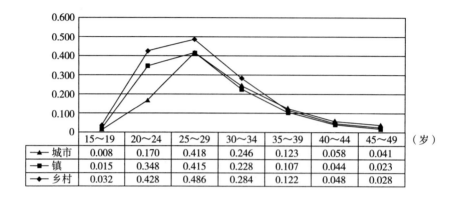

	15～19	20～24	25～29	30～34	35～39	40～44	45～49 |（岁）
城市	0.008	0.170	0.418	0.246	0.123	0.058	0.041
镇	0.015	0.348	0.415	0.228	0.107	0.044	0.023
乡村	0.032	0.428	0.486	0.284	0.122	0.048	0.028

图4 2010年城市、镇、乡村育龄妇女的生育模式

资料来源：根据河南省第六次全国人口普查数据计算得到。

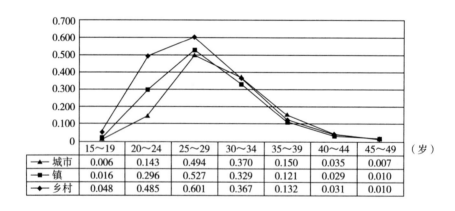

	15～19	20～24	25～29	30～34	35～39	40～44	45～49 |（岁）
城市	0.006	0.143	0.494	0.370	0.150	0.035	0.007
镇	0.016	0.296	0.527	0.329	0.121	0.029	0.010
乡村	0.048	0.485	0.601	0.367	0.132	0.031	0.010

图5 2020年城市、镇、乡村育龄妇女的生育模式

资料来源：根据河南省第七次全国人口普查数据计算得到。

总体来看，乡村、镇、城市育龄妇女的生育水平呈现从高到低的台阶式关系。城市地区妇女生育模式呈现出晚婚晚育、生育有控制的模式；农村地区呈现出早婚早育、生育有控制的模式。

（三）妇女队列生育水平现状及变动

平均活产子女数是反映妇女队列生育水平的重要指标。第七次人口普查数据显示，河南省妇女平均活产子女数为 1.46 个。由于平均活产子女数指标受妇女年龄结构的影响较大，所以本部分主要考察妇女分年龄的平均活产子女数。

1. 妇女终身生育率呈现不断下降趋势

不同年龄组妇女终身平均活产子女数不断减少，妇女终身生育率呈下降态势。总体来看，妇女平均活产子女数随着年龄增长而上升（见图6）。而 25～29 岁组妇女的平均活产子女数为 0.96，表明平均而言，河南省妇女 30 岁之前都完成了一孩生育。40～44 岁组妇女的平均活产子女数高于 45～49 岁组妇女，并且达到了 50～54 岁组已经度过育龄期妇女的水平，这可能与生育政策调整有关。同时，从队列视角来看，如果将 45～49 岁、50～54 岁和 55～59 岁三组妇女的平均活产子女数视为各自队列的终身累计生育率，那么妇女终身累计生育率呈现不断下降的态势。

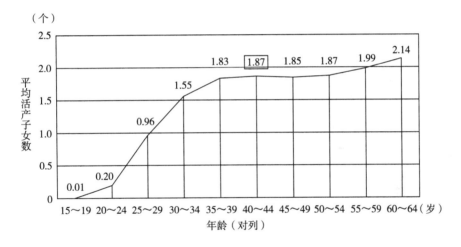

图6　2020 年 15～64 岁妇女平均活产子女数分布

资料来源：根据河南省第七次人口普查数据计算得到。

2. 妇女终身生育率呈现农村最高、镇次之、城市最低的特点

妇女终身生育率存在明显的地区结构性差异，农村最高、镇次之、城市最低。首先，城市 30～34 岁组妇女的平均活产子女数为 1.31，而镇和农村地区 25～29 岁组妇女的平均活产子女数分别为 0.98 和 1.18，表明镇和农村地区妇女在 30 岁之前基本都完成了一孩生育，城市地区婚姻推迟和生育推迟比较明显。

其次，城市地区45~49岁、50~54岁、55~59岁和60~64岁四组妇女的平均活产子女数分别为1.49、1.51、1.57、1.67；镇地区45~49岁、50~54岁、55~59岁和60~64岁四组妇女的平均活产子女数分别为1.85、1.85、1.95、2.10；农村地区45~49岁、50~54岁、55~59岁和60~64岁四组妇女的平均活产子女数分别为2.08、2.05、2.20、2.37。如果将45~64岁已经度过育龄期妇女的平均活产子女数视为各自队列的终身累计生育率，那么城市地区妇女的终身累计生育率约在1.6左右，镇地区妇女的终身累计生育率约在1.9左右，农村地区妇女的终身累计生育率则达到了2.2左右（见表5）。

表5　分城市、镇和乡村妇女分年龄队列生育率分布

年龄组	河南省	城市	镇	乡村
15~19	0.01	0.00	0.00	0.01
20~24	0.20	0.08	0.19	0.34
25~29	0.96	0.67	0.98	1.18
30~34	1.55	1.31	1.57	1.74
35~39	1.83	1.59	1.84	2.04
40~44	1.87	1.59	1.87	2.11
45~49	1.85	1.49	1.85	2.08
50~54	1.87	1.51	1.85	2.05
55~59	1.99	1.57	1.95	2.20
60~64	2.14	1.67	2.10	2.37

资料来源：根据河南省第七次全国人口普查数据计算得到。

四、河南省生育水平发展趋势研判

从人口中长期发展战略角度而言，进一步分析人口普查之后的生育态势具有客观必要性。自20世纪90年代以来，欧洲一些国家的总和生育率相继下降到1.3以下，开创了生育转变的一个全新时代——极低生育率时代。到20世纪90年代末，极低生育水平进一步扩散，欧洲共14个国家的生育率降到了1.3以下。到2003年，亚洲的一些国家和地区如日本、韩国、新加坡和中国台湾也相继进入了这个行列。低生育率引起了人口学家、政府及公众的深深担忧。倘若总和生

育率长期维持在 1.5 以下的超低水平，未来势必要在经济活力、劳动力供给、养老医疗体系、代际公平、综合竞争力、政治和文化影响力等多个领域持续面临巨大挑战，而且总人口规模也将不可避免地萎缩。在这样的背景下，"低生育率陷阱"理论应运而生。奥地利人口学家 Lutz 认为如果生育偏好和社会规范发生了相应的改变，似乎没有任何"自然法则"可以阻止生育率的进一步下降。他在对生育率变动规律研究的基础上提出人口学强化机制、社会学强化机制和经济学强化机制，并认为这三个强化机制会共同强化低生育率水平，使生育率如同掉入"陷阱"很难回升，这也称作"低生育率的自我强化机制"。

（一）生育水平提升困难，将在低位持续徘徊

1. 人口学强化机制：育龄妇女规模持续萎缩

人口学机制指的是人口的负增长惯性使未来出生人数越来越少。低生育率会使未来的育龄妇女规模不断缩减，出生人数持续下降。这个过程是一个出生人数不断下降的恶性循环过程。近年来，河南省的育龄妇女总量进入下降通道，生育旺盛期妇女规模持续萎缩。河南省统计局报告指出，2015 年起河南育龄妇女人数进入下降通道，全省 15~49 岁女性人口 2016 年比 2015 年减少 29 万人，2017年比 2016 年减少 26 万人。2020 年七普数据显示，河南省育龄妇女数为 1815 万人，相比 2010 年的 2623 万人减少 808 万人，减幅达到 30.8%。换句话说，十年间河南省育龄夫妇减少约 1/3。育龄妇女规模变化和生育数量变化具有一定的"匹配效应"。人口的周期性和人口惯性规律告诉我们，一定规模的出生队列进入婚育年龄后确实会影响下一个出生队列的规模，一个小的出生队列其子代规模也可能小，反之亦然。此外，河南省 20~34 岁的生育旺盛期育龄妇女数量也不断减少。而 15~19 岁低龄组育龄妇女规模相比目前处于生育旺盛期的育龄妇女组较小，那么未来进入生育旺盛期的妇女规模也将萎缩。

2. 社会学强化机制：年轻一代生育意愿持续下降

社会学机制是指理想家庭规模和实际家庭规模之间存在互动，一定时期之前的实际生育率下降会引发该时期理想家庭规模的下降。年轻一代的理想家庭规模受他们经历的环境的影响，年轻一代经历的环境中家庭孩子数越少，他们理想生活中的孩子数量就越少（石人炳，2010）。三十多年的独生子女政策尽管已在2016 年被"全面二孩"政策所取代，但其对社会生育文化的影响是持续的。"只生一个好"的宣传导向深深影响了几代人的观念，已成为了人们的生育习惯。2017 年河南省生育状况抽样数据显示，15~35 岁育龄妇女中打算生育 2 个孩子的占比为 71.6%，打算只生 1 个孩子的比例达到 13.97%。即使在农村地区，19~30岁的育龄妇女中也只有 64.73%的人希望有 2 个孩子，希望只要 1 个孩子的比例

达到21.16%。同时，现代社会的发展更是催生出"丁克主义"和"不婚主义"等新型生育观念，尽管这些观念尚未在我国造成严重影响，但其对于育龄人群生育行为的影响呈现上升趋势。

3. 经济学强化机制：高消费欲望与收入不确定性并存

经济学机制建立在伊斯特林的相对收入假设基础上。一方面，随着低生育率的持续，人口老龄化加剧，经济发展前景和形势不容乐观，年轻人的预期收入降低；另一方面，在现代社会，年轻人的物质消费要求和欲望较高。当前，河南年轻人消费欲望较高，收入不确定和高消费行为并存，很多年轻人收入不抵支出，经济活动存在"入不敷出"的状态。据2019年河南商报"郑州百名年轻人调查"显示，郑州年轻人过半存款不足1万元，有人月入四五千花销上万。[①] 未来，预期收入和消费支出之间差距的扩大使年轻人认为未来自身经济状况具有较大的不稳定性，因此会减少生育数量，推迟生育年龄，从而降低时期生育率。

因此，基于低生育率陷阱理论的分析，在人口学、社会学和经济学三大强化机制的综合作用之下，河南省未来一段时期提升生育水平十分困难，如果没有强有力的积极生育支持措施出台，超低生育水平将成为河南省的常态。

（二）未来几年河南省出生人口数量将持续减少

近年来河南省出生人口数量变动是由作用方向相反的两股力量构成的。一是导致出生人口数量增加的"阶段性"因素，二是导致出生人口减少的"趋势性"因素。就"阶段性"因素而言，主要包括：二孩出生数量增加，甚至超过一孩出生数量；二孩生育率（主要是高年龄段妇女）升高，甚至高于一孩生育率。而这些因素反映的是政策调整初期出生堆积的结果，是数十年来以城镇"独生子女"政策、农村"一孩半"政策为主的计划生育约束下，长期积累的"政策对象存量"的二孩生育潜能在政策调整初期较为集中的释放。也就是说，阶段性因素主导了近几年出生人口总量的增加。就"趋势性因素"而言，主要包括生育基数减少（特别是生育旺盛年龄段妇女减少）、一孩生育率以及低龄组一孩生育率持续降低、一孩生育模式变动、生育政策调整对低年龄段妇女影响较小以及一孩生育推迟等。其中任意一个因素都是导致出生人口减少的重要力量，目前这些因素更是交织出现，呈现"叠加效应"。而且随着20多年来中国妇女未婚比例不断提高，又一定程度上助长了一孩生育水平不断走低。在人口惯性的作用机制之下，这些"趋势性"因素短期内难以扭转。随着时间推移，"阶段性因素"将会不断削减，"趋势性因素"将逐渐成为决定人口出生形势的决定性因素。综合当

---

① 河南商报. 郑州百名年轻人调查：过半存款不足一万，有人月入四五千花销上万［EB/OL］. 大河报网，http://www.dahebao.cn/news/1409905? cid=1409905，2019-05-23.

前育龄妇女规模、结构变动趋势以及妇女一孩生育水平特点判断，河南省二孩政策效应基本释放完成，出生人口数量已经进入持续下行通道，未来几年依然将持续减少。

五、结论与政策建议

（一）结论

本文基于河南省历次普查数据，利用时期和队列分析方法对河南省总和生育率、生育模式和队列生育率等指标的变化进行了研究，分析了近十年来河南省妇女的生育水平及变动趋势，研究得出如下结论：

第一，河南省已经陷入"低生育率陷阱"困境中，未来依然面临下行风险。自2000年以来，河南省总和生育率长期维持在1.2~1.5，2020年"七普"数据显示河南省总和生育率有所提升，但是依然位于1.5的生育警戒线之下，表明河南省已经陷入了"低生育率陷阱"之中。同时，基于低生育率陷阱理论进行分析，发现未来河南省生育水平面临下行风险。

第二，妇女生育模式出现转变，低龄组妇女生育推迟明显。2010~2020年，河南省妇女生育模式整体"向上偏移"，平均育龄妇女生育年龄有所增加，并呈现出适龄妇女生育贡献率下降，中高龄妇女生育贡献率上升的态势。同时，一孩生育推迟明显并将持续存在。初育推迟的直接影响是一孩总和生育率大幅下降、低龄组妇女平均活产子女数减少，进而引致二孩生育推迟及终身生育水平下降。

第三，河南省城市、镇和乡村地区生育水平呈现"梯度递增"的台阶式差异特点。在时期生育水平方面，城市、镇和农村的总和生育率呈现出"城市总和生育率<镇总和生育率<农村总和生育率"的梯度递增特点；终身生育水平方面也表现出了"城市妇女终身累计生育率<镇妇女终身累计生育率<农村妇女终身累计生育率"的特征。同时，从时间序列角度来看，城市与镇之间的生育率差异趋于收敛，但城镇与乡村的生育率差异进一步加大。

第四，未来几年河南省出生人口持续减少将是基本态势。未来伴随着育龄妇女规模减小以及"生育基数"持续萎缩和一孩生育率持续降低、一孩生育推迟等导致出生人口减少的"趋势性"因素相互叠加，出生人口将持续减少。自2017年开始，河南省出生人口持续减少，如果没有大的利好政策出台，这一趋势将难以逆转。

（二）推动河南省实现适度生育水平的建议

为了从根本上实现河南人口长期均衡发展，应该以前瞻30年的眼光，加强人口战略研究，考虑城乡差异综合施策，构建积极生育支持政策体系，促进生育水平向更替水平回归。

1. 依法实施三孩生育政策，提升优生优育服务水平

第一，贯彻落实《人口与计划生育法》《河南省人口与计划生育条例》具体措施，做好政策衔接，依法组织实施全面三孩政策。将入户、入学、入职等与个人生育情况全面脱钩。以"一老一小"为重点，建立健全覆盖全生命周期的人口服务体系。完善生育登记制度，加强基层服务管理体系和能力建设，健全覆盖全人群、全生命周期的人口监测体系，密切监测生育形势和人口变动趋势。第二，提高优生优育服务水平。全面落实妊娠风险筛查与评估、高危孕产妇专案管理、危急重症救治、孕产妇死亡个案报告和约谈通报母婴安全五项制度。加强产科、儿科和妇幼保健等医疗卫生资源配置。加强危重孕产妇救治中心建设与管理，补齐生育相关公共服务短板。促进生殖健康服务融入妇女健康管理全过程。健全出生缺陷防治网络，落实三级预防措施。扩大新生儿疾病筛查病种范围，促进早筛早诊早治。做好出生缺陷患儿基本医疗和康复救助工作。

2. 加大对生育的经济支持，探索建立育儿津贴制度

针对当前育儿成本过高，但公共支持政策缺位的情况，要切实提高生育福利水平，加大对生育的经济支持，降低群众生育成本。通过出台生育福利政策，做到生育福利包容化、均等化和最大化，助力公众实现应生尽生、愿生优生。首先，扩大生育保险支付范围，对男性因陪产假所造成的收入损失给予一定补贴，并提高生育医疗费用报销比例。其次，探索建立育儿津贴制度，省级政府可以自行探索安排适合本地区的津贴水平，出台包括养育津贴、托育津贴、教育津贴以及儿童糖果金、牛奶金等惠民政策。同时，改革个人所得税的征收方式，探索实行以家庭为单位征收所得税，或在以个人为单位的所得税征税过程中增加婴幼儿照护服务开支扣除项目，切实减轻家庭照护婴幼儿的经济负担。最后，加大对生育多孩家庭的住房保障力度，出台支持生育多孩家庭优先申请购买经济适用房、优先租用公租房等政策。

3. 进一步完善0~3岁婴幼儿托育照料服务体系

完善0~3岁婴幼儿托育照料服务体系，是推动实现"幼有所育"的重要制度保障。为此需要加强顶层设计，补强服务体系发展短板，完善服务发展长效机制，满足育龄人群最为迫切的服务需求。首先，完善托育服务发展的制度体系。健全相关法律法规，明确主体责任，使政府、社会组织、企业和个人在参与托育服务发展中有法可依。健全监管体系,确立行业标准,明确准入机制,对服务机构质量和服务人群进行常规检查和定期评估,消除服务监管盲区。统筹规划服务体系建设,在托育服务需求评估和预测的基础上,对资源配置和布局进行精准安排。其次,推进0~3岁婴幼儿托育服务建设纳入国家民生发展规划和基本公共服务范畴,鼓励各级政府通过财政补贴、税费优惠、政府购买服务等方式,引导社会力量提供方便可及、价格合理的婴幼儿照护服务。再次,立足社区,构建婴幼儿照料服务设施与社区服务中心的有效衔接,创建可以提供夜间托管、日间托管、工作日托管和临时托管等服务的场所,满足育龄家庭多层次的实际需求。最后,补强托育服务体系短板,扩大服务资源供给。充分考虑城乡和地区差别,基于自主设立或联合设立等形式建立托儿所等多种方式,提供多样化的托育服务。

4. 推动育龄青年婚育观念由"晚婚晚育"向"适龄婚育"转变

经过40多年的计划生育,人们的婚育观念已经发生了根本转变,特别是当前生育主体"90后""00后"育龄人群,不生育、少生育的思想逐步蔓延。需要加强宣传,弘扬中华民族传统美德,倡导尊重生育的社会价值观,提倡适龄婚育、优生优育,强化年轻一代的生育责任意识,培育支持生育的文化基础,营造全社会支持生育的良好氛围,推动全社会婚育观念的再转变。同时,加强新时代家庭建设,家庭的支持对育龄妇女的生育有直接影响。为此,社会政策设计要推动养老育儿事务由传统的"家庭支持"向"支持家庭"转变,整合公共部门涉及家庭发展的相关职能,进一步向卫生健康委员会归集,形成系统性的支持家庭发展的政策力量,持续提升家庭发展能力,强化家庭功能。

5. 从更高站位推动建设生育友好型社会

长远来看,生育率稳定在更替水平是国家和民族发展的重要保障。长期持续较低的生育水平可能引致一国陷入人口危机。人口是长周期事件,有其自身的发展规律。人口问题一旦形成,即使不断调整生育政策,也只能起到缓解作用而不能根除。因此从更高站位推动构建生育友好型社会,促进人口长期均衡发展,应该成为政府施政的综合目标。当前,生育友好型社会建设已提到政府议事日程,但似乎其目标仅是国家人口发展目标,这种单一目标是不够的,效果也将是有限的。应该有更加全面、更综合的建设目标,要结合家庭发展目标、儿童发展目标和企业发展目标综合施策,推动构建有助于激发生育主体生育意愿、有助于满足生育主体生育需求、有助于促进生育主体未来发展、有助于促进儿童健康成长的整体性社会环境。只有将生育支持政策作为综合性社会政策来建设,生育友好型社会建设才能得到全社会的响应和支持,才能产生更好的人口效果。

参考文献

［1］Wolfgang Lutz，Vegard Skirbekk. Policies addressing the tempo effect in low-fertility countries ［J］. Population and Development Review，2005，31（4）：699-720.

［2］陈宁. 生育政策调整下育龄妇女生育状况变动研究——基于中部两省出生人口动态监测数据的分析［J］. 华中科技大学学报，2019（4）：37-46.

［3］陈卫，段媛媛. 中国近10年来的生育水平与趋势［J］. 人口研究，2019（1）：3-17.

［4］陈友华，苗国. 低生育率陷阱：概念、OECD和"金砖四国"经验与相关问题探讨［J］. 人口与发展，2015（6）：7-18.

［5］郭志刚，田思钰. 当代青年女性晚婚对低生育水平的影响［J］. 青年研究，2017（6）：16-25.

［6］郭志刚. 中国低生育进程的主要特征——2015年1%人口抽样调查结果的启示［J］. 中国人口科学，2017（4）：2-14.

［7］郭志刚，等. 中国的低生育率与人口可持续发展［M］. 北京：中国社会科学出版社，2014.

［8］李月，张许颖. 婚姻推迟、婚内生育率对中国生育水平的影响——基于对总和生育率分解的研究［J］. 人口学刊，2021，43（4）：1-11.

［9］石人炳. 低生育率陷阱：是事实还是神话？［J］. 人口研究，2010，34（2）：107-112.

［10］熊跃根. 女性主义论述与转变中的欧洲家庭政策——基于福利国家体制的比较分析［J］. 学海，2013（2）：95-102.

［11］杨菊华. 生育支持与生育支持政策：基本意涵与未来取向［J］. 山东社会科学，2019（10）：98-107.

B.18 河南省 2021 年农村地区青壮年就业创业分析报告

孙月月[*]

摘　要： 农村地区青壮年的就业创业情况是乡村振兴的重要问题。"十四五"开局之年，河南省"人人持证、技能河南"建设加快推进、新就业形态和就业增长点不断涌现、就业渠道和形式灵活多样、返乡就业创业势头良好。但也存在着一些不足，表现为就业的供需矛盾仍然存在，劳动力供给能力有待提升、就业创业的竞争力不强，劳动者素质还有待提升、就业创业的环境不佳，就业观念还有待转变。为此，本文提出三点对策建议：顺势而为，强化对就业政策措施的研究制定；抓住关键，不断加快技能河南建设的步伐；找准重点，不断优化农村就业环境。

关键词： 技能提升；青壮年；就业；创业

就业是最大的民生，"稳就业"和"保居民就业"分别是"六稳""六保"工作的首要任务，稳就业、保就业，稳的是民心，保的也是民心。当前，乡村振兴进入"快车道"，乡村振兴首在就业振兴。河南省第十一次党代会报告中明确提出，"突出抓好'一老一小一青壮'民生工作，解决好群众'急难愁盼'问题，让老百姓获得感成色更足、幸福感更可持续、安全感更有保障"。

农村地区的青壮年是乡村社会发展的顶梁柱，也是未来经济社会发展和建设的中坚力量，该群体的就业对乡村振兴发挥着最为基本和关键的支撑作用。"十四五"开局之年，河南经济形势总体平稳，为青壮年群体的就业创业提供了经济基础。整体来看，河南省全力增加就业，稳定就业大局，就业增收形势稳定向好，新增农村劳动力转移就业人数为 45 万，[①] 省财政安排 52.5 亿元有效保障重

* 孙月月，河南省社会科学院科研处助理研究员。

① 政府工作报告［EB/OL］．河南省人民政府官网，https：//www.henan.gov.cn/zt/2022/88090/index.html，2022-01-06.

点群体就业，安排贴息资金 5.1 亿元。① "双创"环境不断优化，创新成果累累盈枝。

一、河南农村青壮年就业创业的发展现状

（一）"人人持证、技能河南"建设加快推进

近年来，河南省十分重视技能人才队伍建设，在提升劳动者素质和技能方面积极探索新路子。2017 年 12 月，制定出台了全国首部有关职业培训的地方法规——《河南省职业培训条例》，该法规自 2018 年 1 月 1 日施行后，为规范职业培训活动、促进职业培训事业健康发展提供了法律保障。2019 年 9 月印发《河南省职业技能提升行动方案（2019—2021 年）》，全面提升技能人才的发展水平。截至 2020 年底，全省技能人才总量达到 900 万人，其中高技能人才数量为 226 万人。② 到 2021 年 6 月底，全省已经完成补贴性职业技能培训 600 万人次，完成先进制造业从业人员技能培训 30 万人次，完成高技能人才"金蓝领"技能培训 500 人次，完成乡村振兴"整村推进"职业技能培训 40 万人次。③ 2021 年，河南继续全面推行"企业新型学徒制"，学徒理论学习和实践工作两不误，这一创新制度为企业输送了满足专业需求的"对口"技能人才。2021 年 10 月，河南省第十一次党代会明确指出，要推进"人人持证、技能河南"建设，这是河南省在劳动力资源领域实施的新的重要工程，将为高质量建设现代化河南、高水平实现现代化河南提供人才支撑。紧接着，河南省委办公厅、省政府办公厅印发了《高质量推进"人人持证、技能河南"建设工作方案》，该方案确定将持证率、就业率、增收率作为检验标准，注重积极发挥企业、公共就业训练中心、院校、社会培训机构等的作用，全链条推动从培养到就业再到增收的有效进行，实施"345 工程"，即计划 3 年投入 40.8 亿元的资金用于 500 万人次的补贴性培训，

---

① 省财政厅多措并举在发展中持续补齐民生短板 [EB/OL]. 河南省人民政府官网，https://www.henan.gov.cn/2022/01-06/2378600.html，2022-01-06.

② 确立"五大体系"释放人才红利：河南省人社厅就"人人持证、技能河南"建设工作方案答记者问 [EB/OL]. 河南省人力资源和社会保障厅官网，http://hrss.henan.gov.cn/2021/12-21/2369177.html，2021-12-21.

③ 河南：深入实施职业技能提升行动 全面提高技能人才发展水平 [EB/OL]. 中华人民共和国人力资源和社会保障部官网，http://www.mohrss.gov.cn/SYrlzyhshbzb/dongtaixinwen/dfdt/202108/t20210804_420066.html，2021-08-04.

以打造出一支创新型、技能型、知识型的劳动力大军。该方案明确了到 2025 年全省包括企业经营管理人才、专业技术人才、技能人才、农村实用人才、社会工作人才在内的持证总人数要达到 3000 万，全国技能人才高地基本建成，其中技能人才、中高级技能人才的数量要分别达到 1950 万人、1560 万人，致力于通过持证就业增加居民收入。该方案还提出了到 2035 年全省从业人员 "人人持证"，实现 "技能河南" 的目标。2022 年的《河南省政府工作报告》中明确指出，2021 年共完成职业技能培训 353 万人次。①

（二）新就业形态和就业增长点不断涌现

新一轮科技革命和产业变革继续深入发展，乡村振兴战略全面实施，农村地区孕育的巨大发展潜力逐渐显现，新的业态如绿色农业、农村电商、休闲农业发展迅速，农村地区的传统就业方式在发生着改变，新的就业形态也随之不断涌现，很多新兴的就业创业机会和就业增长点在日益增多。信阳新县大力发展红色生态游、乡村休闲游，旅游产业对全县 GDP 的贡献值达 23.5%，从而带动了餐饮、住宿、土特产等的就业增长。相当数量的年轻人通过拍摄短视频获取流量，最终通过在电商平台中进行网络直播带货的方式实现创收，手机成为了 "新农具"，"网红经济" 或 "直播经济" 发展迅猛，网络直播带货成为当前农村地区青壮年的典型职业之一，有效提升了农村青壮年的就业创业能力，为乡村就业振兴注入了强劲动力。如曾是国家级贫困县的确山县抓住机遇与淘宝直播联合培养了近 200 名农民主播，直接创造了 1500 个就业岗位，确山县根据客户需求调整种植结构，推动了合作社的产品生产和包装的正规化，实现了农业增收，仅 2021年春节农特产品的销售额就达到 157 万元，农民的幸福指数也明显提升。② 此外，数字经济的蓬勃发展为农村地区的就业提供了新机会，借助互联网平台从事快递员、外卖配送员、网约车司机、互联网营销师等行业的群体数量也在上涨。

（三）就业渠道和形式灵活多样

2021 年 4 月 2 日，河南省人民政府办公厅印发了《关于支持多渠道灵活就业的实施意见》（豫政办〔2021〕14 号），从拓宽灵活就业发展渠道、优化自主创业环境、加大对灵活就业保障支持、切实加强组织实施四个方面稳就业、保就业，以激发青壮年劳动者的就业活力和潜力。通过鼓励引导个体经营发展，推动

---

① 政府工作报告 ［EB/OL］. 河南省人民政府官网，https：//www. henan. gov. cn/zt/2022/88090/index. html，2022-01-06.

② 潇湘晨报. 河南确山 "变身" 淘宝直播县，全县涌现 183 位农民主播 ［EB/OL］. 百度网，https：//baijiahao. baidu. com/s？ id=1700813404486340866&wfr=spider&for=pc，2021-05-26.

非全日制的、兼职机会较多、工作弹性较大、包容性强、自由度高的保洁绿化、建筑装修等行业提质扩容。河南注重创新工作机制，加强校企合作，在"云端"提供"云签约""云就业"服务助力高校大学生就业。如宁陵县与河南大学合作开展灵活就业项目，引导23名毕业生赴宁陵县灵活就业。① 另外，通过抖音、快手等"云直播"平台，为青壮年就业创业搭建了互动平台。如鹤壁市山城区人力资源和社会保障局举办的"直播带岗"网络招聘活动，采用"屏对屏"的方式，为用人单位和求职者搭建起信息沟通的桥梁。有人才需求的企业走进直播间为求职者介绍公司的发展状况、招聘岗位及薪资待遇等，场外记者展现企业及实际工作场景全貌，为求职者带来"沉浸式"的互动体验，求职者可快速、高效地了解有招聘需求企业的状况，使招聘和求职精准对接，整个直播过程共吸引91万人次在线观看。②

（四）返乡就业创业势头良好

河南对于返乡创业的思路清晰、措施到位，就业政策不断发力，支持鼓励帮助农民工等人员返乡创业、就业、兴业，为返乡创业创造条件、搭建平台、提供服务，推动河南省返乡创业高质量发展。作为农民工大省，河南实施"凤归中原"工程，举办2021年度"凤归中原"返乡创业大赛，于2019年就成立的"河南省农民工返乡创业专家服务团"通过专家讲座、现场指导等方式发挥智囊团的作用。

在创业场地上，加强返乡创业载体建设，支持鼓励符合产业集聚区、特色商业区等各类园区发展规划要求的农民工创业项目入驻，如商丘睢县建设好标准化且租金便宜的车间，创业者可以直接拎包入住。③ 在创业资金上，拓宽融资渠道，创立投资基金，降低担保门槛，采取"公司+农户"担保、园区担保、自然人担保等多种担保形式。2021年以来，河南省级农民工返乡创业投资基金累计撬动社会资本达到96.2亿元，带动了10万多人就业。④ 2021年5月，河南省人力资源和社会保障厅等五部门联合印发了《切实加强就业帮扶巩固拓展脱贫攻坚成果助力乡村振兴实施细则》，将脱贫人口和农村低收入人口作为就业帮扶优先

---

① 聚焦重点群体继续强化就业优先［EB/OL］. 大河网，http：//newpaper. dahe. cn/hnrb/html/2021-03/08/content_ 478816. htm，2021-03-08.

② "稳就业 惠民生"鹤壁市山城区直播带岗活动成功举办［EB/OL］. 鹤壁网，http：//www. hebitv. com/news/651744，2021-03-15.

③ "农创客""土专家"助力乡村振兴［EB/OL］. 河南日报，http：//newpaper. dahe. cn/hnrb/html/2021-03/07/content_ 478760. htm，2021-03-07.

④ 省财政厅多措并举在发展中持续补齐民生短板［EB/OL］. 河南省人民政府官网，https：//www. henan. gov. cn/2022/01-06/2378600. html，2022-01-06.

保障的对象，为其提供创业融资补贴、运营补贴、培训补贴、开业补贴、农业保险补贴等。在用人用工上，政府积极开展"春风行动"专场招聘会，线上线下相结合，将政策、岗位、服务送到"村头"，解决了创业者用人用工的后顾之忧。同时，很多掌握了先进理念、技术、资源和信息的豫籍老板看好家乡良好的营商环境、更低的人力成本和方便的交通，看好家乡的发展势头和机遇，将工厂和公司扩展到了家门口，带动邻里乡亲共同奔小康，过上了好日子。截至 2021 年 10 月底，全省农民工返乡创业累计达到 166 万人、带动 970 多万人在家门口实现就业。① 其中，2021 年新增返乡下乡创业人数 20 万人，成为"稳就业"的重要力量。② 这样一来，生活成本的降低，使人们的幸福感得以提升，家门口就业也一定程度上缓解了养老压力和留守儿童问题，促进了乡村社会良性发展。

二、农村地区青壮年就业创业存在的不足

（一）就业的供需矛盾仍然存在，劳动力供给能力有待提升

第一，市场供需的结构性矛盾突出，技能人才队伍建设与发展要求还有一定差距。企业用工需求上，产品加工业、服务行业的缺工现象较为普遍，缺乏技术型、服务型的灵活就业人员就业，由于产业技术不断升级，先进制造业、新兴产业的发展对能够熟练掌握先进技术、有丰富经验的技术人才需求较大，技工供不应求。劳务市场上，高级焊工、高级电工、工业机器人操作维修工等工种即使高薪也常常"一人难求"。在河南省 5700 万劳动适龄人口中，技能人才数量只有900 多万人，占比仅为 15.8%，与全国相比，低了 6.9 个百分点。③ 第二，农业实用人才、新型职业农民等人才有所增加，但仍然无法满足农村发展所需，同时掌握现代农业技术、善于经营管理等综合技能的复合型人才更是少之又少。第三，由于相当部分的农村青壮年仍然选择在城市打工，流向了非农领域，所以农村的劳动力尤其是"低龄"的劳动力供给明显不足，留守女性数量相对较多。

---

① 美丽乡村魅力大：吸引累计 166 万人返乡创业，带动 970 多万人就业［EB/OL］. 大河网, https://news.dahe.cn/2021/10-28/917740.html, 2021-10-28.

② 电子书/2022 政府工作报告 e 起解读［EB/OL］. 河南省人民政府官网, https://www.henan.gov.cn/zt/2022/88090/index.html, 2022-01-06.

③ 品热词 抓落实："一老一小一青壮"，为何格外受重视？［EB/OL］. 河南日报客户端, https://www.henandaily.cn/content/2021/1109/331380.html? ivk_sa=1023197a, 2021-11-29.

（二）就业创业的竞争力不强，劳动者素质还有待提升

首先，农村地区灵活就业人员中农村小商小贩、生活服务业从业者、大龄失业人员居多，很多行业从业层次偏低、门槛较低、工作技术含量低、可替代性强、收入偏低、抗风险能力弱、竞争力不强，受新冠肺炎疫情的冲击也更直接，往往面临着场地支持难、资金筹措难、能力提升难等问题，而且多为一些暂时性的工作，短工化问题突出。同时，也比较缺乏具有较高竞争性、较强专业性的新型就业科技人才、农民技术骨干、农村经纪人、电商人才等。如农村电商需要能够完成店铺设计、美化工作、产品销售、文案编辑、促销活动策划、数据处理等的专业人才。其次，根据《河南省第三次全国农业普查主要数据公报》，河南省农业生产经营人员的受教育程度普遍偏低，初中学历占了 58.6%，综合素质整体偏低。返乡创业的农民工文化素质也普遍偏低，学习能力较低，受经济基础、市场环境等多种客观因素的影响，抵御创业风险的能力相对较弱，有的缺乏经营管理的经验和现代化的知识能力，有的在资金和项目选择上较为模糊或盲目，思维方式也相对受限，有的则缺乏创业的自信心，劲头不足，这都在一定程度上束缚和阻碍了创业的顺利进展。而且，农民工返乡创业整体上还处于起步阶段，难度较大，持续发展不易。

（三）就业创业的环境不佳，就业观念还有待转变

一方面，长期以来我国农村地区的就业环境不利于吸引优秀的人才投身扎根。主要原因在于农村地区的营商环境相对不优，产业发展环境相对不佳，基础设施建设相对落后，企业规模相对较小，薪酬福利不优越，求职者就业方向与乡村企业匹配度低，就业和生活相对不便，教育资源相对较弱，交通、通信、能源网等的建设相对滞后，因此青壮年群体在农村主动就业创业的意愿整体不强。另一方面，人们对技能人才的重视程度不够，观念守旧，技工院校的毕业生学历被歧视、晋升渠道局限狭窄、待遇不高等问题长期存在，人们的思想观念与振兴乡村的需求仍存在较大差距。个别地区对农民工返乡创业的认识不够，出现了创业培训时间短、科目单一、流于形式的问题。

三、对策建议

全面实施乡村振兴战略对人才的数量和素质都提出了更高的要求，因而要更

加高效高质量地促进河南人口数量红利向素质红利转变，进一步释放人才红利，进而建设更加出彩的中原。

（一）顺势而为，强化对就业政策措施的研究制定

第一，坚持以需求为导向，强化政府责任，进一步强化就业优先政策，注重政策创新，不断完善、健全就业政策措施，对农村地区就业形势出现的新变化加强研究探索，善于及时发现和把握就业创业新规律、新趋势，顺势而为，挖掘内需带动就业，推出更能激发创新活力的举措和支持政策，制定相应的规章制度，强化政策和制度的供给能力和保障支撑能力，进而促进就业创业的政策体系、制度体系日益健全。需要注意的是，要坚持因地制宜，不盲目追求高大上、高精尖的技术或者产业。① 第二，要不断完善相关的法律法规，加快补齐法律短板，进一步保障农村青壮年劳动者的合法权益，促进农村地区就业创业依法依规发展，为稳就业提供法律保障。第三，要深入乡村开展调查研究，掌握第一手资料，摸清乡村经济的发展情况，在此基础上精准施策，不断提升和优化就业服务。另外，整合招商引资、就业创业等方面的优惠政策，有针对性地解决发展痛点、难点问题，提高农村青壮年的就业质量。第四，用足用好公益性岗位，加大帮扶力度，确保农村地区"零就业家庭"动态清零。②

（二）抓住关键，不断加快技能河南建设的步伐

加快技能河南建设，不断提高劳动者的素质，高质量建设技能人才队伍，事关改革发展稳定大局。第一，要进一步转变观念，加强宣传引导，在全社会营造尊重技能人才的浓厚氛围，让技能人才拥有更多的职业获得感和职业自豪感，激发广大青壮年劳动者关注、学习、提升技能的热情，激励他们走技能成才、技能报国之路。具体的可通过举办全国性的职业技能大赛、表彰优秀技能工人等活动来引起社会的广泛关注。第二，切实提高技能人才的薪酬待遇，要树立起技能人才凭实力、凭能力、凭技术、凭贡献成长成才的导向，建立起畅通的技能人才发展和晋升通道，进一步完善有利于技能人才成长的体制机制，建立健全技能人才评价激励体系，打破青壮年技能人才成长的"天花板"。第三，深入挖掘和培养农村各类能工巧匠、传统技艺的传承人，在全社会弘扬工匠精神，以适应农村经济社会文化发展的各类需要。第四，就地取"才"，着力培养懂技术、懂管理、

① 乡村振兴最重要的是给农民提供高质量的就业［EB/OL］. 人民论坛网，http：//www. rmlt. com. cn/2021/0402/611038. shtml，2021-04-02.

② 王承哲. 河南社会发展报告（2022）加快建设幸福美好家园［M］. 北京：社会科学文献出版社，2022.

懂经营、爱农业的新型职业农民，建立健全农业职业培训体系，加大培训力度，增强培养效果，优化人才队伍，以缓解农村地区人才总量不足的问题，解决农村"谁来种地"的问题。① 同时，加快数字农业复合型人才的培养。② 第五，加快知名品牌的打造。要着眼于"把河南劳务品牌叫得更响"，进一步强化培训链和产业链、创新链、就业链的协同对接，培育出一批与河南劳务品牌交相辉映的新的人力资源品牌。重点支持一些具有市场前景、带动就业能力强的培训品牌，如"大别山家政""豫菜师傅""河南码农""河南护工"等，加快推动"一县一品牌"建设。第六，职业院校是技能人才培养的主阵地，要发挥职业院校的主体作用，进一步深化职业教育改革，加强与用人单位的合作，坚持走产教融合的道路，开展订单培训、定向培训，培养出更多社会急需的高技能人才，为经济转型升级、高质量发展输送动能。根据当地产业经济发展的特色开设培训专业和设置培训课程，不断打造出高水平的具有特色的符合实际发展需要的职业院校，以适应产业转型发展的紧迫需要，积极打造"河南样本"。第七，要提高职业培训的规范化、法治化水平，严格按照《河南省职业培训条例》及其他相关法律法规，依法查处各类违法培训等。

（三）找准重点，不断优化农村就业环境

第一，要加快更新、转变思想观念，打破思维定式，"返乡青年"在农村就业创业并不是"降级生活"的不得已选择，而是乡村经济社会发展带来的发展机遇。第二，要加强就业信息平台的搭建、维护和更新，拓展就业渠道和就业空间，及时发布招聘信息，畅通青壮年劳动者的社会性流动渠道，全方位、全地域地开展就业服务，解决好企业"招工难"和劳动者"求职难"的问题，特别是要聚焦多渠道灵活就业和创业，这是解决低收入人群的有效途径，可通过按需组织专场招聘会、搭建线上"零工平台"等方式实现精准对接。鼓励发展乡村众创空间，为才华施展提供多样化平台。第三，要完善青壮年劳动者的用工、权益保障等社会保障制度，尤其是要关注新就业形态中的劳动关系等问题，可在特定的劳动者群体和区域中开展试点。第四，要加强就业服务的数字化建设，不断提高农村地区的公共就业服务能力，打通地域限制，可继续依托河南省"互联网+就业创业"信息系统、河南终身职业培训服务平台、"河南就业"微信客户端等线上平台，进一步提升农村青壮年就业群体信息获取、网上办事的便利度。同

① 人才是乡村振兴的关键［EB/OL］．大河网，http：//newpaper.dahe.cn/hnrb/html/2021-01/15/content_469823.htm，2021-01-15.
② 李同新．河南农村农业发展报告（2022）全面推进乡村振兴［M］．北京：社会科学文献出版社，2022.

时，要不断延伸服务触角，积极探索线上教育、线上居家办公等新的模式，对有创业意愿的青壮年组织进一步加强经营策略、市场分析等方面的专业创业培训。第五，继续拓宽融资渠道，加大资金投入和补贴力度，减低注册资本的最低限额，提升效率，简化贷款审批流程，减轻创业的资金压力。第六，以乡村振兴为切入点，建立健全"三农"人才的培养、管理、激励、保障机制，推动形成乡村人才振兴长效制度体系。不断推动农村自然环境、社会环境、人文环境的建设，创造更好的生活条件，增加乡村对人才的吸引力。